DIÁSPORAS
E DESLOCAMENTOS

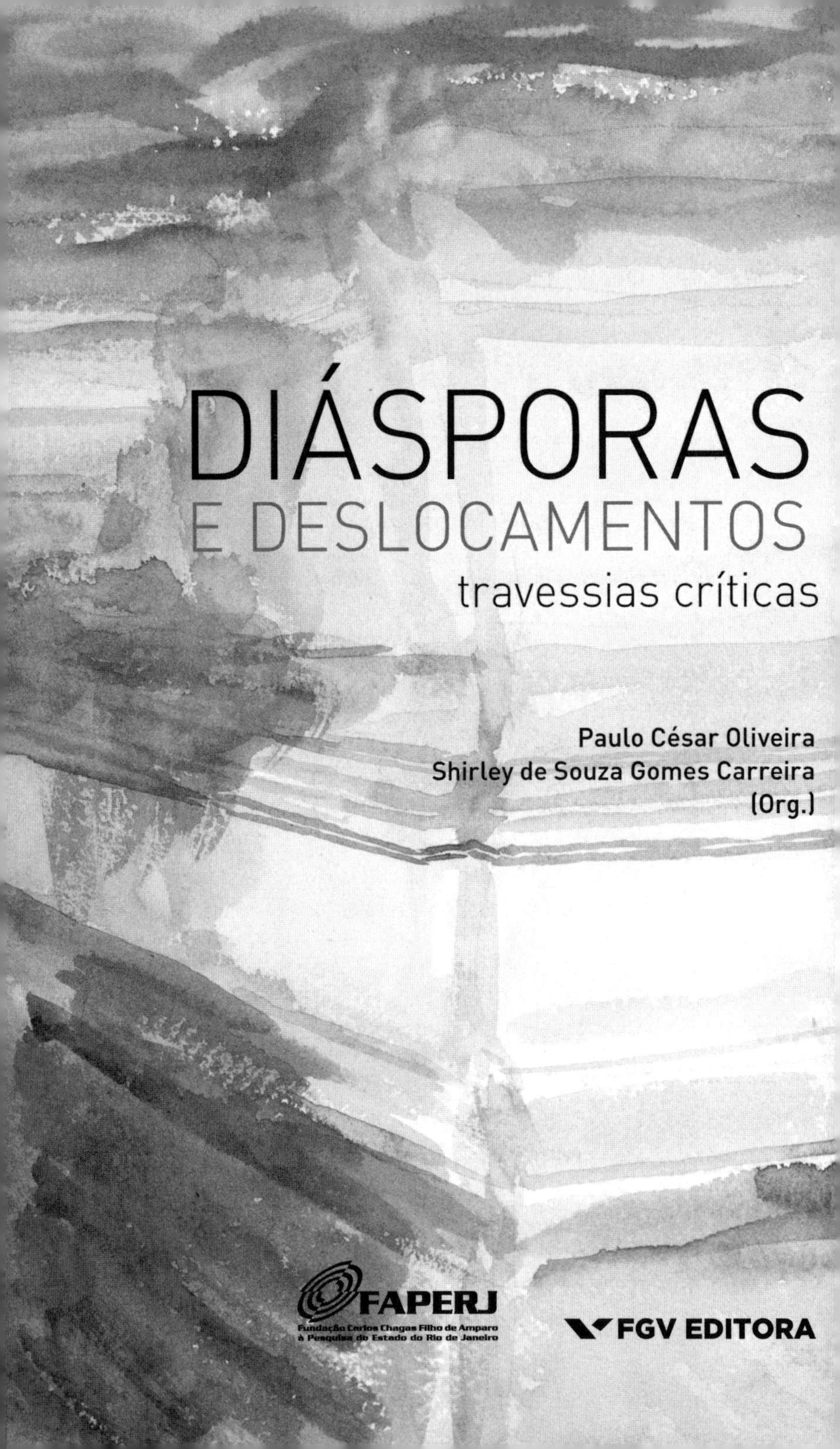

DIÁSPORAS E DESLOCAMENTOS

travessias críticas

Paulo César Oliveira
Shirley de Souza Gomes Carreira
(Org.)

FAPERJ
Fundação Carlos Chagas Filho de Amparo à Pesquisa do Estado do Rio de Janeiro

FGV EDITORA

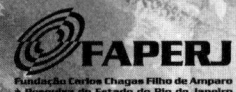

Copyright © Paulo César Oliveira e Shirley de Souza Gomes Carreira

Direitos desta edição reservados à
EDITORA FGV
Rua Jornalista Orlando Dantas, 37
22231-010 | Rio de Janeiro, RJ | Brasil
Tels.: 0800-021-7777 | 21-3799-4427
Fax: 21-3799-4430
editora@fgv.br | pedidoseditora@fgv.br
www.fgv.br/editora

Impresso no Brasil | *Printed in Brazil*

Todos os direitos reservados. A reprodução não autorizada desta publicação, no todo ou em parte, constitui violação do copyright (Lei nº 9.610/98).

Os conceitos emitidos neste livro são de inteira responsabilidade dos autores.

1ª edição — 2014

Coordenação editorial: Ronald Polito
Revisão: Clarisse Cintra e Sandro Gomes dos Santos
Capa, projeto gráfico e diagramação: Luciana Inhan
Imagem da capa: John Singer Sargent. *The Calle della Rosa with the Monte di Pietà*. Veneza, c. 1904. (detalhe). NGA Images.

FICHA CATALOGRÁFICA ELABORADA PELA
BIBLIOTECA MARIO HENRIQUE SIMONSEN/FGV

Diásporas e deslocamentos: travessias críticas / Paulo César Oliveira, Shirley de Souza Gomes Carreira (Orgs.). - Rio de Janeiro : Editora FGV, 2014.
220 p.

Inclui bibliografia.
ISBN: 978-85-225-1499-1

1. Migração. 2. Identidade social. 3. Exílio. 4. Imigrantes na literatura. I. Oliveira, Paulo César. II. Carreira, Shirley de Souza Gomes. III. Fundação Getulio Vargas.

CDD – 304.82

Sumário

Apresentação — 7

1. Para além do trauma intransponível: novas reflexões sobre a diáspora em ficção contemporânea — 11
Heleno Álvares Bezerra Júnior

2. Os contos diaspóricos de Chimamanda Ngozi Adichie: representações da experiência nigeriana nos Estados Unidos — 31
Cláudio Braga

3. João Melo: itinerários sinuosos pela cidade de Luanda — 55
Robson Dutra

4. Pertencimento e exílio: a literatura indiana pós-colonial revisitada — 73
Shirley de Souza Gomes Carreira

5. Deslocamentos da memória: a cidade *i-real* de Nei Lopes — 93
Cláudio do Carmo Gonçalves

6. Rumo ao Rio de Janeiro e a Buenos Aires: imigrantes, trajetórias e cidades — 105
Érica Sarmiento

7. Deslocamentos rítmicos e ressignificação de sentidos: a formação do *funk gospel* — 127
Robson de Paula

8. Deslocamentos parnasianos nos versos "malditos" de Olavo Bilac — 151
Fernando Monteiro de Barros

9. ENTRE A FALTA E O EXCESSO: RELEITURAS DE ROSA E MACHADO NA   165
TERCEIRA MARGEM
Maria Cristina Cardoso Ribas

10. MITOLOGIA NA METRÓPOLE   191
Nonato Gurgel

11. MOBILIDADE E CLAUSURA: POLÍTICAS TEXTUAIS NA NARRATIVA   201
CONTEMPORÂNEA
Paulo César S. Oliveira

Apresentação

O livro que ora apresentamos aos leitores, *Diásporas e deslocamentos: travessias críticas*, dá prosseguimento às questões levantadas em *Memória e identidade: ensaios* (Edições Galo Branco, 2011). Se *Memória e identidade* revelava-se produto das inquietações de um grupo reunido com a finalidade de investigar os processos de constituição das subjetividades e identidades na contemporaneidade, *Diásporas e deslocamentos* dá continuidade àquelas inquietações, que resultaram na criação de um grupo interinstitucional de pesquisa apresentado ao CNPq, intitulado "Poéticas do contemporâneo", reunindo pesquisadores da Universidade do Estado do Rio de Janeiro, do Centro Universitário Uniabeu (RJ) e da Universidade Estadual de Santa Cruz, na Bahia. Esse caráter interinstitucional e interdisciplinar, que já norteara a publicação de 2011, aqui se mantém, bem como a faceta inclusiva do grupo, que ainda conta nesta publicação com contribuições de colaboradores de outros centros de pesquisa universitária. Com isso, mantivemos a proposta norteadora da criação do grupo, a de estimular o caráter plural, polifônico, das discussões.

Essa polifonia crítica se revela na própria disposição dos trabalhos que, ao dialogarem entre si, revelam afinidades eletivas de pensamento, embora mantenham, cada um a seu modo, as especificidades das investigações críticas individuais. Assim, podemos dizer que o artigo de Heleno Álvares Bezerra Júnior cumpre bem o papel de abrir nossos trabalhos, por seu caráter aglutinador das diversas facetas dos temas da diáspora e do deslocamento. Nesse texto de abertura, as questões que assombram o mundo contemporâneo, como os fenômenos da diversidade cultural, social, étnica, aliados às contradições do processo modernizador de hoje, refletem as condições do pensamento crítico sob o olhar contemporâneo: somente por meio de uma crítica e pensamento híbridos as questões do multiculturalismo, da globalização, da diferença, dentre outras, podem nutrir o pensamento combativo que, conforme o filósofo Giorgio Agamben bem mostra, aponta para "uma singular relação com o próprio tempo", dada por um anacronismo e uma dissociação.

Os três artigos que se seguem ao trabalho de Bezerra Júnior formam como que um conjunto de temas e afinidades, ao tratar das questões de sujeitos em "estado diaspórico". Cláudio Braga nos revela que a disseminação do termo diáspora já requer novos aprofundamentos, uma espécie de "diáspora da diáspora", em que a obra da nigeriana Chimamanda Ngozi Adichie, residente nos Estados Unidos, é exemplo de uma literatura que pensa a condição paradoxal do sujeito deslocado.

Também da África, mas agora no espaço de uma Angola liberta do jugo colonialista, Robson Dutra investiga o que chama de "itinerários sinuosos pela cidade de Luanda", a partir da leitura crítica da obra do escritor angolano João Melo. São essas mesmas travessias críticas que levam Shirley de Souza Gomes Carreira a pensar as noções de pertencimento e exílio na literatura indiana pós-colonial. Partindo do conceito de "homem traduzido", expressão creditada a Salman Rushdie, a autora traça paralelos e diferenças entre as obras do anglo-indiano e as narrativas de Jhumpa Lahiri. Com isso, Carreira fecha como que uma sequência de reflexões que, lado a lado com os primeiros trabalhos, os de Bezerra Júnior, Dutra e Braga, bem podemos nomear como "estados da diáspora".

Cláudio do Carmo Gonçalves, Érica Sarmiento e Robson de Paula são pesquisadores de áreas distintas que, no entanto, se aproximam pelo olhar em torno das cidades. O primeiro elege a obra do carioca Nei Lopes, *Mandingas da mulata velha na Cidade Nova*, como norte para compreender as condições da memória e do fenômeno urbano em tempos de deslocamentos múltiplos, por meio dos quais entende que "ler a memória da cidade é o mesmo que ler a cidade nas suas estruturas, no constructo que a faz ser cidade".

Já Sarmiento constrói pontes críticas entre Buenos Aires e, novamente, Rio de Janeiro, revelando aspectos inusitados e pouco conhecidos dos processos migratórios que se deram nessas duas metrópoles, os quais, além de revelar a condição diaspórica dos sujeitos na modernidade, distendem o debate sobre as condições dessa modernização e de seu impacto no imaginário, na economia e na cultura dos grandes centros.

E é nessa mesma metrópole, e focalizando os fenômenos religiosos que se espraiam no Rio de Janeiro de hoje, que Robson de Paula concentra sua análise da música *gospel* evangélica. As implicações sociais desse fenômeno religioso-musical extrapolam as convenções artísticas e mostram a importância das humanidades no debate que ronda a complexa configuração dos processos de construção da subjetividade, formulando novas questões, em novos campos de saber que não podem negligenciar o fenômeno religioso, cada vez presente ao debate sobre o mundo de hoje.

No campo das diásporas crítico-culturais, Fernando Monteiro de Barros revisita os versos de Olavo Bilac com os pés fincados no presente, revelando, pelo viés do erotismo, um poeta distinto daquele codificado e enrijecido em sua época por certas correntes críticas. Com isso, Barros ressignifica o passado no presente, ao mostrar, na linha crítica de Michel Foucault, como os discursos são construídos, controlados, redistribuídos e transformados em elementos de persuasão e docilização dos sujeitos. Reapresenta ao público um surpreendente Parnasianismo, no qual "o paradoxo do ser e do não-ser faz-se verificar para os leitores que procurem nesta estética muito mais que vasos gregos e versos de mármore".

Na mesma sintonia de Fernando Monteiro de Barros, Maria Cristina Cardoso Ribas visita os temas da falta e do excesso, tão característicos de nosso mundo hodierno, para compreender a questão das margens, especialmente na literatura de Guimarães Rosa e de Machado de Assis. Novamente, é o passado a iluminar questões de hoje por meio do saber literário que estimula a autora a compreender o mundo contemporâneo, à luz de uma proposta conciliadora em que os fenômenos de exclusão e dispersão nos grandes centros "podem se transformar em tempos de reunião e reorganização".

Nonato Gurgel parte da obra poética de Antonio Cícero, *As cidades e os livros*, para pensar a mitologia na metrópole, ou seja, para questionar os signos da cidade e os espaço de mobilidade e clausura, reunidos na obra de Cícero, que revela seu potencial crítico quando poetiza formas e forças dos sistemas de dominação social.

A Ribas, Gurgel e Barros alia-se Paulo César Oliveira, quando estabelece nas poéticas críticas da ficção contemporânea um espaço de discussão política pelo qual são revelados os perversos e polimorfos processos da globalização. O lugar paratópico do artista se mostra fundamento para que o autor estabeleça pontos de interseção crítica acerca da contemporaneidade e se vale da literatura como um corpo de discussões a demandar renovadas reflexões críticas.

Finalmente, aos temas da diáspora e do deslocamento, esse esforço conjunto de pesquisadores heterogêneos, porém irmanados pelo desejo de questionar a condição dos sujeitos e do mundo contemporâneos, terá no leitor o melhor apreciador e o melhor propagador dos debates que os autores procuraram estabelecer.

É a esse destinatário desconhecido que o texto, todo texto, nossos textos se destinam, com seu caráter ambíguo, paradoxal, dado por sua intrínseca destinação: ser ponte e travessia.

Paulo César Oliveira
Shirley de Souza Gomes Carreira

1

PARA ALÉM DO TRAUMA INTRANSPONÍVEL: NOVAS REFLEXÕES SOBRE A DIÁSPORA EM FICÇÃO CONTEMPORÂNEA

Heleno Álvares Bezerra Júnior*

INTRODUÇÃO

Desde as antigas civilizações, o homem se desloca topograficamente, ora por livre-arbítrio, ora por motivos de força maior. Considerando as modificações climáticas, ambientais ou sociopolíticas que o mundo sofre há milênios, a humanidade enfrenta situações diversas, tais como secas, inundações, queimadas etc. Em outros casos, povos migram em função de cataclismos, catástrofes e outros fenômenos naturais. Motivações de ordem sociopolíticas envolvendo relações de poder também justificam a saída do homem de sua terra natal. Deste modo, guerras, invasões, sítios, colonizações, exploração, servidão, escravidão ou outros problemas, de ordem social ou financeira, provocam modificações drásticas em determinadas sociedades, afetando seu crescimento econômico, e alterando, às vezes, sua densidade demográfica (Hall, 2003:55).

Obviamente, o deslocamento humano nem sempre se dá de forma coletiva ou por pressão externa; mesmo assim, vários episódios históricos

---

* Doutor em literatura comparada (Uerj) e mestre em literaturas de língua inglesa (Uerj). Pesquisador da Faperj; professor adjunto da Universidade Severino Sombra, atuando no mestrado em história e nas graduações em letras/medicina; professor assistente da Universidade Castelo Branco (curso de letras presencial); professor responsável pela disciplina Língua Inglesa (Universidade Castelo Branco) e professor substituto de Literaturas de Língua Inglesa da Universidade do Estado do Rio de Janeiro/FFP. Publicou vários artigos em periódicos nacionais. É também parecerista *ad hoc* da *Revista E-scrita* (Uniabeu) e revisor da *Revista Mosaico* e da *Revista Teccen* (USS).

têm comprovado que, para preservar sua integridade física, ética ou moral, o homem segue novas rotas, a fim de se reorientar não só do ponto de vista geográfico, mas, acima de tudo, subjetiva e identitariamente. Aliás, é sob um olhar mais introspectivo que pretendemos apresentar a diáspora neste texto, apontando diferentes possibilidades de compreensão do fenômeno, o impacto do mesmo na literatura de hoje, a experiência empírica e diversas respostas do viajante ao que lhe rodeia. Mais do que apresentar a multiplicidade cultural com a qual o sujeito se depara, pretendemos desenvolver, à luz de textos literários, uma abordagem voltada ao universo intrínseco do imigrante e aos diferentes impactos psicológicos e culturais ocasionados pela vivência diaspórica. Assim, retrataremos a diáspora, em primeiro instante, como fenômeno polissêmico e multissignificativo, e, em outro momento, como experiência personalizada e intransferível, a fim de relativizar a compreensão da diáspora como situação traumática, com proporções impreterivelmente insuperáveis. Para tanto, apresentaremos mais de um conceito para o fenômeno e o localizaremos em diferentes contextos na própria contemporaneidade, observando pontualmente as relações prescritas nos seguintes tópicos: 1) a experiência diaspórica e o trauma permanente; 2) a diáspora e o vazio pós-traumático; 3) o trauma diaspórico e a tragédia enquanto experiência libertária; 4) a convivência com o trauma diaspórico.

1. A DIÁSPORA ENQUANTO CONCEITO PLURISSIGNIFICATIVO

Um dos precursores da teoria sobre a diáspora, Edward Said (2003) descreve tal fenômeno como expulsão coletiva ou individual, ocasionada por guerras ou outro tipo de perseguição ideológica, seja ela filosófica, religiosa ou ambas (no caso do fundamentalismo). Isto muito se deve ao fato de Said associar a diáspora ao extermínio de judeus ou a políticos expatriados durante a Segunda Guerra Mundial (1939-45). Dentro deste contexto específico, o exílio aparece como válvula de escape para indivíduos etnicamente perseguidos ou para intelectuais cujas convicções ideológicas ameaçam o apogeu de ideias politicamente predominantes na segunda metade do século XX. Em consequência, a opressão ditatorial e a perseguição ideológica precedentes à experiência diaspórica geram traumas profundos e incuráveis. Conforme explica Said (2003:47), "a diferença entre os exilados de outrora e os de nosso tempo é de grande escala: nossa época, com a guerra moderna, o imperialismo e as ambições quase teológicas dos governantes totalitários, é, com efeito, a era do refugiado, da pessoa deslocada, da imigração em massa".

Ao retratar a diáspora, Said fala de uma dor insuperável, ocasionada pela ruptura com o lar (*Heimat*), além de retratar a tradição de um povo preso a uma terra ou nacionalidade específica. A noção de cisão, neste caso, assemelha-se ao rompimento do cordão umbilical que separa, fisicamente, a mãe do filho: "O exílio nos compele estranhamente a pensar sobre ele, mas é terrível de experienciar. Ele é uma fratura incurável entre um ser humano e um lugar natal, entre o eu e seu verdadeiro lar: sua tristeza essencial jamais pode ser superada" (Said, 2003:46).

Neste ínterim, Said compara a dor do expatriado a um mal irrecuperável, destacando a nostalgia, a melancolia, ao apresentar a diáspora como perda irreparável ou tema de uma grande elegia. De modo geral, o teórico culturalista não enfoca o deslocamento geográfico *per se*, mas as transformações interiores que o sujeito atravessa em circunstâncias aterrorizantes e extremadas. Por isso, horror, terror e pavor constituem o cerne da experiência diaspórica, segundo o mesmo teórico; como se o sofrimento do expatriado fosse equiparável à condenação de Prometeu.

Thomas Bonnici (2005), por sua vez, aborda o aspecto coletivo da diáspora, apontando expatriados, fugitivos, perseguidos etc., além de apresentar, como sentimento diaspórico, o apego à tradição cultivada em países estrangeiros. Bonnici mostra ainda que a diáspora não é exclusividade da contemporaneidade, podendo ocorrer de modo transnacional. Ao definir o conceito em voga, Bonnici faz menção ao trauma sem, contudo, enfatizá-lo ou elevá-lo ao classificá-lo como intransponível, tal como o faz Said. Mesmo assim, Thomas Bonnici destaca a nostalgia da tradição perpetuada por grupos expatriados em novos territórios:

> *Diáspora* (do grego *diasporein*: semear) significa a dispersão de pessoas. (...) A diáspora constitui um trauma coletivo de um povo que voluntária ou invo-

luntariamente foi banido da sua terra e, vivendo num lugar estranho, sente-se desenraizado de sua cultura e de seu lar. Spivak (1996) distingue entre a diáspora pré-transnacional e a diáspora transnacional. A primeira aconteceu quando aproximadamente onze milhões de escravos entre os séculos 15 e 19 foram deslocados de suas terras e colocados nas Américas para trabalhar nas fazendas do Novo Mundo. A diáspora transnacional inclui trabalhadores de *indentured labour* no século 19, e deslocamentos contemporâneos por causa da fome, guerra civil, desemprego, prostituição, sedução do mundo industrializado. Essa diáspora pode ter a direção sul-norte envolvendo principalmente caribenhos, africanos e asiáticos que imigram às antigas metrópoles para trabalhar; e uma direção intracontinental, especialmente causada pela fome (retirantes nordestinos brasileiros para o sul em busca de emprego; africanos do Sahel) e pelas guerras civis (africanos da Libéria, Etiópia, Ruanda e de outros países fugindo da morte em guerras intertribais). (Bonnici, 2005:23)

Já o culturalista Stuart Hall contextualiza a diáspora no período posterior à Segunda Grande Guerra, associando a migração maciça de ex-colonos anglófonos à queda do imperialismo britânico. Em *A identidade cultural na pós-modernidade* (1998), Stuart Hall aborda o fenômeno da globalização e a atração de povos diversos para espaços cosmopolitas encontrados principalmente nos EUA, Canadá e Inglaterra, devido à escassez financeira ou a outros problemas de ordem socioeconômica nos países de origem. Deste modo, a diáspora é apresentada por outro viés, sendo definida, em tal contexto, como "migração não planejada":

> Após a Segunda Guerra Mundial, as potências europeias descolonizadoras pensaram que podiam simplesmente cair fora de suas esferas coloniais de influência, deixando as consequências do imperialismo atrás delas. Mas a interdependência global agora atua em ambos os sentidos. (...) Impulsionadas pela pobreza, pela seca, pela fome, pelo subdesenvolvimento econômico e por colheitas fracassadas, pela guerra civil e pelos distúrbios políticos, pelo conflito regional e pelas mudanças arbitrárias de regimes políticos, pela dívida externa acumulada de seus governos para com os blocos ocidentais, as pessoas mais pobres do globo, em grande número, acabam por acreditar na "mensagem" do

consumismo global e se mudam para os locais de onde vêm os "bens" e onde as chances de sobrevivência são maiores. (Hall, 1998:81)

Já em "Pensando a diáspora: reflexões sobre a terra no exterior" (2003), Hall volta-se particularmente para os caribenhos, retratando sua migração, a marginalização e contribuição deles para o desenvolvimento cultural de países do Primeiro Mundo, sobretudo para o Reino Unido. Hall mostra-se parcialmente resistente à visão de Said sobre a diáspora, pois, valorizando a interação do sujeito com novas culturas, insinua que a abordagem elegíaca se coaduna com uma noção fundamentalista, prendendo-se e se restringindo a

> (...) uma concepção fechada de "tribo", diáspora, pátria. Possuir uma identidade cultural nesse sentido é estar primordialmente em contato com um núcleo imutável e atemporal, ligando ao passado o futuro e o presente numa linha ininterrupta. Esse cordão umbilical é o que chamamos de tradição, cujo teste é de sua fidelidade às origens, sua presença consciente diante de si mesma, sua "autenticidade". (Hall, 2003:29)

Na verdade, o cenário caótico pintado por Said não é o que está em xeque, e sim as implicações interpretativas subjacentes à impossibilidade de um convívio mais ameno com o trauma, com o passar do tempo. Diferindo-se de Said, Hall sutilmente critica o fato de certas sociedades criarem mitos sobre sua autossuperioridade cultural, fechando-se em seu próprio entorno. Afinal, quando o tradicionalista abandona o microcosmo original ou sofre com a ruptura de paradigmas originais, ele tende a desestabilizar-se, enfrentando problemas de ordem emocional. Conforme afirma Hall, o mito de que o retorno à terra natal "cura toda ruptura, repara cada fenda" (2003:29) é tão forte em alguns expatriados que eles preferem viver circunscritos à condição identitária descrita por Said, entregando-se à amargura e lamento perenes.

Em conformidade com Stuart Hall, Homi Bhabha (2010) entende que a noção de cultura natal seja um construto mítico capaz de provocar consequências drásticas àquele demasiadamente arraigado a uma antiga tradição. Afinal, a resistência a culturas externas impede o sujeito de se abrir a novos horizontes com as quais venha a se deparar em outras partes do mundo. Bhabha (2010:23), por exemplo, chega a afirmar que

O presente não pode mais ser encarado simplesmente como uma ruptura ou um vínculo com o passado e o futuro, não mais uma presença sincrônica: nossa autopresença mais imediata, nossa imagem pública, (...) revelada por suas descontinuidades, suas desigualdades, suas minorias.

Portanto, na visão de Bhabha, enclausurar-se psicologicamente em um lar inatingível, conforme explica Said, não parece ser uma postura estratégica, pois, deste modo, o viajante reduz sua existência a lamúrias incessantes, não se permitindo transcender a condição de errante, deprimido, cabisbaixo, debilitado, como alguém que sonha com o espaço uterino sem poder para lá retornar. Ao discutir a resistência cultural, Bhabha descreve o "purista" como aquele que se prende a uma tradição axial, que vê o diálogo transcultural como ultraje, quiçá blasfêmia ou heresia. Este sujeito almeja se reinscrever em um contexto irresgatável, vivendo em constante autopenitência: "A blasfêmia vai além do rompimento da tradição e substitui sua pretensão a uma pureza de origens por uma poética de reposicionamento e reinscrição" (Bhabha, 2010:309).

Fato é que Bhabha ou Hall não veem o presente diaspórico como um espaço harmônico, mesmo assim, mostram-se avessos à insolubilidade identitária do sujeito que, apegado à autorreclusão, impede sua interação com outras civilizações ou seu processo de tradução cultural. Para Bhabha (2010:308):

A cultura migrante do "entre-lugar", a posição minoritária, dramatiza a atividade da intraduzibilidade da cultura; ao fazê-lo, ela desloca a questão da apropriação da cultura para além do sonho do assimilacionista, ou do pesadelo do racista, de uma "transmissão total do conteúdo" em direção a um encontro com o processo ambivalente de cisão e hibridização que marca a identificação com a diferença da cultura.

Em princípio, parece incoerente comparar o contexto apresentado por Said à situação apontada por Hall. Afinal, a angústia de quem foge durante a guerra parece ser maior do que o sentimento de alguém que deixa o país em busca de melhores condições de vida. Entretanto, o trauma diaspórico, segundo Said, deve ser teoricamente rediscutido, já que Bhabha, mesmo retratando questões complexas e polêmicas sobre imigrantes indianos ou muçulmanos, não apresenta este trauma como principal experiência do sujeito diaspórico, mas algo que, mais cedo ou mais tarde, interage no processo de traduzibilidade cultural.

O objetivo deste texto não é menosprezar o valor do trauma diaspórico, mas mostrar que tanto a teoria quanto a literatura contemporâneas apresentam abordagens diversificadas para a questão, abordagens estas que vão, desde o luto insuperável, até uma possível convivência com as perdas ao longo de vários processos; e, para entendermos essas etapas (não necessariamente lineares), observemos ainda alguns postulados teóricos indispensáveis à presente argumentação.

Por mais nobre que seja a decisão de honrar e perpetuar princípios de um povo, geração após geração, o sujeito pode escolher sobrepor-se à tradição. Aliás, primeiramente, é preciso entender que nem mesmo Said concorda com a ideia de que a cultura específica de um povo seja necessariamente pura ou intacta. Como ele mesmo afirma, "nenhum país é composto por nativos homogêneos; cada um tem seus imigrantes, seus 'Outros' internos, e todas as sociedades, tal como o mundo em que vivemos, são híbridas" (Said, 2003:201). Então, se a tradição é algo permeável, pensar em confinar o viajante ao luto permanente pode ser uma abordagem unívoca, equivocada, incapaz de abranger todas as possibilidades que se apresentam, na realidade ou na literatura. E para melhor entendermos essas questões, observemos o que diz Stuart Hall sobre o homem diaspórico.

Partindo do *self* freudiano, Hall apresenta o homem da pós-modernidade como aquele destituído de verdades que o protegiam e que o centralizavam no universo. O crescimento do ceticismo com o avanço científico entre os séculos XVIII e XX, assim como as duas Grandes Guerras Mundiais, cederam espaço ao fortalecimento do ateísmo, apoiado, sobretudo, pela filosofia existencialista no século XX. O abandono divino não constituiu a única perda para o homem ocidental. A relativização da verdade científica, pensando em Michel Foucault (1972) e em seus contemporâneos, também contribuiu para a desconstrução do sujeito cartesiano, concebido segundo os moldes do iluminismo. Com a decadência destes dois grandes paradigmas, o homem da pós-modernidade se vê perdido e fragmentado, tendo de se reinventar constantemente. Daí, a importância de se discutir a identidade cultural do sujeito. Para Hall, a identidade não seria o *self* propriamente dito. Este poderia ser também chamado de "individualidade", "singularidade" ou "subjetividade". A subjetividade é, portanto, a noção distintiva entre duas entidades humanas ou mais, permitindo que A se veja como sujeito diferente de B, e assim sucessivamente.

Entretanto, a projeção do sujeito no mundo, suas escolhas, aptidões, afinidades, convicções; tudo isso o leva a expressar sua identidade que, semelhante a uma vitrine, permite-lhe externar o que a subjetividade pretende espelhar no corpo. Assim, a identidade é composta por um somatório de elementos nem sempre encontrados no *self*, mas incorporados (de fora para dentro) através da cultura. Deste modo, noções como nome e nacionalidade, caracteres não inerentes ao ser, também passam a compor a identidade do indivíduo. Por conseguinte, entende-se por identidade cultural a soma de componentes, como gênero, sexualidade, etnia, classe, nacionalidade etc.; ingredientes adquiridos, ou a partir do convívio social ou externados mediante o exercício do livre-arbítrio. Ao retratar a identidade, Hall não a apresenta de modo essencialista, descrevendo-a, porém, como algo transitório, mutável e flexível. Em outros termos, a identidade é fruto da interação do sujeito com o convívio cultural; por isso, pode metamorfosear-se inúmeras vezes, sincrônica ou diacronicamente, dependendo das mudanças que este ser venha a sofrer ao longo da existência. Daí, surge a definição de identidade, segundo Hall, como "processo de mutabilidade constante" (*process of becoming*), dando ao sujeito um caráter inconstante e vulnerável. Ocorre que o sujeito, excessivamente apegado a antigos hábitos e rituais, obviamente impede que a identidade mantenha sua versatilidade, sua capacidade transformativa e adaptativa nos espaços que atravessa.

Homi Bhabha, ao retratar as possíveis mudanças identitárias do sujeito diaspórico, usa a metáfora da tradução, incluindo a traduzibilidade e intraduzibilidade de hábitos culturais, beneficiando-se da disparidade recorrente entre dois ou mais códigos linguísticos. Assim, em sintonia com o *process of becoming* de Hall, Bhabha esclarece que o trâmite e as *entretrocas* culturais nem sempre se dão de modo instantâneo, originando experiências dolorosas e fases de adaptação cultural gradativas: "o presente da tradução pode não ser uma transição tranquila, uma continuidade consensual, mas sim a configuração da reescrita disjuntiva da experiência migrante, transcultural" (Bhabha, 2010:311). Reiterando a dificuldade de tal processo, também afirma a culturalista Gayatri Spivak (1999:794): "Já podemos ver que o projeto de tradução cultural com a política de identidade não se fixa com rapidez";[1] mesmo porque nem tudo se pode transplantar nesta árdua negociação entre códigos culturais. Conforme acrescenta Spivak, é preciso reconhecer "os pequenos limites de uma linguagem, porque seus aspectos retóricos apontam para o silêncio ou competitividade linguística ocorridos no texto devido às especificidades" (Spivak, 1999:181). Lidar com novas culturas constitui um desafio, dados os descompassos entre dois códigos culturais ou mais.

A questão é ainda mais complexa do que o imaginado, pois, embora o sujeito diaspórico apresente um perfil cultural, ele pode sofrer a tentação de se identificar com o outro, naturalmente ou não. Ao falar sobre o exilado, Julia Kristeva (1991) eleva a alteridade a um plano psicanalítico, reconduzindo-nos, tangencialmente, à discussão da diáspora. Ao salientar as aflições do exilado, a teórica explica que, assim como um novo *topos* provoca estranhamento cultural no inconsciente do sujeito, existe também o desejo sufocado de se identificar com o outro. Uma vez descoberta a identificação entre o "Ego" e o "Outro", manifesta-se o estranho (segundo Freud), possibilitando o reconhecimento de que a alteridade coexiste com o "Mesmo". Assim que o outro se manifesta o sujeito pode escandalizar-se consigo mesmo, reforçando o tabu adquirido pela tradição, senão, permite-se interagir com outros povos, vivenciando uma experiência libertária. Kristeva explica que este afrouxamento cultural pode ser até mesmo prazeroso, contradizendo as ideias de Said. Como diz Kristeva, "a presença de tal fronteira, intrínseca a tudo que se manifesta, desperta nossos sentidos mais arcaicos por meio de uma sensação fervorosa. O vívido interesse ou deleite encontra-se ali presente, sem esquecimento, sem ostentação, como um convite à disposição" (Kristeva, 1991:3). Ora, se o sujeito diaspórico dispõe de prazeres inusitados, não são somente as experiências traumáticas que o aguardam no futuro. E, como veremos adiante, a literatura vem apontando, cada vez mais, novas formas de apresentação do trauma diaspórico, fornecendo maiores subsídios teóricos para debates consistentes sobre a diáspora.

---

1. Todas as referências consultadas em língua inglesa recebem tradução de nossa autoria.

2. A DIÁSPORA EM ABORDAGENS LITERÁRIAS DIVERSIFICADAS

2.1 A experiência diaspórica e o trauma permanente

O escritor judeu-brasileiro Samuel Rawet retrata, no conto "O profeta" (1956), a vida de um praticante ortodoxo do judaísmo já avançado em idade que, fugindo do Holocausto na Polônia, chega ao porto do Rio de Janeiro usando chapéu, bata preta e barba longa, conforme a tradição semita: "Compreendera que a barba branca e o capotão além do joelho compunham uma figura estranha para eles" (Rawet, 1956:9). O encontro deste personagem anônimo com aqueles que o recepcionam no Brasil provoca reações bilaterais, porque, assim como ele se escandaliza com os trajes dos parentes adaptados à sociedade carioca, o irmão e a família o veem como uma figura risível, obsoleta e anacrônica: "Aturdido mirava o grupo que ia abraçando e beijando, grupo estranho (mesmo o irmão e os primos) (...) e as lágrimas que então rolaram não eram de ternura, mas gratidão" (Rawet, 1956:12).

Já que o recém-chegado desconhece a língua portuguesa, logo após sua chegada, os familiares o apelidam impiedosamente de profeta. Entretanto, o pseudônimo ganha significado na narrativa, tornando-se *tropo* ou metáfora extensiva. Afinal, o personagem convida a família a estar constantemente na sinagoga, como se lhes fosse vaticinar algum mal iminente. De fato, o personagem de Rawet age deste modo porque, segundo a tradição judaica, o justo deve se santificar, separando-se de costumes pagãos (ou estrangeiros), de acordo com a Torá (Bíblia Sagrada, 1969:207). Assim, em vão, o profeta pretende reconduzir seus irmãos desgarrados à tradição judaica.

Esta política de isolamento justifica o comportamento separatista dos judeus que, mesmo espalhados em diferentes nações, sustentam o sonho de retornarem à terra prometida, restaurarem o templo de Jerusalém com a chegada de um "Messias" e se tornarem uma potência mundial; mas, como tais aspirações não se concretizam, o semita ortodoxo vive sempre ligado ao passado, resistindo a qualquer forma de hibridismo cultural. Nas palavras do crítico literário Nelson Vieira (1990:3), "o judeu, no eterno deserto de suas errâncias e exílio, encontra o seu lar, aliás, sempre temporário, na escritura/écriture/Escrituras".

Incomunicável, o personagem segue sofrendo com as memórias da guerra, da fuga ou praticando os rituais de luto judaico. Resistindo ao *modus vivendi* brasileiro, o senhor religioso se prende à prática de sua religião, evitando os costumes profanos dos cariocas: "A guerra o despojara de todas as ilusões anteriores e afirmara-lhe a precariedade do que antes era sólido. Só ficara intacta sua fé em Deus e na religião; tão arraigada, que, mesmo nos transes mais amargos, não conseguira expulsar" (Rawet, 1956:13).

Sempre choroso, o protagonista isola-se, pois também não vê sinceridade nos anfitriões, muito menos na geração mais jovem. Com o passar do tempo, percebe com mais clareza sua posição periférica na família. Então, um ano após a chegada ao Brasil, reflete acerca da "Solidão (...) e interroga-se às vezes, sobre sua capacidade de resistir ao meio que não (...) é mais seu" (Rawet, 1956:15). Por fim, a própria prática do judaísmo no Rio de Janeiro se torna vã para o ancião, quando vê que os judeus aqui radicados não professam a fé com o devido fervor.

Vítima e algoz de uma tradição que paradoxalmente o dignifica e o mutila psicologicamente, o personagem cumpre seu papel de sacro ermitão, ilustrando o que explica Bhabha (2010:65): "Nenhuma cultura é jamais unitária em si mesma, nem simplesmente dualista na relação do Eu com o Outro". Por fim, o profeta comprova que a mesma política excludente, defendida pelo homem diaspórico, mantém-no culturalmente excluído das sociedades às quais resiste.

No desfecho da narrativa, o personagem ruma a um destino desconhecido, sem motivação ou esperança. Seu futuro, incerto; sua terra, o nada; e assim, através do mar que o trouxe ao Rio de Janeiro, o protagonista reinscreve sua condição de homem diaspórico, cujos traumas do passado não se resolvem nem lhe permitem avistar um futuro promissor. Ao profeta, só resta o trauma; trauma este que se encontra em conformidade com a seguinte frase de Said (2003:50): "Os exilados estão separados das raízes, da terra natal, do passado". Deste modo, o personagem submerge em um mar de dissabores e traumas paulatinamente, provando sua incapacidade de conviver ou interagir culturalmente com o outro.

2.2 A *diáspora* e o vazio pós-traumático

Em "*A family supper*" ["Uma ceia em família"] (1988), conto do escritor anglo-japonês Kazuo Ishiguro, a noção de lar, de que trata Said, torna-se algo completamente passível de desconstrução. Na história, o protagonista sente-se sem referência, tanto no espaço diaspórico quanto em sua cidade de origem. Assim, Ishiguro prova que a terra natal pode nem sempre constituir um espaço edênico. Anacronicamente, o enredo aborda a tensão entre duas gerações, enfocando, mais especificamente, o remorso de um ex-combatente das tropas japonesas para com o filho que foge para a Califórnia sem o consentimento dos pais. Aparentemente, a situação não seria tão grave, não fossem as peculiaridades daquela cultura oriental e o apego do pai às tradições locais.

Em primeiro lugar, o mesmo personagem descende dos tradicionais samurais. Tendo lutado na Segunda Guerra Mundial, ele se ressente da identificação entre novas gerações e a cultura norte-americana, e o fato de os jovens não se importarem com o lastimável bombardeio a Hirochima e Nagazaki. Aliás, conforme diz o pai, não foi só a cultura nipônica que se modificou a partir da influência da globalização, mas principalmente a economia. Com as novas práticas de comércio, microempresários não ajustados aos trâmites comerciais internacionais sucumbiram às novas regras do mercado. Conforme relata o pai: "Ter de lidar com gringos, fazer as coisas à maneira deles. Não entendo como chegamos a este ponto" (Ishiguro, 1988:435).

Para a infelicidade do ex-combatente, seu filho deixa o país para tentar a vida na promissora Califórnia, inspirando Kikuko, irmã do protagonista, a fugir para os EUA com o namorado: "Ele está planejando ir para a América. Quer que eu vá com ele assim que termine os estudos [na universidade]" (Ishiguro, 1988:436). Com a partida do protagonista, anos atrás, a mãe passou a se sentir culpada pela rebeldia do filho e fracassada enquanto matriarca e esposa. Então, planeja suicidar-se secretamente, ingerindo uma porção de baiacu, fato que o protagonista descobre somente dois anos mais tarde, sem sequer esboçar qualquer indício aparente de emotividade, tal o choque que recebe subitamente:

> Na ocasião do falecimento de minha mãe, eu morava na Califórnia. O relacionamento entre mim e meus pais encontrou-se estremecido por um período,

e consequentemente não tomei ciência dos pormenores relativos à morte de minha mãe até voltar a Tóquio dois anos depois. Aparentemente, ela sempre se recusara a comer baiacu, mas nesta ocasião particular fizera uma exceção, por convite de uma ex-colega de escola, então aceitou para não cometer ofensa. Foi meu pai quem me forneceu os detalhes enquanto, de carro, vínhamos do aeroporto para sua casa no distrito de Kamakura. (Ishiguro, 1988:434)

Embora pouco se saiba sobre a estada do mesmo na Costa Oeste dos EUA, em diálogo com Kikuko, ele confessa sentir-se incerto quanto a seu paradeiro, principalmente depois de romper o relacionamento com Vicki. Em conversa com a irmã, diz o narrador: "'Está tudo acabado', disse eu. 'Agora nada mais me restou na Califórnia'" (Ishiguro, 1988:435). Mesmo assim, o filho não se mostra motivado a viver com o pai, retornando definitivamente ao Japão: "'Vai ficar um pouco no Japão?' 'Honestamente, não tinha pensado nisso ainda'. (...) 'Se você não se importar de viver com seu velho'. 'Obrigado'. (...) 'Você sem dúvida vai retornar à América sem tardar'. 'Talvez. Ainda não sei'" (Ishiguro, 1988:442). Evitando-se uma conclusão, fica em aberto o futuro do personagem.

A intenção ambivalente de reunir os dois filhos em um jantar é o que sustenta o grande mistério do conto, podendo significar um convite à casa paterna ou uma tentativa de genocídio familiar. Tal conjectura está ligada à morte de Watanabe, ex-sócio do pai que, após declarar falência, intoxica a família com gás de cozinha, à noite, e morre ao fio da própria espada. Como o pai do narrador se orgulha de tal gesto, este desconfia que o patriarca tenha reunido os filhos para envenená-los com baiacu.

Enfim, independentemente de o peixe ser uma emboscada ou não, o futuro do protagonista é incerto, pois, por mais que ele se sinta nostálgico ao olhar o quadro da mãe ou lembrar-se dela junto ao poço no quintal ao pôr do sol, fragmentos da memória jamais reconstituirão o ambiente familiar da infância, nem trarão a matriarca de volta. Tudo o que sobrou da mãe são lembranças, sombras, vultos em cômodos escuros reforçando o fantasma da culpa e remorsos recíprocos entre pai e filho. Se o trauma existe, ele ocorre não somente pela dor vivenciada no exterior, mas pelos problemas familiares ainda irresolutos. Então, em *"A family supper"*, maior que a decepção com o espaço da diáspora é o vazio ocasionado por uma descoberta bombástica no próprio lar, vazio este que, apesar de aparentemente indolor, intensifica-se com a incerteza do futuro, seja no Japão, nos Estados Unidos, ou em outra parte do mundo. Por fim, o vazio é o que preenche as lacunas decorrentes de um trauma que legitima a ruptura com a tradição, propiciando uma experiência diaspórica voluntária, porém não recompensadora.

2.3 O trauma diaspórico e a tragédia enquanto experiência libertária

Em *Wide sargasso sea* (2001), romance da escritora dominicana Jean Rhys, a louca caribenha do sótão, presente em *Jane Eyre*, torna-se protagonista, narra sua infância traumática, o casamento frustrado na Jamaica e a reclusão na Inglaterra. Inicialmente apresentada como Antoinette Cosway, a personagem se tornará a guerreira Bertha Mason, em conformidade com o texto de Charlotte Brontë.

Quanto à infância, Antoinette fala sobre o empobrecimento após a abolição dos escravos, a morte do pai alcoólatra, o escárnio de negros e brancos acerca de sua mestiçagem, bem como seu estupro por pescadores. Em retrospecto, a protagonista relembra as transformações pelas quais passou quando a mãe, Annette Cosway, tornou-se a sra. Mason, além do fato de ambas se portarem como inglesas e frequentarem a alta sociedade local.

Antoinette relata ainda a queimada de Coulibri, fazenda equiparável ao jardim do Éden; a morte no incêndio de Pierre, o irmão mais novo, com deficiências físico-mentais; a revolta da mãe contra a indiferença do sr. Mason pelo enteado; e a reclusão domiciliar de Annette, agora declarada louca. A protagonista ainda fala da passagem por um convento e sua saída aos 17 anos, quando Richard, filho do sr. Mason, arranja-lhe casamento com Rochester, jovem inglês sem direito à herança paterna.

Neste ponto da narrativa, temos acesso às versões de Rochester e Antoinette. Segundo ele, o casamento foi um mero ato comercial e que, embora desfrutasse de noites de intenso prazer com a esposa, repudia-a por não amá-la. Desesperada com a rejeição, Antoinette dá uma poção de amor ao marido para salvar a relação, mas, como os efeitos colaterais provocam delírios em Rochester, este a vê enegrecida, com lábios roxos, olhos esbugalhados, tal como a personagem aparece em *Jane Eyre*.

Investigando a esposa, o marido descobre o caso amoroso entre Antoinette e o primo Sandi por intermédio de inimigos dos Cosways. Desde então, Rochester procura um médico que forje a loucura da mulher, alegando problemas hereditários envolvendo mestiçagem, promiscuidade e alcoolismo. Antoinette reage, mas a contra-argumentação é em vão. Após açoites, acorrentamento e sedativos, a personagem acorda já na mansão inglesa, onde fica presa no sótão. Devido a maus-tratos, ela perde a sanidade, porém, em momentos esparsos, recobra a lucidez e a memória. Nesta parte do romance, a personagem, refletindo sobre si mesma, entende por que, para lutar contra o homem que a aprisiona, ela precisa ser Bertha, apelido, aliás, criado pelo marido, que significa "tocha de fogo". Neste instante, a protagonista compreende que assimilar a política do *passing* não lhe trouxe felicidade. Assim, deixa de ser Antoinette para simbolicamente incorporar uma nova identidade. Deste modo, fala a narradora:

> Vi Antoinette sucumbindo ao esvoaçar-se para fora da janela com seus perfumes, belas roupas e seu espelho. Não há espelho aqui e não sei como se encontra minha aparência agora. Recordo ver-me escovando o cabelo e como os olhos voltavam-se para minha autoimagem. A garota que via era eu, porém não tal como sou. Há muito tempo atrás tentei beijá-la. Mas o vidro nos separou — rígido, frio e embaçado com meu hálito. Agora me tiraram tudo. O que faço neste lugar e quem sou eu?. (Rhys, 2001:116)

Ser Bertha a faz entender diversas questões relacionadas à experiência diaspórica. Tendo sido colonizada em sua própria terra, a personagem conheceu, desde cedo, o sentimento de não pertencimento. E, agora, ao sentir o frio do inverno britânico, ao pensar nos mapas da Inglaterra que analisara e recordar toda a prepotência do marido, a personagem sofre o trauma diaspórico como nunca antes. Mas, por outro lado, ela desperta para a compreensão de que aquilo que agora identifica como "segunda identidade" é o "Outro" que a acompanha desde a infância; outro este que, deixando de ser estranho, passa a habitar o consciente. Assim, enquanto Bertha admite o desejo sexual por homens negros, ratifica sua identificação com o outro. Ao lembrar de uma menina negra com quem brincava na infância, a narradora afirma: "Encaramos uma à outra, o sangue no meu rosto, lágrimas no dela. É como se visse a mim mesma. Como em um espelho" (Rhys, 2001:23).

Ser identitariamente negra dá a Bertha uma sensação de liberdade transgressora. Então, através do fluxo de consciência, percebe que, agindo como os negros incendiários jamaicanos, ela terá como derribar o império de Rochester e sair da gaiola. Lembrando-se das mariposas junto ao fogo e do papagaio que morre queimado em uma antiga fazenda, a protagonista segue até a torre do prédio, idealiza o lago que cercava sua antiga residência e imagina que voará rumo a uma libertação completa que lhe permitirá admitir a identificação com o outro e a possibilidade de enegrecer identitariamente. Por fim, Bertha transpõe o trauma através de uma experiência extremada que, mesmo lhe custando a vida, faz com que se reinvente, se redimensione de modo a transmutar-se identitariamente e transformar a dor diaspórica em sensação de vitória.

2.4 A convivência com o trauma diaspórico

Da autora indiana Bharati Mukherjee, *Jasmine* (1989) é um romance que retrata as muitas identidades de um corpo feminino, primeiramente apresentado como Jyoti, menina indiana interiorana que, aos 15 anos de idade, abre mão de cursar medicina para viver com Prakash, homem moderno que pretende transformá-la em Jasmine, epíteto para uma mulher urbana. Por intermédio de um ex-professor em Nova York, Prakash consegue um emprego no Instituto de Tecnologia da Flórida, mas antes que o casal deixe a Índia, o rapaz é atingido por um bombardeio terrorista do qual Jasmine escapa. Para evitar a antiga vida com a mãe em Hasnapur, a protagonista parte para a América com documentos falsos, aos 17 anos, com a intenção de queimar as roupas de Prakash na Flórida, cumprindo o *suttee*, ritual fúnebre indiano. Lá chegando, Jasmine é estuprada pelo transportador de imigrantes ilegais, quem ela imediatamente mata em legítima defesa.

A caminho de Nova York, Jasmine assume a identidade de Jazzie e aprende a se portar à moda norte-americana, traduzindo-se culturalmente de modo bem espontâneo: "Contemplei-me no espelho e me senti estupefata com a transformação. Jazzie de camiseta, calças apertadas, calçando tênis" (Mukherjee, 1989:119). Tendo aprendido hábitos nova-iorquinos com a nova amiga Lilian, a protagonista intenta se passar por americana. Uma vez em Nova York, Jazzie mora, em princípio, com uma família indiana, mas, com ajuda de Lilian, passa a cuidar em Manhattan da pequena Duff, filha adotiva do bem-sucedido casal Taylor e Wylie Hayes. Por sugestão de Taylor, a personagem torna-se Jase, vindo, mais tarde, a estudar na Universidade de Columbia. Como afirma a narradora-personagem: "Tornei-me americana em apartamento na avenida Claremot. (...) [Ali,] Taylor e Wylie Hayes [foram] meus pais, professores, minha família" (Mukherjee, 1989:146). Inconscientemente, Jase apaixona-se por Taylor e, adquirindo hábitos consumistas, passa a comprar roupas e calçados caros e chamativos. Tais mudanças permitem à protagonista refletir sobre suas múltiplas identidades e sua capacidade de se adaptar a novas culturas: "Jasmine costumava viver para o futuro, (...) Jase frequenta o cinema e aproveita o presente. (...) Jase [desponta como] aventureira destemida" (Mukherjee, 1989:156-157).

Quando Wylie deixa a casa em busca de um novo amor, Jase ata um relacionamento com Taylor, ao descobrir que se amam. Neste período, Jase confessa identificar-se com o estilo de vida cosmopolita norte-americano sem a menor hesitação: "Taylor não fez questão que eu mudasse. Não desejava tirar o que, de estrangeiro, existia em mim. (...) Modifiquei-me por opção pessoal" (Mukherjee, 1989:156).

Entretanto, após descobrir que o assassino de Prakash a persegue em Nova York, Jase passa a viver em Balden, Iowa, para resguardar Taylor e Duff. Agora, sob a identidade de Jane, a protagonista estabelece uma relação com o banqueiro Bud Ripplemeyer, com quem ela passa a morar alguns anos. Apesar das diferenças culturais, o casal aprende a conviver bem, até que um grande devedor do banco atira em Bud, deixando-o paralítico. Para amenizar o sofrimento, Jane adota um menino do Vietnã, de nome Du Thien, e, sob tratamento médico, ainda engravida do atual companheiro.

Contudo, após reatar contato com Taylor e descobrir que ele ainda a ama, Jane abandona Bud e aceita casar-se com o professor universitário nova-iorquino para quem trabalhara. Com ele, muda-se para a Califórnia (ainda grávida de Bud), levando consigo o casal de meninos Du e Duff. Enfim, o romance mostra que, embora a personagem com identidades mutáveis sofra traumas com a morte de Prakash, com o estupro ou com a perseguição terrorista em Nova York, nada a torna saudosa da terra natal. Ao contrário, tudo que ela deseja ter ou ser encontra-se nos EUA. Embora recorde momentos turbulentos, nenhum trauma a detém no propósito de ser uma mulher americanizada ou um sujeito aberto a traduções culturais, capaz de reinventar-se, construir uma família heterodoxa e culturalmente híbrida. Como visto, *Jasmine* desvia-se da proposta de Said, demonstrando que a dor do trauma ocasionado pela diáspora pode, às vezes, ser efêmera e ceder espaço a outras experiências multiculturais ou transculturais.

Conclusão

Considerando as diferentes abordagens dadas ao trauma diaspórico nas quatro narrativas, supomos que, em textos historicamente mais recentes, o tom elegíaco da diáspora não constitui uma constante necessariamente. Afinal, o homem, apesar de suas lacunas existenciais, pode ocasionalmente seguir em frente, vislumbrar os traumas do passado como desafios para o futuro incerto, nem sempre encarando o trauma diaspórico como tormento interminável. A questão não é negar a fragmentação do sujeito na pós-modernidade ou afirmar que a ficção sobre a diáspora mais recente procure apontar a superação do trauma diaspórico como meta, mesmo porque a diversidade de abordagens para o tema aqui apresentado não segue uma ordem cronológica precisa. Então, é perfeitamente possível encontrarmos, em textos recentes, uma concepção de trauma diaspórico segundo os moldes de "O profeta".

Entretanto, percebemos que, em *Jasmine*, o sujeito diaspórico, através do seu processo metamórfico e adaptativo, dá prosseguimento a sua breve existência, afasta-se de paradigmas preexistentes, modifica a si mesmo, rearticulando culturalmente o espaço em que se encontra. O que está em xeque não é o resgate ao *happy ending*, mas mostrar que, embora o homem nunca chegue a uma plenitude subjetiva e/ou identitária, paira a conjectura de que este homem possa metabolizar certos traumas existenciais de modo menos drástico do que aquele apresentado por Said e, assim, conviver com suas incertezas e frustrações, sem apagá-las, de fato. Os fantasmas de experiências anteriores existem, como visto em "A family supper", mas a forma com que o sujeito lida com elas varia de modo pessoal. Em Rawet, o sujeito diaspórico mantém-se inconsolável; em Ishiguro, indeciso ou estático; já em Rhys, ele é tragicamente retaliador; e em Mukherjee, este sujeito se mostra não somente aberto a negociações culturais, mas, sobretudo, determinado a enfrentar os impasses gerados em novos espaços.

Enfim, não propomos aqui uma resposta cabal e definitiva para o trauma diaspórico, mas, considerando os textos literários aqui apontados, destacamos a necessidade de renovarmos pensamentos teóricos e de repensarmos a diáspora conceitualmente, por exemplo, observando o valor polissêmico que vem galgando neste novo século. Aliás, a própria teoria pós-colonial defende o caráter provisório da discursividade na qual se apoia (Hall e Du Gays, 2002:5), de modo que cabe aos estudiosos da diáspora arejar tais ideias, tomando as tendências literárias mais recentes como ponto de partida para constantes reflexões e reformulações teórico-conceituais, capazes de acompanhar as inúmeras possibilidades que se apresentam em um mundo cujas mudanças se processam de modo acelerado e assistemático.

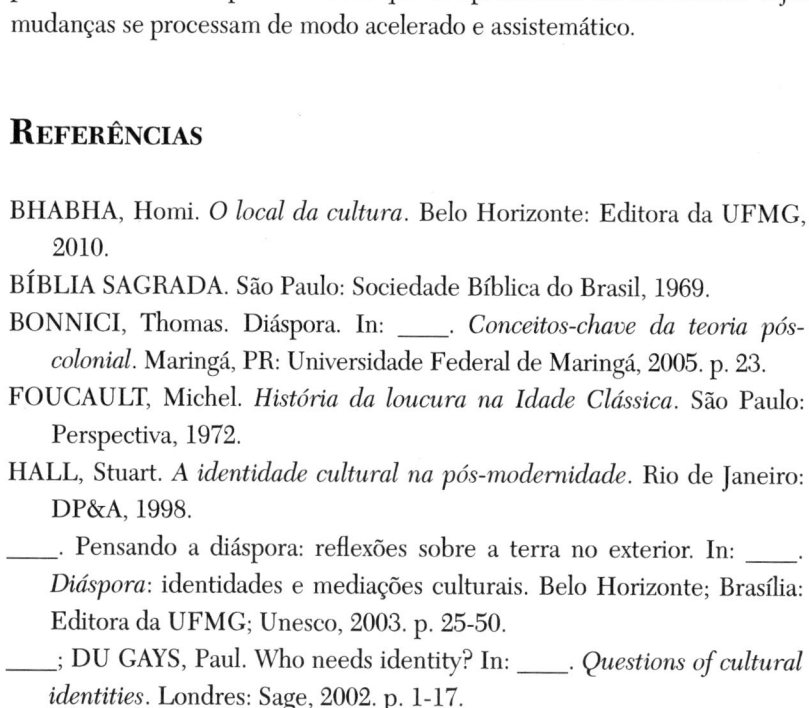

Referências

BHABHA, Homi. *O local da cultura*. Belo Horizonte: Editora da UFMG, 2010.

BÍBLIA SAGRADA. São Paulo: Sociedade Bíblica do Brasil, 1969.

BONNICI, Thomas. Diáspora. In: ____. *Conceitos-chave da teoria pós-colonial*. Maringá, PR: Universidade Federal de Maringá, 2005. p. 23.

FOUCAULT, Michel. *História da loucura na Idade Clássica*. São Paulo: Perspectiva, 1972.

HALL, Stuart. *A identidade cultural na pós-modernidade*. Rio de Janeiro: DP&A, 1998.

____. Pensando a diáspora: reflexões sobre a terra no exterior. In: ____. *Diáspora*: identidades e mediações culturais. Belo Horizonte; Brasília: Editora da UFMG; Unesco, 2003. p. 25-50.

____; DU GAYS, Paul. Who needs identity? In: ____. *Questions of cultural identities*. Londres: Sage, 2002. p. 1-17.

ISHIGURO, Kazuo. A family supper [1982]. In: BRADBURY, Malcolm (Ed.). *Modern British short stories*. Londres: Penguin, 1988. p. 434-41.

KRISTEVA, Julia. Toccata and fugue for the foreigner. In: ____. *Strangers to ourselves*. Nova York: Columbia University, 1991. p. 1-39.

MUKHERJEE, Bharati. *Jasmine*. Nova York: Fawcett Crest-Ballantine, 1989.

RAWET, Samuel. O profeta. In: ____. *Contos do imigrante*. Rio de Janeiro: José Olympio, 1956. p. 9-17.

RHYS, Jean. *Wide sargasso sea*. Londres: Penguin, 2001.

SAID, Edward. *Reflexões sobre o exílio e outros ensaios*. São Paulo: Companhia das Letras, 2003.

SPIVAK, Gayatri Chakravorty. *A critique of postcolonial critique*: toward a history of the vanishing present. Harvard: Harvard University, 1999.

VIEIRA, Nelson. Ser judeu e escritor — três casos brasileiros: Samuel Rawet, Clarice Lispector e Moacyr Scliar. *Papéis avulsos*, Rio de Janeiro, UFRJ, n. 25, 1990.

2.

OS CONTOS DIASPÓRICOS DE CHIMAMANDA NGOZI ADICHIE: REPRESENTAÇÕES DA EXPERIÊNCIA NIGERIANA NOS ESTADOS UNIDOS

Cláudio Braga[*]

INTRODUÇÃO

O tema diáspora tem sido tão recorrente na pesquisa acadêmica contemporânea que já se fala no estudo da "diáspora da diáspora" (Brubaker, 2005:1), que seria a disseminação do vocábulo em si. Rogers Brubaker (2005) examina a dispersão da diáspora em termos semânticos, conceituais e disciplinares, vendo o processo com bons olhos. Para o autor, a diáspora deve ir além de seus próprios limites: deve ser um idioma, uma postura e uma reivindicação. Em contrapartida, Stéphane Dufoix (2008:54) alerta que "diáspora é, atualmente, um termo tão instável que não é raro observar uma quantidade de alterações semânticas em um único texto, às vezes em um mesmo parágrafo".[1] De maneira semelhante, outros teóricos fazem referência a essa instabilidade. John Durham Peters, Avtar Brah e Stuart Hall utilizam expressões como "conceito disperso" (Peters, 1999:18), "escorregadio" (Brah, 1996:179), "heterogêneo e diverso" (Hall, 1997:312).

---

[*] Professor adjunto do Instituto de Letras, na Universidade de Brasília (UnB); doutor em literatura comparada pela Universidade Federal de Minas Gerais (UFMG), com pesquisas realizadas na University of California at Santa Cruz (UCSC), Estados Unidos, e financiadas pela Capes (PDEE). É mestre em estudos literários pela UFMG, na área de literaturas de expressão inglesa. É pesquisador, atuando nas áreas de literaturas contemporâneas de expressão inglesa, com os temas da diáspora, globalização e do pós-colonialismo.
1. No original: *"Diaspora is currently so labile that it is not unusual to notice a number of semantic shifts, within a single text, sometimes within the same paragraph"*. É nossa a tradução para o português.

A expansão de um conceito útil como diáspora, conforme defendo, não significa eliminar a necessidade de definições e recortes teóricos precisos, que não devem ser vistos como barreiras para o desenvolvimento e aplicação da teoria, ou limitadores para a análise e a crítica diaspórica, mas como ordenadores da discussão. Pode-se, por um lado, fazer-se uso das noções de disseminação multidirecional ou de movimento disperso, implícitas no conceito de diáspora, mas, por outro, há que se lidar com uma espécie de paradoxo teórico: a dispersão, em sintonia com a condição de teoria transdisciplinar da diáspora, incorre no risco de prejuízo do rigor científico na aplicação da teoria, devido à propagação desenfreada do uso do termo ou, nas palavras de James Clifford (1994), devido ao perigo da subteorização da diáspora. Em suma, é necessário que haja critérios no uso do termo.

Um marco simbólico na busca de definições coerentes e de delimitações teóricas possíveis no campo da diáspora é o lançamento de *Diaspora: a journal of transnational studies*, em 1991, um periódico que aperfeiçoou e, por vezes, revolucionou os estudos sobre o tema. Editado por Khachig Tölölyan, *Diaspora* tem como corpo editorial um quadro internacional de especialistas no assunto: Rey Chow, Robin Cohen, Rosemary M. George, Hamid Naficy, William Safran, Gabriel Sheffer, Gayatri Spivak e Steven Vertovec, dentre outros. Inúmeros artigos de destaque foram publicados em *Diaspora*. "Diasporas in modern societies: myths of homelands and return" (1991),[2] de William Safran, é dos mais citados, devido ao pioneirismo da discussão. Safran (1991) se dedica à tarefa de definir a diáspora, ao descrever comunidades expatriadas que teriam determinadas características: dispersão de um centro para duas ou mais regiões periféricas ou estrangeiras; manutenção de uma memória coletiva, perspectiva comum e mito sobre a terra natal; crença de que a aceitação plena na sociedade hospedeira não é possível; respeito pela terra natal ancestral como o lar verdadeiro ou ideal e destino de um eventual retorno; compromisso com a manutenção ou restauração da terra natal, sua segurança e prosperidade; e relação pessoal ou indireta que continua a existir com a terra natal por meio de uma consciência étnico-comunitária (Safran, 1991:83-84). Além da dispersão geográfica, percebe-se nessas

---

2. Este trabalho de Safran foi reproduzido na coletânea *Migration, diasporas and transnationalism*, organizada por Robin Cohen e Steven Vertovec (1999).

características a ênfase na ideia de uma memória coletiva sobre a terra natal e em um passado, ainda que mítico, os quais Safran ilustra com as diásporas dos magrebinos, turcos, palestinos, cubanos e gregos.

Mais tarde, em um ensaio intitulado *"Diasporas and the Nation-State: from victims to challengers"*, Robin Cohen (1999) também elabora uma lista de características das diásporas, semelhantes àquelas arroladas por Safran (1991). Cohen (1999), porém, inclui três novos aspectos nos itens dois, oito e nove. Para o autor, diáspora envolve também:

> 2. (...) uma expansão para além de uma terra natal à procura de trabalho, em busca de comércio ou por futuras ambições coloniais. (...)
> 8. Um senso de empatia e solidariedade com membros de mesma etnia em outros países de assentamento.
> 9. A possibilidade de uma vida peculiar, até mesmo enriquecedora e criativa, nos países anfitriões com uma tolerância para o pluralismo (Cohen, 1999:274).[3]

Esses atributos, somados aos mencionados por Safran (1991), constituem fundamentos sólidos para a identificação do fenômeno social em si, além de abrir caminhos para a investigação da diáspora representada na literatura contemporânea. Outros teóricos, como Khachig Tölölyan (1991b, 2007) e James Clifford (1994, 1997), também se alicerçam em características semelhantes, que parecem estar próximas de um consenso entre os articulistas de *Diaspora*. Entretanto, vale ressaltar que os teóricos não esperam que uma formação diaspórica apresente todas as características simultaneamente.

Outro trabalho relevante é *"Three meanings of 'Diaspora', exemplified among South Asian religions"* (1997), de Steven Vertovec. O autor discute três significados contemporâneos para diáspora, que pode se referir a uma "forma social", um "tipo de conscientização" e um "modo de produção cultural" (Vertovec, 1997:277-278). O terceiro significado é mais condizente com esta discussão, por abordar a condição diaspórica como um terreno fértil para as artes, inclusive a literatura, visto que o fluxo de pessoas resulta em

---

3. No original: "2. (...) *expansion from a homeland in search of work, in pursuit of trade or to further colonial ambitions.* (...) 8. *A sense of empathy and solidarity with co-ethnic members in other countries of settlement.* 9. *The possibility of a distinctive yet creative and enriching life in host countries with a tolerance for pluralism*".

uma produção literária transnacional, híbrida, sincrética e em permanente transformação. Diante de intensa produção cultural diaspórica, identificada e pesquisada atualmente, avalio ser instigante o uso da diáspora como método de pesquisa e suas implicações epistemológicas. Por meio delas, a diáspora adquire, dentre outros aspectos, novas conotações: capacidade de adaptação, contribuição, obstinação, tenacidade, sagacidade e transformação. Nesse contexto, é de se supor que as definições para o termo diáspora evoluam, deixando de se referir apenas às diásporas dos judeus, gregos e armênios, chamadas de clássicas por Tölölyan (1991b), para abranger quaisquer outros povos que se dispersem para terras estrangeiras, saídos de um centro ou terra natal. Assim, este artigo focaliza uma nova diáspora, a nigeriana, representada na literatura de Chimamanda Ngozi Adichie. A escritora retrata, nos contos abordados neste trabalho, uma dentre várias comunidades diaspóricas nigerianas espalhadas pelo mundo: a dos Estados Unidos.[4]

Ex-colônia britânica, a Nigéria é uma nação jovem e complexa, localizada na África ocidental, com mais de 162 milhões de habitantes. O Produto Interno Bruto (PIB) é de pouco mais de 196 milhões de dólares, cerca de 10 vezes menor que o brasileiro.[5] As condições econômicas precárias resultam em falta de oportunidades de trabalho, talvez a causa principal para a diáspora nigeriana contemporânea. Outros motivadores são a violência e a instabilidade social no país, provocadas por tensões religiosas entre grupos étnicos como iorubás, ibos e haussás, dentre outros.

Chimamanda Ngozi Adichie pertence ao povo ibo. Nascida em Enugu, sudoeste da Nigéria, em 1977, é filha de James Nwoye, professor aposentado da Universidade da Nigéria, e Grace Ifeoma, escrivã na mesma instituição. Adichie foi criada em Nsukka, cidade-sede da Universidade, tendo estudado, como os cinco irmãos, na escola universitária. Desse ambiente nasceram o interesse e a curiosidade da autora sobre o mundo acadêmico e a classe média

---

4. Dois *websites* contribuem para a caracterização da diáspora nigeriana. Em <www.nigeriandiaspora.com>, pode-se obter informações sobre nigerianos na diáspora, suas atividades sociais e econômicas. Das páginas eletrônicas de <www.nigeriandiaspora.org>, destaca-se o comprometimento com a terra natal; um dos objetivos da organização é ampliar o banco de dados dos nigerianos na diáspora em favor do desenvolvimento da terra natal.
5. Fonte: IBGE (2011).

nigeriana, recorrentes em sua literatura. Além disso, crescer em uma família intelectual lhe foi favorável na trajetória escolar. A autora desde cedo se destacou, recebendo prêmios e incentivos de professores e do governo. Chegou a cursar medicina e farmácia por um ano e meio, período em que foi editora da revista estudantil *The Compass*. Aos 19 anos, recebeu uma bolsa para estudar nos Estados Unidos. Cursou comunicação na Universidade Drexel, Filadélfia, e ciência política na Universidade Estadual de Connecticut. Graduou-se, com honras, em 2001, cursando, em seguida, mestrado em criação literária na Universidade John Hopkins, em Baltimore. Adichie foi também pesquisadora convidada em Princeton e, em 2008, concluiu mestrado em estudos africanos na Universidade de Yale. Recentemente, foi premiada com uma bolsa oferecida pelo Instituto Radcliffe de Estudos Avançados da Universidade de Harvard para o biênio 2011-12.

Seu primeiro romance, *Hibisco roxo*, foi publicado em 2003, último ano do curso de ciência política feito em Connecticut. O livro foi enaltecido pela crítica e recebeu o prêmio de "melhor primeiro livro", concedido pelo *Commonwealth Writer's Prize*, em 2005. A segunda obra, *Meio sol amarelo*, foi publicada em 2006, a princípio no Reino Unido e, posteriormente, nos Estados Unidos e na Nigéria.[6] A partir de julho de 2009, Adichie começou a ficar conhecida devido à miniconferência *The danger of a single story* [*O perigo de uma história única*], promovida pelo grupo sem fins lucrativos *Technology, Entertainment, Design (TED)* e divulgada para milhões de internautas por meio de *sites* de vídeos como YouTube. A popularidade da conferência se deve tanto ao carisma da escritora quanto ao tema que desenvolve.

Em *O perigo de uma história única*, Adichie se expressa como se contasse histórias no estilo oral de seus antepassados, mesmo usando a língua inglesa. Como o acesso da maioria dos ouvintes se dá pela internet, a fala da escritora promove uma fusão entre uma tradição antiga, uma língua global e uma tecnologia de comunicação contemporânea. Esse encontro entre passado e presente ilustra um dos objetivos do projeto literário da escritora. Adichie também esclarece aquilo que denomina o perigo de uma história única: aquele que detém o poder de narrar a história do outro geralmente

---

6. Os nomes originais dos romances são *Purple hibiscus* e *Half of a yellow sun*. No Brasil, foram publicados pela Companhia das Letras, em 2011 e 2010, respectivamente.

o faz por meio de uma versão unilateral e limitada. É o que ocorreu, por exemplo, com a África colonizada, narrada pela voz da Europa colonizadora, resultando em uma história única de calamidade, fome e pessimismo. Em resposta à história oficial, o texto de Adichie se constrói por meio de pontos de vista múltiplos, em uma rede de perspectivas entrelaçadas, justapostas e muitas vezes contraditórias, mas que procuram representar a complexidade do próprio ser humano e colocar em xeque a credibilidade e a autoridade de registros históricos não ficcionais tomados como verdades absolutas.

No mesmo ano da miniconferência *O perigo de uma história única*, Adichie dá início a uma nova etapa na carreira lançando *The thing around your neck* (2009), sua primeira compilação de ficção curta. A novidade não é o gênero literário, pois a autora já vinha publicando contos em revistas literárias e jornais, mas o agrupamento em um único volume, permitindo uma proveitosa comparação entre as narrativas que se passam na Nigéria e as histórias ambientadas nos Estados Unidos. Esses contos situados em solo estadunidense são o foco dessa análise, aos quais denominarei "contos diaspóricos". As personagens nigerianas no exterior são, conforme argumento, sujeitos em uma condição diaspórica feita de memórias e referências da terra de origem, reconstituída e reimaginada na distância espaçotemporal, e de novas vivências no país hospedeiro, em confronto com os pertences culturais trazidos da terra de origem.

Isso não equivale a dizer que as narrativas sobre a negociação entre a terra natal e o país hospedeiro, tendo a diáspora como espaço ficcional de interseção,[7] constituem uma oposição binária simplista. A Nigéria, por exemplo, na condição de terra natal para esses sujeitos diaspóricos, reúne o pré-colonial e o colonial, justapostos ao pós-colonial, sobrepondo passado, presente e futuro. A questão se torna ainda mais intricada nos contos diaspóricos "*Imitation*", "*The arrangers of marriage*" e "*The thing around your neck*", este último escolhido para dar nome à coletânea.

As três narrativas trazem protagonistas mulheres, negras e jovens, típicas na literatura de Adichie. Nkem, Akunna e Chinaza são sujeitos diaspóricos "definidos por uma travessia de fronteiras que delimitam nação e diáspora"

---

7. De fato, de acordo com Daria Tunca (2012), o próximo projeto literário de Adichie também terá como foco as experiências vividas por imigrantes nigerianas nos Estados Unidos. Disponível em: <www.l3.ulg.ac.be/adichie/ cnabio.html>. Atualizado em: 20 abr. 2012.

(Braziel e Mannur, 2003:5),[8] como afirmam Anita Mannur e Jana Evans Braziel. Às voltas com questões semelhantes de corrupção moral, preconceito e subordinação, relacionadas tanto às nações quanto à diáspora, as protagonistas de Adichie são definidas por identificações fragmentadas e descentradas, como teorizam Tölölyan (2007), Clifford (1994) e Boyarin e Boyarin (1993), ao desenvolverem definições para sujeito diaspórico.

Além de se adequarem ao perfil de sujeito diaspórico, Nkem, Akunna e Chinaza são sujeitos diaspóricos femininos e não é de se estranhar que questões de gênero se entrelacem à condição diaspórica. As protagonistas de Adichie assemelham-se às participantes da "subclasse diaspórica", nos termos de Gayatri C. Spivak (1996). Referindo-se às mulheres na diáspora, Spivak afirma que elas se tornam "as superdominadas, as superexploradas, mas não da mesma forma" (Spivak, 1996:249).[9] Assim, um dos objetivos desta investigação é discutir como Nkem, Akunna e Chinaza se situam na diáspora e como respondem ao peso extra que recai sobre elas.

Apesar de enfrentarem dificuldades semelhantes, as protagonistas de Adichie têm perfis distintos. Em *"Imitation"*, Nkem é uma dona de casa rica, vivendo em um subúrbio elegante na Filadélfia. Logo na exposição do conto, o leitor se dá conta de que Obiora, o marido empresário, tem uma jovem amante na Nigéria e que acaba de abrigá-la na casa da família em Lagos, para sua conveniência. Akunna, a protagonista de *"The thing around your neck"*, é sorteada na loteria do visto promovida pelo governo dos Estados Unidos, indo morar com um tio, a mulher e os dois filhos do casal. Após uma recepção carinhosa e familiar, Akunna é assediada sexualmente pelo dono da casa, que na verdade era o "irmão do marido da irmã do pai" dela. Akunna não cede, vai embora e inicia uma vida solitária e agoniada, até o dia em que conhece um estadunidense branco que se interessa por ela. Assim como Akunna, Chinaza, em *"The arrangers of marriage"*, também é recém-chegada. Ela vai morar no Brooklin com um marido que mal conhece, um estudante de medicina nigeriano, pois se trata de um casamento arranjado. Rapidamente, as expectativas de um bom partido e de prosperidade na América são desfeitas e Chinaza, que havia sido negociada por ter a pele "menos escura", planeja deixar o marido.

---

8. No original: "(...) *a traversal of the boundaries demarcating nation and diaspora*".
9. No original: "(...) *the super-dominated, the super-exploited, but not in the same way*".

1. BAGAGENS DA TERRA DE ORIGEM

Na diáspora, Nkem, Akunna e Chinaza remontam suas origens a partir de lembranças das experiências vividas na Nigéria. A princípio, essas memórias parecem fixar-se na falta de perspectiva pessoal, acadêmica e profissional para mulheres vivendo em uma sociedade de cultura sexista e economia precária, dando a impressão de que estar na diáspora constitui um privilégio. Entretanto, no imaginário diaspórico dessas personagens, a Nigéria se constrói de maneira ambígua: é um lugar de sofrimento e dificuldades e, ao mesmo tempo, um espaço familiar, conhecido, onde sabem lidar com as adversidades, diferentemente do que ocorre na diáspora. Assim, Nkem, Akunna e Chinaza hesitam entre sentimentos contraditórios, e o desejo de retorno à terra natal, descrito pelos teóricos da diáspora, varia: experiências do passado e do presente as levam a desejar e a não desejar o retorno.

No exemplo de Nkem, protagonista de *"Imitation"*, as negociações entre as bagagens trazidas da terra de origem e a vida no país hospedeiro ocorrem em meio ao problema da traição do marido. Enquanto pensa em como reagir, Nkem relembra o que viveu na Nigéria: seu pensamento é disperso, sem direções predeterminadas. Ela vê as crianças brancas em Cherrywood Lane, subúrbio onde mora, brincando e desperdiçando comida, e se recorda da escassez de alimento na infância, em que, muitas vezes, sua mãe era obrigada a fazer sopas estranhas, feitas de folhas desconhecidas, de gosto horrível. A infância difícil dá lugar a uma adolescência com novos obstáculos. Ainda jovem, a beleza física de Nkem ajuda a conseguir um emprego em uma agência de publicidade em Lagos, ocasião em que conhece homens importantes e ricos, mas comprometidos:

> Ela namorou homens casados antes de Obiora — quais as solteiras de Lagos não tinham? Ikenna, um executivo, havia pagado as contas hospitalares da cirurgia de hérnia de seu pai. Tunji, general aposentado do exército, havia consertado o telhado da casa de seus pais e comprado o primeiro sofá que tiveram na vida. (...) Houve outros depois dele, homens que elogiavam sua pele macia, homens que lhe deram ajudas menores, homens que nunca a pediram em casamento porque ela havia feito secretariado e não curso superior. (Adichie, 2009:31)[10]

---

10. No original: *"She dated married men before Obiora — what single ladies in Lagos hadn't?*

Em parte, a jovem Nkem se submete a esses relacionamentos por ser a *ada*, a primeira filha, de quem se espera que proporcione uma vida melhor aos pais. Também porque na cidade grande as pessoas não lhe davam oportunidades, taxando-a de *bush girl*, expressão depreciativa para moças vindas do interior, um marcador da condição inferior de Nkem. Era como se sentia, até que Obiora a pede em casamento. Porém, enquanto relembra os namorados casados, Nkem está às voltas com a amante do marido, agora morando em sua própria casa. Ironicamente, Nkem encara o fato de que ela, da mesma forma, esteve na casa de homens casados, na ausência das esposas. Por alguns instantes, Nkem esquece os ciúmes e se identifica com a jovem amante, imaginando as mesmas dificuldades familiares, as duas, donas da mesma beleza física que as torna objetos para homens ricos como Obiora.

Todavia, as más lembranças da Nigéria e o problema da traição não consolidam um sentimento de simples rejeição à terra de origem, pois o pensamento de Nkem é conflitante, assim como a Nigéria que aos poucos se constrói em monólogo interior. Apesar de ser considerada uma mulher de sorte, que conquistou estabilidade por meio de um bom casamento, Nkem não está feliz, pois a relação com o marido se alicerça apenas na segurança material. Dessa forma, a crise no casamento, agravada pela solidão nos Estados Unidos, desperta em Nkem outras lembranças da Nigéria, e seu pensamento agora revela experiências mais amenas na terra natal:

> Ela de fato sente saudades de casa, dos amigos, da cadência do Ibo e do Yorubá, e do Inglês *pidgin* falado ao seu redor. E quando a neve cobre o hidrante dourado da rua, ela sente falta do sol de Lagos que brilha mesmo quando chove. Ela às vezes pensa em voltar para casa, mas nunca séria ou concretamente. (Adichie, 2009:37)[11]

Ikenna, a business man, had paid her father's hospital bills after the hernia surgery. Tunji, a retired army general, had fixed the roof of her parent's home and bought them the first real sofas they had ever owned. (...) There were other men after him, men who praised her baby skin, men who gave her fleeting handouts, men who never proposed because she had gone to a secretarial school, not a university".

11. No original: *"She does miss home, though, her friends, the cadence of Igbo and Yoruba and pidgin English spoken around her. And when the snow covers the yellow fire hydrant on the street, she misses the Lagos sun that glares down even when it rains. She has sometimes thought about moving back home, but never seriously, never concretely".*

A familiaridade das línguas faladas na Nigéria e o clima tropical adquirem, para Nkem, um sentido de aconchego, típico do lar, que se confunde com a terra natal por meio do emprego dos vocábulos *home* e *homeland*, utilizados como sinônimos. As dificuldades por que passa na diáspora, com o inglês americano ou com o frio do inverno, são circunstâncias que estimulam a idealização da terra de origem. Por outro lado, Nkem se sente adaptada a certos confortos da vida nos Estados Unidos e acaba por reprimir o desejo de retorno.

Na memória de Akunna, protagonista de *"The thing around your neck"*, a terra de origem é reconstruída a partir da família e a expectativa criada em torno da possibilidade de emigração para os Estados Unidos. A loteria do visto norte-americano, promovida pelo governo dos Estados Unidos, é uma espécie de mania nacional na Nigéria, a esperança de uma vida melhor na "terra da oportunidade". Quando Akunna é sorteada, conquistando o visto com permissão de trabalho e estudo, pais, irmãos, tios, tias, primos se juntam em seu quarto alugado "para dizer adeus em voz alta e para pedir, em voz baixa, as coisas que queriam que ela mandasse" (Adichie, 2009:115).[12] Festejando como se a penúria tivesse chegado ao fim, os parentes de Akunna encomendam perfumes, calçados e roupas, e ela parte com a sensação de carregar o fardo da pobreza de toda a Nigéria. Alguns meses depois, vivendo sozinha nos Estados Unidos, a maior parte das memórias de Akunna sobre a terra natal é negativa: as tias gritando no mercado, tios em bebedeiras, os amigos que a invejavam por ter sido sorteada com o visto americano. Algumas referências, porém, são positivas: "Seu pai, que trazia pra casa os jornais velhos do chefe e obrigava seus irmãos a lerem; sua mãe, cujo salário mal dava para pagar as taxas da escola do seu irmão" (Adichie, 2009:117-118).[13] Apesar de poucas, as lembranças de bons momentos dão sustentação a Akunna e ela não foge ao compromisso de apoiar os familiares na terra de origem. Como afirmam Safran (1991) e Cohen (1997), a maioria dos sujeitos diaspóricos de fato mantém o laço com a terra natal por meio da ajuda à família, a chamada iniciativa de "melhoria das condições da terra natal". Todavia,

---

12. No original: *"[...] to say goodbye in loud voices and tell you with lowered voices what they wanted you to send them"*.
13. No original: *"Your father who brought back his boss's old newspapers from work and made your brothers read them; your mother whose salary was barely enough to pay your brother school fees"*.

Akunna sente-se vazia por entender que, para os parentes, ela se transforma no cheque enviado mensalmente, não sendo amada ou respeitada. Ademais, as expectativas exageradas de prosperidade imediata nos Estados Unidos não se realizam e a missão de "salvar" a todos apresenta indícios de fracasso. O salário de garçonete mal dá para o aluguel do pequeno quarto em que vive. Assim, junto às lembranças das frustradas relações com as pessoas deixadas na terra natal, Akunna, enfrenta a agonia da solidão do "displaçamento" na sociedade hospedeira.

Chinaza, em *"The arrangers of marriage"*, também carrega laços familiares frágeis na bagagem trazida da terra natal. Órfã, ela vê a morte dos pais como o fim de qualquer possibilidade de amor verdadeiro, pois na casa dos tios, onde passa a morar, é tratada como uma empregada. Quando lhe arranjam um casamento com um estudante de medicina, os tios de Chinaza demandam manifestações excessivas de reconhecimento: "Eu tive que agradecer aos dois por tudo — por me arranjarem um marido, por me acolherem em sua casa, por me darem um par de sapatos a cada dois anos. Era a única forma de evitar ser chamada de ingrata" (Adichie, 2009:170).[14] Mesmo se esforçando para atender a essa demanda, Chinaza sabe que seus sentimentos e planos sempre foram ignorados:

> Eu não os lembrei de que queria ter feito vestibular de novo e tentar entrar na universidade, que durante o ensino médio eu havia vendido mais pão na padaria de tia Ada que todas as outras padarias de Enugu juntas, que a mobília e o chão da casa brilhavam por minha causa. (Adichie, 2009:170)[15]

A discrepância entre a realidade ao redor de Chinaza e o que se passa dentro dela não é percebida pelos tios, que acreditam terem agido como grandes benfeitores, mas Chinaza avalia a própria vida como uma sucessão de desrespeitos à sua individualidade. Aos tios bastava oferecer condições

---

14. No original: *"I had thanked them both for everything — finding me a husband, taking me into their home, buying me a new pair of shoes every two years. It was the only way to avoid being called ungrateful"*.
15. No original: *"I did not remind them that I wanted to take the JAMB exam again and try for the university, that while going to secondary school I had sold more bread in Aunty Ada's bakery than all the other bakeries in Enugu sold, that the furniture and floors in the house shone because of me"*.

mínimas para a sobrevivência; eles não se consideravam exploradores ou causadores de sofrimento. Mas Chinaza deseja mais, embora não vislumbrasse uma saída que resultasse em independência. A completa ausência de perspectivas transforma o casamento e a emigração em esperança de que as coisas possam mudar.

Porém, o casamento arranjado com o desconhecido Ofodile Emeka Udenwa acaba por criar situações que reforçam a condição opressiva do contexto nigeriano. Como nas narrativas de Nkem e Akunna, "*The arrangers of marriage*" traz uma protagonista na diáspora com poucos motivos para sentir falta da terra natal, o que não significa dizer que não haja um "deslocamento" cultural no país hospedeiro. O marido de Chinaza deseja abolir de maneira abrupta as práticas culturais com que ela se identifica. Chinaza sente falta do ibo e do inglês nigeriano; deseja cozinhar com *uziza* e outros ingredientes nigerianos; prefere ser chamada por seu nome ibo e não por Agatha, nome que o marido registra nos documentos de imigração. Tais identificações culturais constituem indicativos de que a relação com a terra de origem dá a Chinaza certa estabilidade, agora ameaçada na condição diaspórica.

3. Conflitos no país hospedeiro

A relação de Nkem, Akunna e Chinaza com a sociedade que as recebe ocorre de forma semelhante, por um lado, e diferente, por outro. Pode-se dizer que as três representam o sujeito fragmentado, descentrado e "deslaçado" pela condição diaspórica, conforme assinalam Tölölyan (2007), Clifford (1994) e Boyarin e Boyarin (1993). Entretanto, as consequências do deslocamento sociocultural em cada uma resultam em dificuldades específicas no nível pessoal, seja com maridos nigerianos, no caso de Nkem e Chinaza, ou com o namorado estadunidense de Akunna.

A vida de Nkem, por exemplo, se distingue das demais no que se refere à condição social. Nkem mora em uma casa confortável, possui carro, dinheiro e uma empregada trazida da Nigéria que acaba se tornando amiga, pois a "América força a igualdade em você" (Adichie, 2009:27). Mas Nkem experimenta, apesar da situação econômica, condições semelhantes às de outros sujeitos diaspóricos. Ela hesita entre o desejo de ficar no país hospedeiro e o de voltar para a terra natal, mesmo com os problemas sociais e econômicos da Nigéria. Em algumas passagens da narrativa, a infraestrutura e o conforto, próprios de um país como os Estados Unidos, parecem pesar mais em sua decisão: "Ela frequenta aula de Pilates duas vezes por semana com uma vizinha, faz biscoitos para os colegas de classe das crianças e os seus são sempre os prediletos. Ela espera que bancos tenham *drive-ins*: a América tomou conta dela, espalhou suas raízes sobre sua pele" (Adichie, 2009:37). Em outra passagem, Nkem parece se identificar com o jeito de ser dos estadunidenses. Ela gosta da ideia de poder sonhar com dias melhores e da crença de que conquistas são possíveis, como prevê o sonho americano. Para a protagonista, é marcante o dia em que um entregador, ao entrar em sua casa, faz um comentário de admiração. Ela o observa e denomina sua expressão facial de "sorriso americano", como se ele acreditasse que um dia fosse ter uma casa como aquela: "Era uma das coisas sobre os Estados Unidos que ela havia aprendido a amar: o excesso de esperança irracional" (Adichie, 2009:26).[16]

Nkem percebe e aprecia a "esperança irracional" dos estadunidenses porque no fundo ela também gostaria de poder realizar mudanças, embora acredite que sejam impossíveis. De fato, Adichie dá o nome "Imitação" ao conto em referência direta à vida da protagonista, que simula uma existência feliz e um casamento perfeito. A ideia é reforçada por alguns símbolos inseridos na narrativa. A cozinheira de Nkem, que não dispõe de inhames para preparar o prato típico nigeriano, utiliza batatas fibrosas encontradas no mercado americano, "imitações de inhame". A amizade de Nkem com Ijemamaka, outra nigeriana rica e residente nos Estados Unidos, é feita de conversas entediantes sobre como os preços subiram, sem nenhuma sinceridade. Também símbolos relevantes, as máscaras africanas que decoram a casa, trazidas por Obiora, são réplicas de obras de arte valiosas, cujos originais foram roubados por colonizadores britânicos. Ter uma máscara legítima equivaleria a uma vida verdadeira. Mas as máscaras originais seriam, assim como as mudanças sonhadas por Nkem, raras e difíceis de serem adquiridas.

"*The arrangers of marriage*" é um conto que apresenta a perspectiva do sujeito diaspórico no momento crucial da chegada ao país hospedeiro,

---

16. No original: "*It was one of the things she has come to love about America: the abundance of unreasonable hope*".

trazendo as primeiras impressões da protagonista Chinaza. Ao contrário de Nkem, que já possui o *greencard* e certo grau de adaptabilidade, Chinaza ilustra o sujeito diaspórico em pleno choque cultural, construído não apenas pelas diferenças que vê com os próprios olhos, mas também pelo perfil dos Estados Unidos traçado pelo marido. Há 11 anos no país, Ofodile está certo de que precisa abrir mão de qualquer traço que remeta à origem nigeriana: "Você não entende como as coisas funcionam nesse país. Se quiser chegar a algum lugar, precisa ser o mais integrado possível. Do contrário, será jogado para escanteio" (Adichie, 2009:172),[17] explica à esposa recém-chegada. Antes de ter tempo para formar a própria opinião, Chinaza é bombardeada por uma série de regras e imposições, que devem ser seguidas a qualquer custo. As prescrições de ordem linguística, por exemplo, permeiam toda a história. Chinaza não deve dizer *engaged* quando o telefone está ocupado, mas *busy*, como os estadunidenses dizem. Biscoitos são *cookies* e não *biscuits*. *Elevator* é mais adequado que *lift* e assim por diante. No Shopping Center, Chinaza observa como Ofodile fala diferente quando se dirige aos estadunidenses: "seu *r* era pronunciado de forma exagerada e seu *t* era subpronunciado. E ele sorria o sorriso ávido de alguém que desejava ser aceito" (Adichie, 2009:176).[18]

A questão da língua é central nos estudos diaspóricos. Em "*Diaspora and language*", Jacob M. Landau (1986) destaca a relevância e as funções da língua nas comunidades diaspóricas, tanto a língua trazida da terra de origem quanto a falada no país hospedeiro. Para muitas diásporas, a língua da terra natal não é apenas um meio de comunicação, mas o cerne da nacionalidade (Landau, 1986:78). Por isso tentam preservá-la, é uma questão de defesa e sobrevivência. No país hospedeiro, a comunidade diaspórica enfrenta, como assinala Landau, a expectativa de que os "recém-chegados deveriam aceitar a língua local e se adaptar a ela" (Landau, 1986:76),[19] condição que a personagem Chinaza ilustra com clareza; "Você tem que falar inglês em casa também,

---

17. No original: "*You don't understand how it works in this country. If you want to get anywhere you have to be as mainstream as possible. If not, you will be left by the roadside*".
18. No original: "*(...) his r was overpronounced and his t was underpronounced. And he smiled, the eager smile of a person who wanted to be liked*".
19. No original: "*Newcomers ought to accept the local language and adapt to it*".

querida, para se acostumar" (Adichie, 2009:178),[20] diz Ofodile, reprimindo as expressões em ibo usadas por Chinaza, mesmo fora da presença de falantes nativos da língua inglesa.

Além da questão da língua, a busca obcecada de Ofodile por aceitação na sociedade estadunidense envolve uma brusca alteração dos hábitos alimentares. Na primeira semana, Chinaza prepara o arroz de coco, comida típica nigeriana de odor característico, que o marido devora em poucos minutos. Mas Ofodile, mesmo tendo apreciado, presenteia Chinaza com um volume de *A boa dona de casa: o livro de receitas 100% americanas*: "Não quero que fiquemos conhecidos como o pessoal que enche o prédio com o cheiro de comida estrangeira" (Adichie, 2009:179).[21] No dia seguinte, ele ordena que ela se acostume com hambúrgueres, frangos e pizzas, além do chá preto, diferente do nigeriano, preparado com leite em pó.

Por meio da enorme lista de regras e mudanças, Ofodile faz, de maneira inconsciente, o mesmo papel autoritário e intruso de países hospedeiros que utilizam mecanismos de assimilação para controlar grupos diaspóricos, em uma tentativa de coagi-los a esquecer as origens de forma abrupta e integrar-se rápida e forçosamente. Mas Ofodile deseja americanizar tudo em Chinaza, exceto as bases do relacionamento, que deve permanecer nos moldes nigerianos, em que a mulher é submissa ao marido. A contradição de seu comportamento se justifica na própria conveniência de ter uma esposa subordinada, mas integrada à cultura estadunidense nos aspectos que o favorecem. Entretanto, a ironia maior do conto está no casamento arranjado, normalmente imposto a mulheres de países pobres como a Nigéria, mas que ocorre também nos Estados Unidos. Como muitos imigrantes, Ofodile é casado com uma estadunidense chantagista, um casamento de fachada para obter o *greencard*. Assim, o casamento de Chinaza se revela uma farsa completa: Ofodile não é um médico próspero, mas um estudante de medicina fazendo residência, ganhando três dólares por hora, vivendo em um minúsculo apartamento sem mobília, dirigindo um carro velho e nem sequer é solteiro.

Decepções iguais às de Chinaza são recorrentes nas discussões teóricas sobre o que de fato ocorre com o sujeito na diáspora, após ter imigrado para

---

20. No original: *"You have to speak English at home, too, baby. So you can get used to it"*.
21. No original: *"I don't want us to be known as the people who fill the building with smells of foreign food"*.

uma terra estrangeira: o sonho do enriquecimento instantâneo, da prosperidade duradoura e a imagem da terra da oportunidade se revelam ilusões. Por outro lado, a narrativa deixa em aberto se os Estados Unidos, na condição de sociedade hospedeira para a diáspora nigeriana, são um lugar que só garante oportunidades aos que se assimilarem radicalmente, como a personagem Ofodile acredita.

A questão da terra da oportunidade também está presente em "*The thing around your neck*", que talvez seja, dentre os contos aqui discutidos, a narrativa mais crítica ao retratar os Estados Unidos a partir do olhar estrangeiro. A narrativa se inicia com uma imagem ingênua e caricata que nigerianos criam antes de emigrar:

> Você achava que todo mundo na América tinha um carro e uma arma; seus tios e tias e primos achavam também. Logo depois de você ter ganhado o sorteio na loteria do visto americano, eles te disseram: em um mês você terá um carrão; logo, uma casa enorme; mas não compre uma arma como aqueles americanos. (Adichie, 2009:115)[22]

A perspectiva desses nigerianos sobre a "terra da oportunidade", irrealista e hiperbólica, é a de um sonho americano automático para qualquer um que imigrasse. Após se alojar nos Estados Unidos, as ilusões de Akunna se desfazem, uma a uma. Primeiramente, o milagre do enriquecimento instantâneo não se cumpre, ainda que seja compensado por uma recepção cordial: o tio a indica para um emprego e a matrícula na faculdade local. Em casa, a esposa a chama de *nwanne*, irmã, e os filhos do casal a tratam como tia: "Eles falavam ibo e comiam *garri* no almoço, era como um lar" (Adichie, 2009:116).[23] O ambiente acolhedor pressupõe uma condição diaspórica solidária, em que o grupo se encontra unido e harmonioso, até que uma noite o tio desce ao porão onde Akunna dorme. Ele deseja receber dela favores sexuais em troca do apoio que tem prestado: "A América era dar e receber.

---

22. No original: "*You thought everybody in America had a car and a gun; your uncles and aunts and cousins thought so, too. Right after you won the American visa lottery, they told you: In a month, you will have a big car. Soon, a big house. But don't buy a gun like those Americans*".
23. No original: "*They spoke Igbo and ate garri for lunch and it was like home*".

Você perdia muito, mas ganhava muito também" (Adichie, 2009:116).[24] Tal definição para os Estados Unidos funciona, na verdade, como estratégia de convencimento para que Akunna aceitasse a exploração sexual como algo corriqueiro. Afinal, ele dizia, "as mulheres espertas o faziam o tempo todo (...) até mesmo as de Nova York" (Adichie, 2009:117).[25]

A partir do assédio sexual, a ilusão do lar como ambiente de proteção e aconchego se desfaz e o país hospedeiro, para Akunna, fica ainda mais distante do idealizado. Ela agora mora sozinha em um pequeno quarto. A remuneração que recebe mal dá para as despesas e o sonho de fazer faculdade precisa ser interrompido. A questão financeira é agravada pela solidão:

> Às vezes, você se sentia invisível e tentava atravessar a parede do quarto para o corredor e quando você se chocava contra ela, fica com hematomas nos braços (...) À noite, algo se enrolava em torno de seu pescoço, algo que quase te fazia engasgar antes de você dormir. (Adichie, 2009:119).[26]

Sentir-se ignorada é mais do que uma circunstância pessoal de Akunna, verificando-se com frequência na condição diaspórica em que o país hospedeiro não reconhece a presença ou não deseja interagir com as minorias diaspóricas. Como pondera Gabriel Sheffer (2008), isso ocorre tanto em sociedades não democráticas como nas democráticas, de forma deliberada ou não.

Consequência do isolamento e da invisibilidade, Akunna desenvolve a sensação da "coisa em volta do pescoço". A expressão, título do conto, alude ao fato de Akunna não conseguir se expressar oralmente, tampouco por escrito. Ela não tem amigos para conversar, as pessoas que frequentam o restaurante estão dispostas a conversas rápidas e superficiais, além de demonstrarem total desconhecimento sobre seu mundo. Agravando a situação na diáspora, a angústia de Akunna não encontra alívio nos contatos com a terra de origem, apesar da vontade de escrever o que vivia:

---

24. No original: *"America was give-and-take. You gave up a lot but you gained a lot, too"*.
25. No original: *"Smart women did it all the time. (...) Even women in New York City"*.
26. No original: *"Sometimes you felt invisible and tried to walk through your room wall into the hallway, and when you bumped into the wall, it left bruises on your arms. (...) At night, something would wrap itself around your neck, something that very nearly choked you before you fell asleep"*.

> Você queria escrever sobre como as pessoas deixavam tanta comida nos pratos e jogavam algumas notas de dólar como se fosse uma oferenda, uma expiação pela comida desperdiçada. (...) Você queria escrever sobre como os americanos ricos eram magros e os pobres gordos e que muitos não tinham uma casa grande e um carro. (Adichie, 2009:118-119)[27]

Nesta passagem, Akunna demonstra, ao contrário de Chinaza, que já é capaz de fazer uma leitura da sociedade à sua volta. Repetida sete vezes, a expressão "você queria escrever" enfatiza o anseio por falar com alguém. Mas Akunna sabe que não há na Nigéria quem esteja interessado em ler sobre suas experiências. A família só quer o dinheiro, enviado mensalmente, e os amigos também não esperam notícias dela, mas presentes que ela sequer pode comprar. Assim, Akunna opta por não escrever para ninguém, aumentando o aperto da coisa imaginada em volta de seu pescoço.

A agônica sensação começa a enfraquecer quando Akunna inicia um relacionamento com um homem branco que conhece no restaurante. "Ele" — pois a personagem não possui nome — é um estudante universitário que insiste em conhecê-la e acaba se tornando seu namorado. Ele a surpreende por ser diferente dos outros clientes, que em geral perguntavam quando ela havia chegado da Jamaica, "porque achavam que todo negro com um sotaque estrangeiro era jamaicano" (Adichie, 2009:119).[28] Alguns chegavam a deduzir que Akunna era africana e então falavam de como adoravam elefantes e como gostariam de ir a um safári. Tal clientela faz referência à ignorância do americano médio, mas o namorado de Akunna é filho de professores universitários, representando, portanto, um segmento mais intelectual da sociedade estadunidense. Ele pergunta se Akunna era iorubá ou ibo, se vivia em Lagos e menciona suas viagens a alguns países da África. Akunna, porém, está desconfiada, pois "gente branca que gostava demais da África e aqueles que detestavam eram farinha do mesmo saco: condescendentes" (Adichie,

---

27. No original: *"You wanted to write about the way people left so much food on their plates and crumpled a few dollar bills down, as though it was an offering, expiation for the wasted food. (...) You wanted to write that rich Americans were thin and poor Americans were fat and that many did not have a big house and car"*.
28. No original: *"(...) because they thought that every black person with a foreign accent was Jamaican"*.

2009:120).²⁹ Apesar disso, ela não fecha as portas para a possibilidade de um relacionamento.

Após recusar convites e se irritar com tanta insistência, Akunna repara nos olhos do homem, "da cor de azeite de oliva extravirgem, um dourado esverdeado. Azeite de oliva extravirgem era a única coisa que você amava, amava de verdade, nos Estados Unidos" (Adichie, 2009:120).³⁰ O fascínio que sente pelos olhos desse homem tão diferente — o fato de ser branco amplia o distanciamento entre os dois — simboliza a possibilidade de que Akunna finalmente vá criar um laço afetivo na sociedade em que se encontra, por meio de uma afinidade, em meio a tantas divergências. O aperto no pescoço melhora, mas a narrativa não se transforma em um conto de fadas, prosseguindo por meio de encontros e desencontros entrelaçados. Akunna considera inúteis os presentes que o namorado compra. Ele tenta, mas não consegue se adaptar à comida nigeriana. Os pais dele aceitam-na bem, mas as pessoas, de forma geral, demonstram um excesso de indignação ou de condescendência diante da presença de um casal inter-racial.

O relacionamento de Akunna com o estadunidense branco é um encontro simbólico de duas culturas, uma, trazida pelo sujeito diaspórico, e a outra, encontrada na sociedade hospedeira. O sucesso parcial do relacionamento remete à impossibilidade de aceitação plena no país hospedeiro, por mais pluralista que seja, como pondera Safran (1991). A personagem Akunna, que ilustra essa condição, sabe que o namorado estadunidense, por mais que tente, não consegue compreendê-la por inteiro.

Conclusão

A diáspora é o espaço da transição cultural e do reposicionamento. O hibridismo de todas as culturas, as fragmentações de todas as identidades e as heterogeneidades de todos os sujeitos se tornam evidentes na diáspora.

---

29. No original: "(...) *because white people who liked Africa too much and those who liked Africa too little were the same — condescending*".
30. No original: "(...) *the color of extra-virgin olive oil, a greenish gold. Extra-virgin olive oil was the only thing you loved, truly loved, in America*".

Ademais, trazendo a questão para a contemporaneidade, Tölölyan (1991b) afirma que as comunidades diaspóricas são a representação típica do momento transnacional em que vivemos. A diáspora nigeriana aqui analisada é um exemplo disso.

Contemporânea por definição, a diáspora nigeriana ainda carece de teorização, em contraste com as chamadas diásporas clássicas — a grega, a armênia e a judaica — pesquisadas com profundidade. Nesses termos, os contos de *The thing around your neck* surgem como obras relevantes aos estudos diaspóricos nigerianos. O exame das narrativas de Nkem, Chinaza e Akunna apenas abre o debate, mas demonstra que a diáspora nigeriana e o sujeito diaspórico não podem ser vistos como a simples fusão de duas dimensões nacionais, a Nigéria como terra de origem e os Estados Unidos como país hospedeiro.

Isso ocorre por dois motivos. Primeiramente, a Nigéria é um emaranhado pós-colonial em que culturas africanas, a influência do colonizador britânico e a perspectiva de cada um se justapõem. Da mesma forma, os Estados Unidos também não são apenas um, mas vários, imaginados de maneira distinta por Nkem, Chinaza e Akunna. Por isso, a diáspora das protagonistas de Adichie é, nos termos de Brah, feita de "redes de identificações transnacionais que englobam comunidades imaginadas e confrontadas" (Brah, 1996:196),[31] como se pôde ver nesta análise.

Em Adichie, a ideia de comunidades imaginadas e confrontadas, de que fala Brah (1996), vai além da própria comunidade diaspórica, abrangendo também a terra de origem e do país hospedeiro. Nos contos estudados, tais dimensões ocupam um espaço mental: é preciso estar no pensamento de Nkem, Chinaza e Akunna para se estar na Nigéria, processo que é sujeito à seleção da memória e a uma perspectiva individual. Por outro lado, residir nos Estados Unidos não garante entendimentos únicos e concretos, pois grande parte da percepção e da avaliação sobre o país também ocorre no espaço interior das personagens, que tiram conclusões a partir do que imaginam ser o contexto à sua volta. Para representar esse espaço interior, Adichie privilegia o tempo psicológico, a fim de inserir os impulsos emocionais, a

---

31. No original: "(...) *networks of transnational identifications encompassing imagined and encountered communities*".

hesitação e a instabilidade que deseja conferir às personagens. Ademais, a autora experimenta uma variação de focos narrativos em primeira, segunda e terceira pessoa em cada conto, além do fluxo de consciência, estratégia literária que parece favorecer a descrição da condição diaspórica.

Narrado em terceira pessoa, "*Imitation*" se constrói predominantemente no fluxo de consciência, técnica que favorece a narrativa de três formas. O fluxo de consciência facilita o rompimento dos limites do tempo e do espaço e promove a representação do mito do retorno diaspórico, pois a volta de Nkem para a terra natal somente ocorre em pensamento. O fluxo de consciência também reforça o caráter imaginado e fragmentado da nação, já que Nigéria e Estados Unidos são imagens recortadas na instabilidade do pensamento da protagonista. Por último, o monólogo interior informa o leitor sobre o passado de Nkem, o tempo de solteira, sobre momentos dos quais ela se envergonha e que, ao serem inseridos na narrativa, lançam dúvidas sobre quem ela realmente é.

Em "*The arrangers of marriage*", o uso da primeira pessoa é um instrumento para destacar o entrelaçamento entre as impressões do sujeito diaspórico na chegada ao país hospedeiro e as questões pessoais trazidas da terra de origem. O uso do "eu" enfatiza como Chinaza é afetada pessoalmente por processos simultâneos, sendo também uma forma de revelar ao leitor traços pessoais, ignorados pelos tios, pelos arranjadores de casamento e pelo marido. Em "*The thing around your neck*", a incomum narrativa em segunda pessoa parece a solução para resolver o paradoxo de se dar voz a uma protagonista sem voz. A sensação angustiante da coisa que aperta o pescoço de Akunna, prestes a sufocá-la, aumenta na medida em que a narrativa prossegue e a protagonista não assume o comando. Usado mais de 200 vezes, o pronome *you* é implacável, insistente e não deixa dúvidas de que há alguém falando por Akunna e para Akunna. A segunda pessoa também tem o efeito de colocar o leitor na condição de participante, como se Adichie delegasse a função de narrador da história. A estratégia é, sem dúvida, envolvente como um desabafo, um monólogo com jeito de diálogo em que o leitor assume o papel de aliviar a angústia da protagonista sem voz.

Por fim, a variação dos focos narrativos no interior de cada conto remete à heterogeneidade do projeto literário de Adichie. Na compilação *The thing around your neck*, os 12 contos aparecem dispostos de maneira alternada em termos de espaço ficcional: as cinco narrativas que se passam nos Estados Unidos são intercaladas às que se situam na Nigéria. Essa organização nos permite confrontar a tensão entre o lugar de origem e o país hospedeiro, uma típica dialética diaspórica: a leitura de *The thing around your neck* é um movimento constante de ir e voltar entre a terra natal e a terra hospedeira. Portanto, a estrutura da coletânea e os enredos dos contos enfatizam como o movimento diaspórico deixa de ser apenas geográfico para existir no âmbito simbólico da ficção, com retornos possíveis de ocorrer na imaginação, nos conflitos interiores de cada um. Assim, o contraste entre as narrativas de *The thing around your neck* estabelece uma ruptura realista das ilusões e fantasias que se constroem, tanto sobre o país hospedeiro quanto sobre a terra natal.

Referências

ADICHIE, Chimamanda Ngozi. *The danger of a single story*. Miniconferência promovida pelo Technology, Entertainment, Design (TED), jul. 2009. Vídeo (19 min.). Disponível em: <www.ted. com/talks/lang/eng/chimamanda_adichie_the_danger_of_a_single_story.html>. Acesso em: 12 mar. 2010.

_____. *The thing around your neck*. Londres: Fourth Estate, 2009.

BOYARIN, Daniel; BOYARIN, Jonathan. Diaspora: generation and the ground of Jewish identity. *Critical inquiry*, Chicago, The University of Chicago Press, v. 19, n. 4, p. 693-725, 1993.

BRAH, Avtar. Diaspora, border and transnational identities. In: _____. *Cartographies of diaspora*: contesting identities. Londres; Nova York: Routledge, 1996. p. 178-248.

BRAZIEL, Jana Evans; MANNUR, Anita. Nation, migration, globalization: points of contention in diaspora studies. In: _____. (Ed.). *Theorizing diaspora*: a reader. Malden, MA: Blackwell, 2003. p. 1-21.

BRUBAKER, Rogers. The 'diaspora' diaspora. *Ethnic and Racial Studies*, Londres, v. 18, n. 1, p. 1-19, jan. 2005.

CLIFFORD, James. Diaspora. *Journal of Cultural Anthropology*, Troy, NY, v. 3, n. 9, p. 302-38, 1994.

_____. Diasporas. In: _____. *Routes*: travel and translation in the late twentieth century. Cambridge; Londres: Harvard University Press, 1997. p. 244-277.

COHEN, Robin. Diasporas and the Nation-State: from victims to challengers. In: _____; VERTOVEC, Steven (Ed.). *Migration, diasporas and transnationalism*. Cheltenham, UK: Edward Elgar Publishing, 1999. p. 266-278.

_____. *Global diasporas*: an introduction. Seattle: Washington University Press, 1997.

DUFOIX, Stéphane. The spaces of dispersion. In: _____. *Diasporas*. Berkeley: University of California Press, 2008. p. 35-58.

GLOBAL DATABASE OF NIGERIANS IN DIASPORA. Londres, 2009. Disponível em: <www.nigeriandiaspora.org>. Acesso em: 16 abr. 2012.

HALL, Stuart. *Representation*: cultural representations and signifying practices. Londres: Sage, 1997. (Culture, media and identities)

INSTITUTO BRASILEIRO DE GEOGRAFIA E ESTATÍSTICA — IBGE. *Países@*: Nigéria. 2011. Disponível em: <www.ibge.gov.br/paisesat/main.php>. Acesso em: 19 maio 2012.

LANDAU, Jacob M. Diaspora and language. In: SHEFFER, Gabriel (Ed.). *Modern diasporas in international politics*. Londres; Sidney: Croom Helm, 1986. p. 75-99.

NIGERIAEXCHANGE: AN INTEGRATED MEDIA AND MARKETING SERVICES COMPANY. Washington, 2012. Disponível em: <www.nigeriandiaspora.com>. Acesso em: 16 abr. 2012.

PETERS, John Durham. Exile, nomadism, and diaspora. In: NAFICY, Hamid (Ed.). *Home exile, homeland*: film, media, and the politics of place. Nova York: Routledge, 1999. p. 17-41.

SAFRAN, William. Diasporas in modern societies: myths of homelands and return. In: TÖLÖLYAN, Khachig (Ed.). *Diaspora: a journal of transnational studies*, Toronto, University of Toronto Press, v. 1, n. 1, p. 83-99, 1991.

SHEFFER, Gabriel. The need and usefulness of diaspora studies. In: EHRLICH, Mark Avrum (Ed.). *Encyclopedia of the Jewish diaspora*: origins, experiences and culture. Santa Barbara, CA: ABC-Clio, 2008. p. xix.

SPIVAK, Gayatri C. Diasporas old and new: women in transnational world. *Textual practice*, Nova York, v. 2, n. 10, p. 245-69, 1996.

TÖLÖLYAN, Khachig (Ed.). *Diaspora: a journal of transnational studies*, Toronto, v. 1, n. 1, 1991a.

____. The Contemporary discourse of diaspora studies. *Journal of comparative studies of South Asian, Africa and the Middle East*, v. 27, n. 3, p. 647-655, 2007. Disponível em: <http://cssaame.dukejournals.org/cgi/reprint/27/3/647?rss=1>. Acesso em: 5 jul. 2008.

____. The Nation-State and its others: in lieu of a preface. In: ____ (Ed.). *Diaspora: a journal of transnational studies*, Toronto, v. 1, n. 1, p. 5, 1991b.

TUNCA, Daria. Biography & more. In: *The Chimamanda Ngozi Adichie website*. Liège, Bélgica: University of Liège. Disponível em: <www.l3.ulg.ac.be/adichie/cnabio.html>. Acesso em: 20 mar. 2012.

VERTOVEC, Steven. Three meanings of "Diaspora", exemplified among South Asian religions. In: TÖLÖLYAN, Khachig (Ed.). *Diaspora: a journal of transnational studies*, Toronto, v. 6, n. 3, p. 277-278, 1997.

3.

JOÃO MELO: ITINERÁRIOS SINUOSOS PELA CIDADE DE LUANDA

*Robson Dutra**

O tema da migração, fenômeno característico da mobilidade inerente à globalização em que vivemos, muito tem contribuído no sentido de repensar e redefinir identidades nacionais. Do mesmo modo, diversas questões relativas à identidade têm sido tematizadas, de modo que se estabeleceu um ponto em comum entre definições como as de que a identidade deriva de aspectos como alteridade, diáspora, hibridismo cultural e multiculturalismo. Diversos textos da literatura contemporânea angolana possibilitam uma leitura comparatista entre tais elementos, visto que neles percebemos deslocamentos das personagens através de diversos cenários de seu país natal. Assim, se nos ativermos ao período pré-independência, vemos um processo migratório que, dos "musseques" apontados por Luandino Vieira em obras como *Luuanda* e *A verdadeira vida de Domingos Xavier*, ou *Regresso adiado*, de Manuel Rui, se deslocam rumo ao interior do país, *locus* evolutivo da guerra colonial e, posteriormente, da guerrilha civil, tematizadas em obras de Pepetela, como *Mayombe, Parábola do cágado velho* e *A geração da utopia*, entre outros.

Em Mayombe, por exemplo, Pepetela celebra o esforço de um povo pela libertação nacional através dos guerrilheiros protagonistas que, na imensidão da floresta que nomeia a obra, atuam como representação metonímica de An-

---

* Doutor em literaturas vernáculas pela Universidade Federal do Rio de Janeiro/Universidade de Lisboa, com pós-doutorado pela Universidade do Estado do Rio de Janeiro. Professor do Mestrado em Letras e Ciências Humanas da Unigranrio, é autor de *Pepetela e a elipse do herói* (União dos Escritores Angolanos, 2009), além de diversos capítulos de livros, artigos e ensaios sobre literaturas portuguesa e africanas. Seu atual projeto de pesquisa é sobre o romance africano contemporâneo.

gola, em uma obra de clara estruturação épica e, portanto, dentro da tradição literária angolana.

Assim, um grupo de nacionalistas com poucas afinidades entre si, para além do objetivo comum que os une em um universo distante dos centros urbanos, conta uma mesma história, em que todos são protagonistas, em um espaço que se move entre a grande floresta da região de Cabinda, e Dolisie, pequena cidade na República Popular do Congo e sede do Movimento Popular de Libertação de Angola (MPLA), à época. O romance também possuiu um componente radical, visto que a singularidade de cada protagonista se manifesta em sua origem e, mais importante ainda, na diversidade de acepções da luta e das razões de cada um deles em participar do embate. A polifonia de suas vozes alegoriza as diversas etnias e ideologias que compõem o país, bem como a singularidade de cada um, fazendo uma crônica unificada e centrípeta audível, através da voz onisciente singular do supranarrador. Esta se manifesta logo no início, na "Dedicatória", que, seguindo os preceitos da épica tradicional, tem o objetivo de "contar a história de Ogum, o Prometeu africano". O romance, datado dos anos 1970, inova em termos ideológicos e de efeitos de recepção, já que o supranarrador propõe-se contar uma história que acaba por ser contada por todos quantos nela participam. Pepetela consegue, pela parte, descrever o todo da nação através da mobilização de estratégias discursivas e temáticas que resultam na deslegitimização de um projeto de nação unívoco, uma vez que, em *Mayombe*, somos postos diante de muitas vozes enunciativas e focalizações ideológicas, étnicas, raciais e de estratos socioeconômicos cujo único objetivo é a luta pela libertação nacional.

Do mesmo modo, em *A geração da utopia*, este escritor reencena, através da memória, os anos de guerra, descrevendo, na contemporaneidade, os diversos momentos que marcaram o movimento de libertação. Assim, "A Casa", "A chana", "O polvo" e "O templo" dão conta dos primórdios da revolução quando, em Lisboa, a Casa dos Estudantes do Império uniu africanos das diversas colônias que, cientes das dificuldades coletivas e movidos pelo ideal utópico, deram início ao processo de libertação do jugo colonialista.

A fim de descrever os impasses da contemporaneidade, o escritor descreve, em "A chana" — palavra que significa o espaço da savana, ou seja, a espacialidade que circunda a floresta —, o descompasso do movimento independentista, quando Vitor Ramos, um dos revolucionários, abre mão dos ideais da revolução em prol de interesses pessoais que o alçam à liderança do movimento e, consequentemente, ao cenário político da Angola pós-independente. Mais que isso, Pepetela atualiza novas configurações que a dinâmica da história, sobretudo do pós-colonialismo, passa a impor aos escritores angolanos. Por isso, nestes dois romances, ainda que por motivos diversos, as personagens voltam-se para o passado familiar, histórico e cultural a fim de (re)construírem suas identidades, dado que esta é, de uma só vez, individual e coletiva.

É este o ponto central deste texto, pois, após o processo de libertação e emancipação de Angola, o espaço enunciativo migra para, tal qual antes da independência — sobretudo durante a "Geração de Mensagem" —, o espaço urbano, nomeadamente, o da cidade de Luanda.

Como sabemos, várias são as maneiras de interpretar as relações entre o homem e a cidade. As técnicas de construção de suas moradias, o modo como interagem e as transformações ocorridas ao longo do tempo são determinantes no relacionamento que se estabelece entre ela e seus habitantes. Assim, entender a cidade implica o conhecimento e a consideração das bases sócio-históricas que a constituem.

As condições que atualmente definem a realidade urbana resultam do processo de desenvolvimento, o que acarreta inúmeras e complexas implicações, sobretudo quando se leva em conta o fato de que o surgimento da industrialização se associa a signos da não cidade, isto é, ao comércio, a princípio restrito à urbe política e totalmente alheio ao espaço da *ágora* e do *fórum*. Semelhantemente, deve-se ter em mente que a indústria surgiu no campo, nas proximidades das fontes de energia e de matérias-primas, o que leva estudiosos a situá-la, inicialmente, na não cidade, característica que deve ser considerada nos estudos sobre este *locus*. Isso é o que ressalta Henri Léfèbvre (1970:25), ao afirmar que "a não cidade e a anticidade vão conquistar a cidade, penetrá-la, fazê-la explodir e com isto estendê-la desmesuradamente, levando à urbanização da sociedade, ao tecido urbano recobrindo as remanescências da cidade anterior à indústria".

Tal dicotomia nos permite depreender que tanto o campo quanto a cidade são realidades históricas as quais, a partir de um dado momento, se transformaram em si mesmas e no sistema de inter-relações que estabelecem entre si. Estas resultam em experiências sociais concretas não apenas em seu seio, mas nas diversas organizações sociais e físicas que delas emergem e que não deixam de refletir o cerne de nossas experiências, bem como das crises de nossa sociedade. Assim, o nível de transformações ocorridas nestes meios origina novas realidades e nomenclaturas — metrópole, megalópole, pós-cidade, exurbia, cidade global, pós-metrópole, entre outros —, cujo ponto em comum é a necessidade de compreensão de uma nova realidade que vai muito além de uma mera aceleração das dinâmicas constitutivas do que um dia se denominou meramente "cidade". Esta é a razão por que Léfèbvre (1970:26) descreve as características deste novo fenômeno urbano como

> (...) a implosão-explosão (metáfora emprestada da física nuclear), ou seja, a enorme concentração (de pessoas, de riquezas, de coisa e de objetos, de instrumentos, de meios e de pensamentos) na realidade urbana, e a imensa explosão, a projeção de fragmentos múltiplos e disjuntos (periferias, subúrbios, residências secundárias, satélites etc.).

Uma vez que o centro se satura, ocorre uma disseminação rumo a novos centros que resulta, inevitavelmente, em dispersão e segregação, sobretudo porque este processo não é homogêneo nem homogeneizador, já que as desigualdades preexistentes são aprofundadas ao longo desse processo. Assim, a ambiguidade cidade *versus* campo se desloca para o seio do fenômeno urbano ou, em outras palavras, "entre a centralidade do poder e outras formas de centralidade entre o centro riqueza-poder e as periferias; entre a integração e a segregação" (Léfèbvre, 1970:155).

Ocorre, então, uma profunda reconfiguração não apenas do meio físico, mas das práticas inerentes a ele que, por sua vez, resultam em novas condições de existência, marcadas por um alto nível de sofisticação presente na opulência dos sistemas de produção, de poder, de consumo, de controle, de segregação. Por outro lado, e numa dimensão diametralmente oposta, percebem-se traços de marginalidade e exclusão, das quais o improviso e a informalidade são marcas recorrentes.

Outra contribuição que permite um melhor entendimento da dinâmica das cidades decorre de trabalhos de Richard Sennet, sobretudo *Carne e pedra: o corpo e a cidade na civilização ocidental*, para quem a forma do espaço urbano deriva de experiências corporais específicas de cada sociedade e que são decorrentes, por exemplo, do modo de andar, vestir, viver e conviver de seus habitantes. Sua teoria se sustenta em conceitos como "homem" e "mundo do homem"; "cidade inorgânica" e "orgânica"; *urbs* e *civitas*, ou seja, da cidade de concreto e da de carne.

Ao associar a *urbs* ao concreto e a *civitas* à carne, ou seja, ao espaço preenchido pelo homem, Sennet parte de fatores históricos que resultaram na transferência do homem do campo para a cidade, empregando o sentido estrito da palavra "urbanização", que, obviamente, alterou sua vida social, política e imaginária. Pode-se, assim, compreender em que medida a cidade corresponde a uma subjetividade coletiva e o modo como seus habitantes se relacionam com ela. Daí que, a partir dessas premissas, falar dos gestos e dos corpos que os realizam socialmente, bem como do espaço onde ocorrem requer a consideração das condições e contradições que vêm à tona e que se originam de diferenças que incidem sobre o corpo de um trabalhador da construção civil ou de outro da classe média. Nos dois casos, não se pode compreender o sujeito urbano sem considerar as dinâmicas que definem o local e as condições em que vivem, se deslocam, trabalham, se divertem etc.

Os resultados do sistema de inter-relações entre o homem e seu meio são perceptíveis, não apenas na transformação e orientação do espaço físico, mas na vida social que também é objeto da literatura, uma vez que os paradigmas políticos e ideológicos que conferem sentido ao homem e à sua existência estão intimamente ligados ao espaço, de modo que os escritores expressam literariamente sua concepção do mundo, bem como da representação social que possuem dele. Por isso, de acordo com Lotman (1978:361), as "características espaciais" atuam como formas de referência ao mundo que nos cerca e às imagens ideológicas que elaboramos dele.

No que se refere às questões literárias, Tania Macêdo chama atenção para os poucos trabalhos centrados na díade vida social e literatura, de modo que, para ela,

> (...) o olhar que perscruta a cidade à procura de respostas e de "leituras" de seu espaço ou sua representação na literatura, defronta-se com ruas metaforizadas e becos de linguagem, acabando por percorrer estradas de signos que se bifurcam em leituras ideológicas e se desdobram em novas esquinas, sempre a exigirem do pesquisador a atenção para que não se deixe levar pela sedução que assalta muitos leitores: a busca do documental, ou seja, a tendência

de buscar na cidade da escrita as ruas e personagens da cidade extratextual. (Macêdo, 2008:20)

A partir dessa perspectiva é que constatamos que diversos textos literários notadamente articulados em torno de questões sociais têm sido produzidos em Angola nas últimas décadas, através, reafirmamos, da escrita de Luandino Vieira, Arnaldo Santos, Pepetela, Manuel Rui, entre outros, a partir de seu *locus* enunciativo. Tais escritores não deixam de refletir sobre a pós-modernidade e suas implicações no âmbito das culturas africanas, de modo que tais obras são construídas numa perspectiva convexa que não deixa de lado a mundividência angolana, tomando-a como referência no diálogo com outras literaturas e culturas dentro e fora da África. Para além disso, as metáforas ligadas à cidade e à discursividade sobre a nação através da focalização literária dos subúrbios e de sua vida pulsante, que, ao mesmo tempo, era obliterada pela força do colonialismo, foram de vital importância para a consolidação de um novo cânone da literatura angolana, desta vez calcado em elementos nomeadamente endógenos.

Esta também tem sido a premissa da escrita de João Melo, nomeadamente através de narrativas que, aproximando-se bastante da crônica de costumes, têm como personagem os bairros periféricos da cidade de Luanda, bem como o *modus vivendi* de seus habitantes. Sua escrita ocupa um entre-lugar que une a literatura a uma linguagem jornalística decorrente de formação profissional, também marcada por um registro coloquial bem-humorado consoante à realidade urbana da capital de seu país, o que leva Inocência Mata a considerá-lo "uma das vozes inovadoras do panorama literário angolano" (Mata, 1999:2). Aliando sua escrita a um criterioso trabalho de reelaboração verbal por intermédio de dimensões históricas, políticas e sociais de Luanda, o escritor aponta uma ligação estreita entre a representação espacial que tem dela associada à sua visão de mundo, referenciando, portanto, o que o cerca às imagens ideológicas e oníricas da capital de seu país, tematizando as tensões e valores propostos pelo que depreende deste espaço até chegar às relações extratextuais. Em outras palavras, seus textos são eficazes em, a partir da narração feita pelo escritor, discorrer sobre um espaço que bem conhece e pelas maneiras como sua descrição afeta seus leitores.

A partir de pares opositivos como "alto-baixo", "direito-esquerdo", "próximo-longínquo", "delimitado-não delimitado" e "discreto-contínuo" propostos por Lotman e citados por Macêdo, esses elementos tomam sentido de "válido-não válido", "bom-mau", "os seus-estranhos", "acessível-inacessível", "mortal-imortal" (Macêdo, 2008:27), tornando-se eficazes na (re) leitura de uma Luanda contemporânea que não deixa de alegorizar o país tanto no que se refere a pares como no que diz respeito a "baixa-*musseque*" ou "Luanda--interior do país".

Articulando-se, portanto, a partir desses eixos, o quadro delineado por suas personagens é composto por angolanos que, oprimidos pelas forças sociais resultantes de situações extremas como a guerra ocorrida, sobretudo, no campo, foram expulsos para as cidades, ocupando suas zonas periféricas, os chamados *musseques*. Neles é que se abriga uma nova massa de "deslocados" vivendo à margem do sistema e em meio a práticas igualmente marginais, buscando novas formas de sobrevivência que, a partir de forças de deslocamento do passado, questionam o presente e o futuro da nação. Por esta razão, miséria e penúria são instâncias intimamente associadas a este espaço, revelando, a par da guerra, algumas das incoerências e contrastes do sistema político-social e da segregação resultantes da passagem brusca de uma economia razoavelmente planejada para o capitalismo desenfreado.

Ao recuperar o contexto periférico, João Melo traz à tona outras obras relevantes da literatura angolana, como as que giram em torno da "prosa do *musseque*", cujos temas e personagens demonstram a opção de seus autores em focalizar os excluídos do círculo privilegiado da sociedade e das produções culturais, como é o caso de Luandino Vieira e Arnaldo Santos, ao longo dos anos 1950 e 1960. Nesses casos, a forma como esses escritores "cartografam" o espaço aclara a cidade a partir de outras vertentes, para além das literárias. Por isso, os limites do asfalto, as relações sociais, as representações da natureza com o universo periférico e o sofrimento alegorizado por múltiplas formas de violência refletem diversos tipos de injustiça social, como as perseguições da Pide — a polícia política salazarista —, num momento em que a própria nação angolana se configurava historicamente através da utopia que resultou na Independência. Ao partir do *musseque* luandense para um discurso irônico inquiridor da angolanidade, João de Melo opta por uma pátria multicultural para a qual concorrem não apenas os habitantes da periferia, mas também os brancos, os descendentes das diversas etnias nacionais e mesmo os estrangeiros, todos componentes de um caleidoscópio multicultural que se apresenta como característica do todo nacional. É a partir daí que o escritor atribui uma identidade plural à nova nação organizada em torno da mestiçagem e da presença de uma cultura de viés eurocêntrico que, no entanto, se funde quotidianamente aos valores locais. Neste sentido, sua escrita viabiliza uma identidade nacional a partir do hibridismo e da "criolização" que representa Angola "por meio de suas etnias e da função que cada uma das personagens ocupa na sociedade e na mobilidade entre as diversas classes sociais no pós-independência" (Glissant, 2005:13).

O posicionamento literário através desse *locus* enunciativo nos remete à representação não apenas de aspectos meramente geográficos, mas de um espaço concreto para o qual confluem forças de diversas ordens. É por meio delas que se compreendem fatores como a discussão dos valores dos excluídos, através, por exemplo, da resistência ao colonizador que caracteriza a escrita deste tempo mediante a desconstrução da literatura eurocêntrica e a escolha política de reconstruir a faceta do povo através de uma outra espacialidade e cultura encenadas pelos excluídos de então.

No que se refere a *O homem que não tira o palito da boca* (2009), a cidade surge como personagem sem que, todavia, o narrador faça distinção entre os bairros, apresentando Luanda como um grande *musseque*, embora "sua pequena burguesia a queira um outro Dubai" (Melo, 2009:31), mas onde um adolescente defeca "em pleno corredor de um prédio com uma espécie de beatitude no olhar" (Melo, 2009:51). Como uma "selva metafórica" (Melo, 2009:64), a cidade é infestada por "palancas de carne e osso e outros atributos que utilizam de forma despudorada a fim de manterem os patrocinadores irresistivelmente atraídos, babando como cachorrinhos, presos dentro do círculo que teciam à sua volta, como aranhas carnívoras" (Melo, 2009:71). Tal Luanda é também habitada por "tubarões" que, de posse das "melhores terras, diamantes, comunicação e petróleo, ficam com tudo, não deixam nada para ninguém" (Melo, 2009:49), como por outras personagens de "um tempo de insegurança geral" em que "o único antídoto para combater o medo parece ser a necessidade de sucesso a qualquer custo" ou a fuga constante "de um lugar para o outro até descobrirem o verdadeiro entre-lugar, que simplesmente não existe" (Melo, 2009:31).

Assim, no primeiro conto, cujo título também é "O homem que não tira o palito da boca", João Melo reflete sobre a função social da literatura e o faz por meio da introdução de uma nova personagem, ou seja, desse homem e de seus costumes, visto que a personagem jamais integrara qualquer texto literário:

> O advérbio "jamais" é aqui utilizado na sua expressão absolutamente literal, sem a menor ambiguidade, ou seja, não se ocultam por detrás do mesmo quaisquer outros sentidos, senão aquele que resulta, imediata e necessariamente, da justaposição dos seis sinais convencionados que o compõem: j+a+m+a+i+s. O que significa que o homem que não tira o palito da boca jamais foi identificado em nenhum relato produzido pela humanidade desde os primórdios, seja como personagem central, seja como personagem secundária, acessória ou até mesmo convencional, fruto, talvez, de alguma distração do narrador ou da má-fé do autor (hipótese que é muito mais frequente do que os leitores imaginam). (Melo, 2009:11)

Ao introduzir a nova personagem, resultado de uma "ciclópica" pesquisa que o fez mergulhar na "prolixa e injustamente desconhecida literatura oral dos povos hoje chamados periféricos" (Melo, 2009:12), o autor acaba por operar novos sentidos que atrelam a literatura à reflexão que faz sobre seu povo, sua história, sua cidade e sua cultura, sem, entretanto, deixar de, ironicamente, referir-se a uma emérita professora que alega que "a literatura não pode rebaixar-se a ser uma mera e simples transcrição da realidade" (Melo, 2009:21). Ao referenciar o palito, o narrador o associa ao espaço da periferia. No entanto, ressalta sua "utilidade" ao referir-se à indiferença com que o homem reage à "cara de nojo que lhe fazemos quando ele nos surge pela frente com aquele reles objeto pendurado nos lábios, seja ao centro da boca, como um troféu pornográfico, seja em qualquer um dos seus cantos ridículos, como um resquício perturbador e, por isso, ainda por classificar" (Melo, 2009:17).

Ao ignorar as reações desencadeadas pelo uso do utensílio, este homem nomeadamente feliz reage com igual diferença aos questionamentos direcionados a sistemas literários e sociais ainda considerados à margem dos cânones eurocêntricos. Semelhantemente, o palito serve de alegoria à oposição a toda sorte de conteúdos nacionais que integram os textos de Melo e de outros escritores ainda considerados não canônicos, que se manifestam na alusão a cidades, bairros, paisagens em geral, além de fatos históricos e relações etnoculturais que compõem a identidade de um país. Dessa maneira, o escritor renova constantemente a ideia de nação como algo reimaginado e em sua função na composição deste cenário. Tal concepção vai ao encontro do que afirma Benjamin Abdala Júnior, de que "quando hoje imaginamos relações entre literatura e nacionalidade, impõe-se-nos como necessário um horizonte figurado como o sonho a se traduzir em projeto, ou seja, relações latentes em nossa situação histórica, expressas pela literatura" (Abdala Jr., 2003:136), bem como, acrescentamos, a uma nova percepção desses elementos por vias como as da ironia.

Por isso, o riso que dela resulta atua como marca de um estilo particular, construído de forma explícita para que um leitor pouco especializado seja capaz de percebê-lo, assim como em seus sentidos subjacentes. Para além disso, a utilização de termos vulgares corrobora a linguagem subversiva e representativa do universo marginal, atuando como uma escrita parafrástica da linguagem dos excluídos postos em cena nos textos de Melo, como em "Porra", o segundo conto do livro.

Nele, há o relato do percurso do mais velho Zacarias e a imprecação recorrente aos absurdos presenciados em uma Angola contemporânea. Através da polifonia, temos um narrador que cede a palavra a outros enunciadores, comentando ironicamente que "ser narrador não é fácil. Somos malvistos por toda a gente"; que acredita que temos alguma coisa a ver com o autor, quando este, regra geral, "não passa de um pobre coitado" (Melo, 2009:22). Assim, por meio de múltiplos relatos, lê-se o percurso desta personagem ao longo da trajetória de Angola, como sua prisão pela Pide por apoiar o movimento revolucionário, o desaparecimento do filho durante a guerra, a independência, a morte da mulher, a expulsão da filha de casa por adequar-se a valores concomitantes com novos discursos que, paradoxalmente, escondiam "as mesmas máscaras de sempre, o que lhe dava uma vontade insuportável de soltar os seus célebres porras" (Melo, 2009:26).

Por isto, a afirmativa que abre o conto, de que um país em que um *Touareg* é carro de amante, não é um país, é simultânea ao momento em que Zacarias assiste de sua varanda, na periferia de Luanda, a prostituta "cafuza, esguia e de tissagem ruiva, boca de romã, óculos escuros, vestido colado no corpo e sapatos altos e finos" desembarcar do "jipe verde-garrafa lustroso como espelho" (Melo, 2009:21). A constatação é seguida do espanto com que a personagem reconhece nela a filha, aparentemente "bem-sucedida", bater à porta de casa, anos após haver sido expulsa (Melo, 2009:28).

Explicitam-se assim as maneiras pelas quais a cartografia urbana associada ao humor marca a intenção de João Melo em lidar com incertezas e indecisões da Luanda contemporânea mediante estratégias que evidenciam as convenções sociais e as infrações morais com o intuito de enfatizar a perplexidade que circunda a narrativa e o *locus* enunciador. Assim, podemos associar o radical do nome da filha, "Violante" (Melo, 2009:28), a uma série de outras graves violações ocorridas no seio da nação e que resultaram no desconforto pós-moderno. Como acentua Pires Laranjeira (2005), os contos de João Melo têm final imprevisto, envoltos, neste caso, numa ironia benevolente que traz consigo um caráter impiedoso e a lição trágica da vida, formulada em atmosfera de choque e surpresas.

Estes procedimentos também são percebidos em "O meu primeiro milhão de dólares", conto que encerra a obra, cujo protagonista é um dos "tubarões" descritos anteriormente, visto que sua fortuna resulta da corrupção do "socialismo esquemático".

Com efeito, a narrativa é construída a partir de ditados populares, como "a inveja é uma merda" (Melo, 2009:163), "vivendo e aprendendo" (Melo, 2009:164), "ponho a mão na massa" (Melo, 2009:164), "o poder é para ser exercido" (Melo, 2009:165), "o segredo é a alma do negócio" (Melo, 2009:169), "matar a cobra e mostrar o pau" (Melo, 2009:170), entre outras expressões usadas pela personagem principal que servem para ratificar o lugar comum, sem aprofundar qualquer ato de consciência ou reflexão. O eixo narrativo é tecido em torno dos atos desta personagem anônima, um angolano que, entre gastos com "catorzinhas" e prostitutas brasileiras, relaxa da tensão causada pela inveja alheia e da monotonia de seu casamento amealhando com recursos escusos o primeiro milhão que "espera multiplicar muitas vezes" (Melo, 2009:171).

Ao longo da narrativa, João Melo mais uma vez nos conduz ao processo de busca da continuidade desencadeada pelo erotismo ao expor o esvaziamento das relações amorosas, característico do processo de "liquefação" das estruturas e instituições sociais. Mostra-nos também como um passado histórico não muito remoto, "sólido" e regido por laços estáveis e estruturas sociais verticalizadas, cedeu vez a uma modernidade "líquida" em que as estruturas e os laços sociais não persistem. Assim, a ironia nesse conto não se expressa apenas no fato de a narrativa em primeira pessoa não aprofundar qualquer ato reflexivo da personagem, mas, sobretudo, ao evidenciar o *nonsense* de seus atos ao não entender, por exemplo, o alvoroço causado pela comemoração do primeiro milhão:

> Não foi nenhuma farra (...) foi apenas um jantarzinho para cem pessoas, alguns familiares, os amigos mais chegados e, claro, os meus sócios libaneses que me proporcionaram esse resultado (...). Permanecemos exatamente meia hora à porta da nossa casa recebendo os convidados com aquele sorriso tipo mola de roupa (aquele sorriso esticado que parece mais um esgar, como se as extremidades do lábio estivessem seguras por molas de prender a roupa). Também contratamos uma dúzia de garçons, todos de calça preta, camisa e luvas brancas e laço igualmente preto. A cereja acima do bolo foi a surpresa que reservamos a todos os convidados à saída; uma garrafa de champagne (champagne mesmo e não esse espumante sul-africano de laço vermelho) individualizada com o nome de cada um e, no rótulo, uma fotografia minha e outra da minha mulher. (Melo, 2009:171-172)

Assim, o conto reforça a superficialidade das relações, a efemeridade e a fluidez que conduzem a personagem à busca do prazer acima de tudo, contrastando, por exemplo, com a utopia de uma Angola livre e mais igualitária que caracterizou o passado não muito remoto a que nos referimos anteriormente.

Como efeito, Pires Laranjeira também assinala que o discurso literário traz em si o discurso social que, como narrativa, impõe-se "como tessitura de vozes de um coro desafinado, alegoria do ruído comunicacional de fundo entre homens pretensamente dominantes e mulheres desesperadas e orgulhosamente revoltadas" (Laranjeira, 2005:196). João Melo torna-se, portanto, exemplo dessa situação ao apresentar não apenas homens, mas também personagens femininas como vítimas e vingadoras no centro de narrativas enunciadas por um narrador que não poupa críticas ao comportamento masculino bem como ao todo social.

Sua preocupação com a contemporaneidade, reiteramos, é uma constante em sua obra, mas as questões opositivas entre homens e mulheres ganharam maior destaque a partir de *Imitação de Sartre e Simone de Beauvoir* (1999). Nesses contos, a visão irônica e (des)construtiva da cidade e do país comparece a partir do título da obra, visto que, dada a impossibilidade de encontrarmos tais personagens na sociedade angolana, o que se revela é o existencialismo e a reflexão inerentes a esses dois escritores através da construção de uma memória literária, filosófica e cultural que se viabiliza na impossibilidade de pensá-los em um contexto africano. Todavia, a representatividade de ambos no contexto histórico-filosófico ilumina questões com que o país se depara a partir dos discursos em torno da mulher e de outros excluídos da história.

Por isso, a obra inova, visto que, como bem salienta Inocência Mata, os 10 contos giram em torno de mulheres e "a angústia de amor, por amor, em que as personagens buscam uma compensação pelo esvaziamento de suas vidas" (Mata, 1999:1). Ainda segundo ela,

> (...) em perfeita dessintonia com o mundo à volta — quer pela descrença no processo político, pela perda de um porto seguro que era o espaço da casa e o companheiro, pela deslealdade e pela insuportabilidade das relações sociais — as personagens sucumbem, regularmente: ou morrem (...) ou radicalizam a sua posição de forma emotivamente catártica ou se perdem na voragem da complexidade dos meandros atártica ou se perdem na voragem da complexidade dos meandros psíquicos. (Mata, 1999:2)

Em "O estranho caso da doutora Umbelina", conto que encerra a obra, lê-se a deambulação da personagem-título por Luanda em busca de solução para o abandono de seu marido, que parte para morar com a amante dos anos em que a mulher deixou Luanda para estudar medicina, em Cuba, numa alusão histórica ao apoio recebido pelo país do bloco socialista durante a revolução colonial e à guerrilha civil tematizada no livro. Do mesmo modo, os anos subsequentes à independência comparecem através de diversas referências ao sistema de favorecimento que regeu o país após 1975, bem como dos sinais da distopia ali instalada e que se revelam, por exemplo, na ineficácia do sistema de saúde que não permite que Umbelina, como médica, desempenhe plenamente suas funções, quadro agravado, por sinal, pela guerrilha que ainda grassa no interior do país.

O sonho recorrente da personagem com Miguel, o marido que abandona o lar, só pode ser explicado por um quimbanda e como elo entre o espaço da cidade e o do *musseque*, daí que surge a figura de tia Francisca, personagem anímica que guiará a sobrinha pelo B.O., sigla do Bairro Operário que, como o nome indica, é abrigo de uma massa anônima da população, mas também onde vive mã Fifas, o feiticeiro responsável pelo desvendamento do enigma.

Antes de adentrar este espaço periférico, no entanto, Umbelina reencontra Domingas, "velha amiga da infância, que não via desde que fora para Cuba estudar" (Melo, 1999:105), passeando por diversos locais da capital, como a Ilha, a Corimba e o Futungo, espaços urbanos de prestígio, visto que abrigam órgãos da administração federal, além de residências da elite luandense. É em meio a eles que Umbelina recorda os anos vividos em Cuba, nos quais partilhou o leito de Ramón, "o professor cubano com quem se encontrava às escondidas" (Melo, 1999:106) e que lhe proporcionou prazeres bastante distintos dos vividos com seu marido.

Assim, em busca da elucidação do sonho e das razões que levaram Miguel a mudar-se para a casa de Tina, sua amante, Umbelina e a tia partem em direção ao *musseque* a fim de obterem respostas. No entanto, mais do que uma simples razão para a infidelidade, a deambulação entre o espaço da cidade e o do *musseque* parece ser, tanto neste quanto nos demais contos, a solução possível para a clausura vivenciada por Umbelina e as demais personagens femininas apresentadas por Melo, visto que o espaço urbano se associa aos sentimentos de opressão que caminham na contramão da vida, dos laços afetivos e, em última instância, do país, num percurso de uma "constante inquirição introspectiva, numa busca insistente e frenética do indizível" (Mata, 1999:6). Neste contexto, deixar a cidade e adentrar cada vez mais a periferia significa partir de um desassossego contemporâneo para um espaço de proteção e conforto que se tornou cada vez mais marginal e longínquo ao longo da história de Luanda e de Angola.

É o encontro com o feiticeiro que possibilita a explicitação desses sentimentos, não apenas pelo fato de Fifas viver no interior do Cazenga, no fundo de uma rua, numa casa humilde sem qualquer identificação, mas por ele requerer que Umbelina ali permaneça por 30 dias, tempo necessário ao surgimento de todas as respostas às suas indagações. É ao longo desses dias que ela se depara com a interioridade e a cosmogonia angolanas que a levam a abrir mão por completo da vida exterior para refugiar-se, definitivamente, na casa do feiticeiro. Como rito inicial do processo de autodescobrimento, o ato de "beber o sangue de mã Fifas" (Melo, 1999:103) torna-se via de acesso a um tempo primordial inexistente na cidade, tornando-se motivo de uma busca interior que ultrapassa os limites da geografia física.

O desenlace epifânico e inusitado deste e dos demais contos da obra torna-se a solução imprevisível para que essas personagens se libertem de uma série de tensões, o que revela a impossibilidade de harmonização de pontos de vista diferentes da crise nas relações sociais não apenas de Luanda, mas de toda Angola. A manifestação deste caos reside no inusitado das relações humanas que põem em lados opostos o homem e a mulher, que passam a se definir pelo total distanciamento mútuo e pela anulação dos laços de complementaridade em que, aparentemente, viviam.

Ao abrir mão do espaço da casa e da família, Umbelina desiste dos árduos esforços de reconstituição de sua identidade individual, restando-lhe apenas a conciliação de um mundo interior com um tempo já passado, mas apto ainda a reconstituir o caos coletivo que insiste em escamotear a individualidade feminina através de uma nova erotização, de um novo processo de fecundação que se dá ao nível da interioridade.

A conclusão a que chegamos é a de como, na contemporaneidade, as relações se sustentam debilmente, indo não muito além do encontro, da troca de prazeres efêmeros e das compensações materiais. Por isso, "o erotismo pode ser considerado como uma forma de carnavalizar e reivindicar os pressupostos sociais cristalizados, sem ódios ou rancores", visto que "a exploração dos meandros por onde ele se revela torna-se uma estratégia que percorre outros caminhos mais ajustados ao tema desses contos e à exploração de tendências típicas da globalização" (Dutra, 2011:10).

Em uma breve consideração ao tema, vemos que, em *O erotismo*, Georges Bataille (1987) analisa aspectos fundamentais da natureza humana, descrevendo o limite entre o natural e o social, o humano e o não humano. De igual modo, afirma que há uma relação entre morte e erotismo calcada em ideias opostas de continuidade e descontinuidade que fizeram com que este filósofo determinasse três formas de erotismo existentes no homem: o erotismo dos corpos, o erotismo dos corações e o erotismo sagrado. Nelas, o que está sempre em questão é a substituição do isolamento do ser em descontinuidade pelos reveses de seu tempo por um sentimento de continuidade profunda com o universo. Para tanto, Bataille mapeia o erótico na religião e na filosofia, relacionando o sexo tanto com a vida quanto com a morte. Para ele, a reprodução sexual leva a uma nova espécie de passagem da descontinuidade à continuidade, já que o espermatozoide e o óvulo são, em estado elementar, seres descontínuos que se unem, estabelecendo entre si uma continuidade que leva à formação de um novo ser a partir da morte, do desaparecimento dos seres separados. Por isso, Bataille considera o erotismo como uma experiência que permite ir além de si mesmo a fim de superar a descontinuidade e finitude que condenam o ser humano (Bataille, 1987:61).

Assim, torna-se clara a crítica de Melo à sociedade luandense contemporânea que, numa sintonia forçada com forças regidas pelo capitalismo, pela globalização e os dramas históricos daí decorrentes, abriu mão da continuidade de seus traços naturais, numa tentativa de escamotear suas origens à guisa de adaptar-se a um *modus vivendi* que pouco tem a ver com a tradição e a cultura de Angola, em que a *urbs* prevalece sobre a *civitas*. Com isso e pressionados pelo capitalismo neoliberal, os espaços periféricos deixaram a função perpetuadora das "coisas da terra", tão valorizadas nos movimentos políticos e sociais que culminaram na Independência, para tornarem-se tão somente bolsões de pobreza e precariedade, distantes, por conseguinte, do que evidenciou a literatura de combate.

Os múltiplos itinerários traçados pelo olhar do escritor revelam uma cidade sinuosa, conflituosa, plena de situações contraditórias advindas de diversos níveis de descontinuidades estabelecidas por um processo colonial que, muitas vezes, como Pepetela sabiamente refere em *O desejo de Kianda*, aterrou sob o signo do progresso não apenas a lagoa de Kianda, no Kinaxixe, fazendo sangrar a mafumeira, mas alguns dos mais importantes elementos da identidade cultural angolana.

Ao migrar de fatos do passado cultural angolano à contemporaneidade, levando em conta uma rede complexa de cruzamentos e hibridismos, João Melo amplia as fronteiras de seu país e de sua identidade. Ao alegorizar as relações humanas, sociais e os diversos tempos e espaços históricos da capital de seu país, de sua cidade natal, o escritor nos oferece textos ricos de significados que se complementam na necessidade de um novo tipo de revitalização que se dá por meio de uma nova erotização da cidade e da vida.

Esta é a razão por que sua escrita transgride e desestabiliza discursos hegemônicos para valer-se deste erotismo positivo que, efetivamente, cria novos níveis de tensão tanto no corpo da cidade quando no da literatura.

Referências

ABDALA JÚNIOR, Benjamin. Globalização e identidade: a bacia cultural ibero-afro-americana em perspectiva. In: CHAVES, Rita; MACÊDO, Tânia (Org.). *Literaturas em movimento*: hibridismo cultural e exercício crítico. São Paulo: Arte e Ciência, 2003.

BATAILLE, Georges. *O erotismo*. Porto Alegre: L&PM, 1987.

DUTRA, Robson. João Melo: humor e amor em tempos de cólera. In: *Mulemba, Revista Eletrônica de Estudos de Literaturas Africanas*, n. 5, UFRJ, dez. 2011.

GLISSANT, Édouard. *Introdução a uma poética da diversidade*. Juiz de Fora: UFJF, 2005.

LARANJEIRA, Pires. Para uma sociocrítica da narrativa de João Melo: a violência das relações afetivas, sociais entre homens e mulheres. In: MELO, João. *Imitação de Sartre & Simone de Beauvoir*. Lisboa: Caminho, 2005.

LÉFÈBVRE, Henri. *A revolução urbana*. Belo Horizonte: Ed. da UFMG, 1970.

____. *O direito à cidade*. São Paulo: Centauro, 2001.

LOTMAN, Iuri. *A estrutura do texto artístico*. Lisboa, Estampa, 1978.

MACÊDO, Tania. *Luanda, cidade e literatura*. São Paulo; Luanda: Editora da Unesp; Nzila, 2008.

MATA, Inocência. Imitação de Sartre & Simone de Beauvoir ou imitação de amores e encontros narrativos. *Via Atlântica, Revista do Departamento de Letras Clássicas e Vernáculas da FFLCH da USP*, São Paulo, n. 3, dez. 1999.

MELO, João. *Imitação de Sartre e Simone de Beauvoir*. Lisboa: Caminho, 1999.

____. *O homem que não tira o palito da boca*. Lisboa: Caminho, 2009.

PEPETELA. *Mayombe*. Lisboa: Dom Quixote, 1990.

____. *O desejo de Kianda*. Lisboa: Dom Quixote, 1992.

____. *Parábola do cágado velho*. Lisboa: Dom Quixote, 1995.

RUI, Manoel. *Regresso adiado*. Lisboa: Cotovia, 1999.

SENNET, Richard. *Carne e pedra*: o corpo e a cidade na civilização ocidental. Rio de Janeiro: Record, 2003.

VIEIRA, Luandino. *A vida verdadeira de Domingos Xavier*. Rio de Janeiro: Ática, 1982.

4.

PERTENCIMENTO E EXÍLIO: A LITERATURA INDIANA PÓS-COLONIAL REVISITADA

*Shirley de Souza Gomes Carreira**

> *No country is my motherland. I always find myself in exile in whichever country I travel to.*[1]
> Jhumpa Lahiri

INTRODUÇÃO

Em 1947, quando a Índia conquistou sua independência, um ímpeto nacionalista tomou conta de seus habitantes, que ansiavam por afirmar sua identidade em confronto com o colonizador inglês. Naquele momento histórico, qualquer sujeito colonizado que se compreendia como o "outro" via-se engajado no projeto de construção da nação, independentemente da sua bagagem cultural, da sua fé ou do seu grupo social. Todos aqueles que se sentiam

---

* Shirley de Souza Gomes Carreira possui doutorado em literatura comparada (ciência da literatura) pela Universidade Federal do Rio de Janeiro (2000) e pós-doutorado em literaturas de língua inglesa pela Uerj (2004-05). Sua produção ensaística aborda os seguintes temas: pós-colonialismo, poesia, questões de identidade e de gênero, as obras de José Saramago, John Fowles, Salman Rushdie e Milton Hatoum, pós-modernismo, multiculturalismo e a produção textual dos escritores migrantes. Sua pesquisa atual focaliza as relações entre literatura e memória étnica. Atualmente, é professora titular do curso de letras da Uniabeu, onde também exerce a função de editora da *Revista e-scrita*, do curso de letras, e da *Revista Uniabeu*. É membro do Grupo de Pesquisa CNPq "Poéticas do contemporâneo" e coordenadora do Programa de Apoio à Pesquisa (Proape) da Uniabeu.
1. No original: "Nenhum país é a minha terra natal. Sempre me vejo no exílio em qualquer país para onde viajo". Disponível em: <www.rediff.com/news/2001/jan/11jhum.htm>.

vitimizados pelos anos de colonização inglesa uniram-se em uma "miscigenação mental" (Anderson, 1991:93), cujo objetivo era construir uma identidade nacional.

Como Benedict Anderson (1991:7) afirma, a nação é uma construção cultural, uma comunidade política imaginada, formada por indivíduos que compartilham determinados traços identitários. No entanto, na Índia, o processo de integração dos 641 estados principescos, a conversão do país em uma república e a reorganização dos estados indianos, segundo critérios étnicos e linguísticos, em 1956, acarretaram sérios conflitos políticos, que, em vez de produzir uma identidade unificada, revelaram a fragilidade de um Estado-nação multicultural, com mais de 400 idiomas e dialetos e diferentes credos.

A literatura indiana pós-colonial reflete esse estado de coisas, uma vez que revisita os fatos históricos, concedendo voz a sujeitos que, até então, tinham uma posição periférica e que, em consequência, padeciam de uma afasia cultural.

Muitos dos autores da literatura indiana pós-colonial vivem em outros países e escrevem em inglês, sendo relativamente pequena a repercussão no Ocidente das obras de autores que escrevem em híndi ou em dialetos locais.

A muitos pode parecer que a literatura de migração e a literatura pós-colonial são absolutamente a mesma coisa; portanto, faz-se necessário estabelecer uma linha de separação entre dois conceitos que, atualmente, têm sido usados com uma equivalência equívoca. A literatura pós-colonial, como se pode depreender pelo uso do prefixo, refere-se a toda produção literária dos escritores oriundos de países que foram, no passado, colônias durante a expansão imperialista, como a Índia e os países africanos. Por literatura de migração, no entanto, devemos interpretar a produção literária de escritores que, passando pela experiência de viver em um ou mais países que não a sua terra natal, transferem para sua obra as inquietações do diálogo entre culturas.

A fim de exemplificarmos, podemos afirmar que Arundhati Roy é uma escritora pós-colonial, muito embora jamais tenha vivido fora da Índia, na medida em que a sua obra ensaística e ficcional aborda a problemática do pós-colonialismo. No entanto, Salman Rushdie, a par do fato de ser um escritor pós-colonial, é, primordialmente, um escritor migrante. Longe de deter-se, ou debater-se, em uma postura tipicamente nacionalista ou saudosista, Rushdie se vê e se compreende como um escritor cosmopolita, um cidadão do mundo; compreensão esta que veio a dar origem à famosa expressão por ele criada, e tantas vezes repetida, de que é "um homem traduzido". Entenda-se "tradução" como um diálogo transformador, não como uma mera tentativa de adaptação ou assimilação.

O conceito de "homem traduzido" é, portanto, o ponto de partida para a nossa reflexão sobre aspectos da literatura indiana contemporânea e que estão relacionados à questão do pertencimento e do exílio.

1. DE QUE LITERATURA FALAMOS?

Sisir Kumar Das, em *History of Indian literature* (1995), afirma que, se quisermos entender a literatura indiana, devemos ir além da "equação língua = literatura". A Índia possui uma língua clássica pan-indiana, o sânscrito, como base da maioria das línguas indianas modernas; uma língua medieval indo-europeia, o persa, que é a língua de Estado em muitas partes do país; e uma língua dominante, nacional e moderna, mas originalmente estrangeira, o inglês, que une e divide todo o país. A dispersão transnacional da diáspora indiana para mais de 70 países em todo o mundo gerou, igualmente, uma expressão literária em idioma estrangeiro que tem sido rotulada como "indiana". Como compreender, então, a constituição da literatura indiana?

O fato é que a literatura indiana em língua inglesa alcançou uma visibilidade da qual não se beneficiaram outras literaturas indianas, ou seja, aquelas escritas em outros idiomas e dialetos, o que vem comprovar que o inglês, longe de ser o vestígio de um passado de subjugação, tornou-se uma ferramenta privilegiada para explorar a realidade contemporânea indiana em toda a sua complexidade.

Como bem lembra Kwame Anthony Appiah, em *Na casa de meu pai* (1997), a adoção da língua colonial deve ser interpretada não só como um modo de transcender as divisões étnicas, mas também como uma tentativa de enunciar-se em pé de igualdade com o ex-colonizador. Ao reinterpretar a cultura de seu país de origem no idioma do colonizador, o escritor migrante inicia um processo de tradução cultural. Entretanto, como observa Armando Gnisci, essa "tradução" tende a produzir em seu país de origem uma reação negativa, já que pode ser interpretada como a negação da língua materna e das próprias raízes:

Os escritores da primeira onda migratória, que escrevem no idioma local, são normalmente ignorados pelo mundo literário institucional de sua terra natal, isso, se não forem hostilizados, e, até mesmo, considerados "traidores", por terem renegado a "língua materna" cedo demais, tendo apenas partido. São escritores "sem pátria". (Gnisci, 2003:15; tradução nossa)[2]

Indubitavelmente, Salman Rushdie pode ser considerado responsável pela projeção atual da literatura indiana em língua inglesa, pois, graças ao sucesso de seus primeiros romances, o olhar do Ocidente voltou-se para a Índia e para a representação literária dos problemas e conflitos inerentes ao período pós-colonial.

No entanto, o exame de algumas obras da literatura pós-colonial indiana em língua inglesa revela que a questão do pertencimento e do exílio é abordada sob óticas diferenciadas. Autores como Salman Rushdie, V. S. Naipaul, Amitav Ghosh, Jhumpa Lahiri, Bharati Mukherjee e Vikram Seth, dentre outros, que vivenciaram a imigração, tendem a discutir com mais veemência a questão da identidade cultural, do pertencimento, enquanto outros, como Arundhati Roy, Shashi Tharoor, Raj Kamal Jha, Khushwant Singh, parecem mais engajados nas questões políticas e sociais internas.

Dentre os autores migrantes, Salman Rushdie e Jhumpa Lahiri têm escrito sobre os dilemas decorrentes do processo de aculturação do imigrante: o choque entre culturas e a relação com a terra natal. A proposta deste trabalho é analisar como essas questões têm sido representadas nos romances de Rushdie e nos contos de Jhumpa Lahiri.

1.1. Salman Rushdie: o homem traduzido

A obra de Rushdie aponta na direção do cosmopolitismo. Nascido em Mumbai, emigrado para o Paquistão e educado na Inglaterra, Rushdie esteve sem-

---

2. No original: *"Gli scrittori della prima ondata della migrazione, Che scrivono nella lingua dell'arrivo, sono normalmente ignorati dal mondo letterario istituzionale del paese di provenienza, e se noti vengono trattati in maniera ostile, addirittura come 'traditori', perché hanno rinnegato la 'lingua materna' con troppo anticipo, appena partiti. Sono scrittori 'senza patria'".*

pre em uma posição ex-cêntrica[3] (Hutcheon, 1991) nos países em que viveu, experimentando, concomitantemente, a tensão dialética entre pertencimento e exílio.

Como escritor, Rushdie rejeita os binarismos, pois reivindica o direito de não ser excluído de nenhuma parte de sua herança cultural; deseja ser tratado como um membro da sociedade em que vive, porém sem ter de abdicar do direito de debruçar-se sobre as suas raízes, a Índia de sua juventude, como qualquer membro da comunidade pós-diáspora a que pertence.

Atualmente morando nos Estados Unidos, Rushdie experimentou 10 anos de terror e insegurança na Inglaterra, quando o aiatolá Khomeini decretou sua sentença de morte por expressar ideias que agrediam os princípios do Islã. Protegido pela Scotland Yard e jamais pernoitando duas vezes no mesmo local, Rushdie viveu um duplo exílio.

Para Rushdie, ser imigrante e, principalmente, escritor implica a consciência de que o indivíduo migrante é dono de uma subjetividade que é, ao mesmo tempo, plural e parcial. Se a distância física de sua terra natal o faz construir uma pátria imaginária, ou melhor, uma Índia invisível que é fruto de sua memória e da nostalgia de expatriado, a consciência da perda da pátria real permite o desenvolvimento de uma distância crítica, nem sempre bem interpretada. Rushdie defende a ideia de que os escritores migrantes detêm uma identidade híbrida, resultante de um contínuo processo de tradução cultural.

Em todos os seus romances é possível detectar os vestígios da transculturação, e, em cada um deles, a identidade híbrida surge como um elemento questionador das relações entre Oriente e Ocidente, focalizando aspectos específicos dessas relações.

Assim é que em seu primeiro romance, *Grimus* (2003), considerado pela crítica obra menor, a identidade transcultural já se encontrava representada em uma narrativa fantástica sobre as peripécias de um ameríndio, Flapping Eagle (Águia Esvoaçante), que é membro de uma tribo fictícia, os axonas.

Por ter ficado órfão no momento de seu nascimento, a tribo dá-lhe, a princípio, o nome de *"Born-from-dead"* (Nascido-da-morta), situando-o a

---

3. Termo usado por Linda Hutcheon para designar uma posição social periférica, típica das minorias étnicas e sociais.

meio-termo entre o mundo dos mortos e o dos vivos, o que, em seu meio, constitui mau agouro. Além disso, ele tem pele clara, contrastando com a cor escura dos axonas, para quem o seu nascimento atípico e a sua brancura representam uma falta de identidade racial e étnica.

Após a morte do pai, Flapping Eagle e sua irmã mais velha, Bird-Dog, passam a ser tratados como párias pelos membros da tribo e, devido ao hermafroditismo do primeiro e da opção sexual da segunda, acabam por ser expulsos. A situação de "exílio" imposta à personagem contém uma crítica alegórica ao racismo e à discriminação racial.

Os excessos cometidos pelos axonas em sua preocupação com a autopreservação, a sua obsessão por saúde e limpeza, simbolizam o extremismo de certos grupamentos raciais contemporâneos: "Tudo o que não é axona é impuro" (Rushdie, 2003:25).

O absurdo do extremismo é definido por meio da visão de Flapping Eagle sobre sua própria condição: "Eu estava no exílio em uma comunidade isolada". O verdadeiro e posterior exílio no mundo exterior assume, na história, uma visão metonímica: retratar a questão de definição do escritor migrante. Rushdie refere-se a essa problemática em *Imaginary homelands*:

> O que significa ser "indiano" fora da Índia? Como uma cultura pode ser preservada sem tornar-se fossilizada? Como devemos discutir a necessidade de mudança dentro de nós mesmos e em nossa comunidade sem parecer um joguete nas mãos de nossos inimigos raciais? Quais são as consequências, espirituais e práticas, de recusar-nos a fazer qualquer tipo de concessão às ideias e práticas ocidentais? Quais são as consequências de abraçar essas ideias e práticas e distanciar-nos daquelas ideias e práticas que para cá vieram conosco? Essas questões são todas uma única questão existencial: Como viveremos neste mundo? (Rushdie, 1991b:17-18; tradução nossa)[4]

---

4. No original: "*What does it mean to be 'Indian' outside India? How can culture be preserved without becoming ossified? How should we discuss the need for change within ourselves and our community without seeming to play into the hands of our racial enemies? What are the consequences, both spiritual and practical, of refusing to make any concessions to Western ideas and practices? What are the consequences of embracing those ideas and practices and turning away from the ones that came here with us? These questions are all a single, existential question: How are we to live in the world?*".

Assim como o extremismo, que o autor experimentou com a *fatwa*, o hibridismo é um tema recorrente na obra de Rushdie. O romance que o tornou um fenômeno da literatura pós-colonial, *Midnight's children* (1991a), apresenta-se duplamente híbrido: na forma e no conteúdo. Ele consiste na conjunção de tradições literárias do Ocidente e do Oriente, uma vez que, à prática discursiva ocidental, Rushdie acrescentou dois tipos de prosa indiana: a *akhyayikas*, que combina fato e ficção, e a *sakalakatha*, ou seja, as estórias contadas em ciclos. Essa opção é explicável pela seguinte afirmação do autor:

> Nossa identidade é ao mesmo tempo plural e parcial. Às vezes sentimos que partilhamos duas culturas; em outros momentos, que oscilamos entre uma e outra. Mas a par do quanto possa ser ambíguo e mutável, este não é um território infértil para um escritor ocupar. (Rushdie, 1991b:15; tradução nossa)[5]

Em *Midnight's children*, muito embora o enredo gire em torno da troca de duas crianças nascidas em 15 de agosto de 1947, data da independência da Índia, Rushdie retrata diversas configurações identitárias resultantes do encontro entre Oriente e Ocidente.

Aadam, o avô do protagonista, por exemplo, é descrito como um intelectual ocidentalizado, um produto da assimilação absoluta ao imperialismo. O seu casamento com uma indiana típica, Naseem, que, no romance, assume a representação de Bharat-Mata, ou a pátria-mãe, revela uma tentativa de conciliação entre os indianos que se renderam à ocidentalização e aqueles que se mantêm fiéis às tradições. As tentativas nem sempre bem-sucedidas de Aadam (sugestivamente apresentado ao público como o "primeiro homem" da família, em uma alusão clara ao Adão bíblico) no sentido de mudar o comportamento de Naseem exemplificam a dificuldade da política imperialista em operar mudanças na Índia milenar. O olhar que Rushdie lança à sua terra natal é desmistificador, sem o revestimento ufanista que oblitera a visão crítica.

A questão da identidade, crucial nos romances de Rushdie, é posta em xeque, uma vez que logo o leitor descobre que o protagonista, Saleem Sinai, não é filho de seus pais. Na realidade, ele é o filho ilegítimo de um inglês (o

---

5. No original: "*Our identity is at once plural and partial. Sometimes we feel that we straddle two cultures; at other times, that we fall between two stools. But however ambiguous and shifting this ground may be, it is not an infertile territory for a writer to occupy*".

que vendera a propriedade ao seu pai) e uma indiana, Vanita. Sendo fruto de uma mistura de raças, ele se torna catalisador das tensões que permeiam todo o romance.

Tendo sido trocado na maternidade por outra criança que nascera no mesmo horário, aos 10 anos, Saleem descobre ter o dom da telepatia. A sua capacidade de ouvir as vozes dos demais "filhos da meia-noite", isto é, dos 1.001 indivíduos que nasceram na noite em que foi declarada a independência da Índia, é também metafórica; já que alude à possibilidade de se conceder voz às diversas etnias que compõem o povo indiano.

Goonetilleke (1998:36) afirma que Saleem é a voz do secularismo e do multiculturalismo, ideais que nortearam a independência da Índia. Ao contrário do avô, que personifica a assimilação ao modelo ocidental, e da irmã, que, ao crescer, torna-se cantora e assume o fundamentalismo religioso e o nacionalismo não secular do Paquistão, em uma atitude claramente reacionária, Saleem aponta para uma possibilidade alternativa.

Em *Shame* (1983), outro romance de sucesso do autor, ele trata do efeito pernicioso da tradição sobre os indivíduos, ao perpetuar uma "mentalidade de gueto", ou seja, uma visão sectária e excludente, frequentemente sedimentada em relações assimétricas de poder.

No romance, Rushdie reconta a história do Paquistão, desde sua independência da Índia, em 1947. A história cobre três gerações e focaliza as vidas e as famílias de dois homens: Raza Hyder, um famoso general, e Iskander Harappa, um ex-milionário playboy que se torna político. Essas personagens são baseadas em duas personalidades históricas do Paquistão: o ex-presidente Zia-ul-Haq e o ex-primeiro ministro Zulfikar Ali Bhutto. Na vida real, Bhutto foi deposto por Zia em um golpe militar e executado, dois anos depois, após um julgamento de teor duvidoso. Em suma, o romance encena uma relação de poder análoga ao binarismo colonizador/colonizado, na qual os "colonizadores" são políticos corruptos e os "colonizados" são as massas. Ao fazê-lo, Rushdie traz à baila o discurso populista da manutenção da tradição, do fundamentalismo, revelando que em suas bases opera o mesmo sistema assimétrico de poder que norteou as sociedades coloniais.

Em *Shame*, a questão da identidade recebe um duplo tratamento. Ela é objetivamente representada na trajetória de algumas personagens do romance, e teoricamente discutida por um narrador intruso, o qual Rushdie afirma ser ele mesmo, enquanto autor, que comenta os eventos ficcionais relacionando-os aos fatos históricos que são abordados no romance. Na realidade, o autor contrapõe sua experiência transcultural às histórias pessoais das personagens, a fim de demonstrar que o processo de aculturação pode gerar configurações identitárias negativas, que vão desde uma atitude reacionária à completa assimilação.

Tome-se como exemplo as irmãs Shakil, mulheres criadas na reclusão, que, em uma única oportunidade de acesso ao mundo exterior, escapam à rigidez de sua educação, a tal ponto que uma delas gera um filho, que as três compartilham como se todas o tivessem gerado. Esse filho, Omar Khayyam, é um indivíduo consciente de sua posição periférica, simbolicamente representada no romance pelo fato de que suas três mães o privam dos rituais religiosos subsequentes ao nascimento: da circuncisão, do ato de ter o nome de Deus sussurrado ao seu ouvido e, finalmente, de ter a cabeça raspada.

Essa ausência de rituais é significativa, pois Omar sofre uma dupla negação das suas origens. Suas três mães não apenas lhe negam o direito de saber quem foram seus pais biológicos, mas também o privam de suas raízes, o que pode parecer um paradoxo, considerando-se que elas se recolhem à imutabilidade do passado por livre e espontânea vontade. No entanto, é possível entender essas reações aparentemente antagônicas, se considerarmos que a opção pela clausura é uma atitude defensiva de quem se vê despreparado para enfrentar o mundo exterior. Paralelamente, elas constroem, em sua reclusão, um mundo no qual são elas a ditar as regras, passando de oprimidas a opressoras. Quando, por fim, se veem obrigadas a permitir que Omar vá à escola e tenha contato com o mundo que, por tanto tempo, decidiram ignorar, elas o proíbem de sentir vergonha, de sentir-se humilhado, projetando nele a coragem que lhes faltara.

A vergonha, *sharam*, é um elemento crucial para a compreensão da mentalidade oriental. É ela que leva, por exemplo, pais desesperados a assassinarem suas filhas por se relacionarem com homens ocidentais, conforme lembra o narrador de *Shame*.

É significativo o fato de que Rushdie constrói um personagem como o *locus* de confluência entre dois mundos. Omar é o símbolo da desconstrução, tanto do olhar hegemônico quanto da noção de subalternidade. O seu próprio nome indica essa desconstrução. Há uma correlação entre a personagem e o poeta persa Omar Khayyam, para a qual o narrador/autor chama a atenção, afirmando que o poeta nunca foi popular em sua terra natal e que ele existe no Ocidente em virtude de uma tradução que, na realidade, pode ser interpretada como uma reelaboração dos seus versos, muitas vezes bastante diferente do original. A sua existência como poeta é, portanto, periférica, assim como a existência da personagem homônima na diegese. Segundo o narrador: "é o destino de Omar Khayyam Shakil afetar, de sua posição periférica, os grandes eventos cujas figuras centrais são outras pessoas" (Rushdie, 1993:108).

Ao contrário de suas mães, que optam pela reclusão em seu próprio mundo, Omar não compreende a amplitude de sua dupla herança cultural. Assim, carrega vida afora um sentimento de inadequação que o leva a pensar em si mesmo como um homem que não foi nem mesmo o herói de sua própria existência.

Outra personagem de importância no romance é Bilquìs Hyder, cuja história pessoal reflete os mecanismos inerentes aos movimentos migratórios. Ela é apresentada ao leitor como uma jovem sonhadora, cujo pai é dono de um cinema. Graças à exposição diária a essa fábrica de ilusões, Bilquìs vive no limite entre o fato e a ficção, imaginando-se rainha de um reino imaginário.

Alheio às divisões políticas do país, que atingiam até mesmo o entretenimento, seu pai programara filmes que atendiam a ambas as facções, achando que seria possível superá-las. A consequência vem sob a forma de uma bomba que faz com que o cinema vá pelos ares, matando-o. Bilquìs, apesar de escapar ao atentado, é relegada a um estado de nudez física que é o símbolo da destruição da sua história.

Em meio ao tumulto causado pela partição, ela é arrastada pela multidão e levada a Red Fort, o local onde, dias antes da divisão do território indiano, os muçulmanos de Delhi foram recolhidos. Ao acordar, descobre ter sido piedosamente coberta com o casaco de um oficial, Raza Hyder, que por ela se encanta a ponto de propor-lhe casamento.

Ao ser tornar membro da família de Raza, e cidadã do recém-criado país, que é a versão ficcional do Paquistão, Bilquìs deixa para trás a Índia, o seu "lugar antropológico" e, consequentemente, a sua própria história. Sobre ela, diz o narrador:

> Todos os migrantes deixam para trás o seu passado, embora alguns tentem empacotá-lo em trouxas e caixas — mas, durante a jornada, algo escapa dos

momentos entesourados e das velhas fotografias, até mesmo seus donos deixam de reconhecê-los porque faz parte do destino do migrante ser despojado da história, permanecer nu em meio ao escárnio dos estrangeiros sobre os quais vê ricas roupagens, os brocados da continuidade e as sobrancelhas do pertencimento — e de qualquer modo, o que interessa é que o passado de Bilquìs a abandonou antes mesmo que ela deixasse aquela cidade (...). Anos mais tarde, ele [o passado] a visitaria algumas vezes, assim como um parente esquecido aparece. Mas por um longo tempo ela suspeitou da história; ela era a esposa de um herói com grande futuro, assim, naturalmente, ela empurrou o passado, como quem rejeita aqueles primos pobres quando eles vêm pedir dinheiro emprestado. (Rushdie, 1993:60; tradução nossa)[6]

A expectativa de Bilquìs de viver um conto de fadas se transforma em uma obsessão pela ideia de permanência, de pertencimento, a tal ponto que se reflete até mesmo na imobilidade dos utensílios domésticos, para os quais ela estabelece lugares fixos.

Para adequar-se à sua nova situação, para ser aceita pela família do marido, ela tem de abrir mão de seu passado, de suas raízes. No romance, o processo de aculturação é ficcionalizado por meio do código estabelecido pela família de Raza Hyder para a aceitação dos novos membros, que pode ser resumido em uma frase que o marido diz a Bilquìs: "Recontar histórias é para nós um ritual de sangue". A sua aceitação dependia de sua capacidade de recontar a saga da família Hyder até que aquela história passasse a ser a sua.

Essa visão ilustra o conceito de "comunidade imaginada" desenvolvido por Benedict Anderson, pois o ato de recontar histórias passa a ser o laço imaginário que une os membros daquela comunidade/família.

Este breve passeio por algumas das obras de Rushdie demonstra que, em seu fazer narrativo, ele aborda a questão da migração, do hibridismo, do

---

6. No original: *"All migrants leave their pasts behind, although some try to pack it into bundles and boxes — but on the journey something seeps out of the treasured mementoes and old photographs, until even their owners fail to recognize them, because it is the fate of migrants to be stripped of history, to stand naked amidst the scorn of strangers upon which they see the rich clothing , the brocades of continuity and the eyebrows of belonging — at any rate, my point is that Bilquìs's past left her even before she had left that city (...). In later years he would visit her sometimes, the way a forgotten relative comes to call, but for a long time she was suspicious of history, she was the wife of a hero with a great future, so naturally she pushed the past away, as one rebuffs those poor cousins when they come to borrow money".*

exílio e do pertencimento, muito embora o faça através de um diálogo com a história, salpicado, em alguns casos, de realismo mágico.

Diferentemente, Jhumpa Lahiri aborda essas questões em uma perspectiva urbana, contemporânea e questionadora no que diz respeito às raízes e ao processo de aculturação.

1.2. Identidades híbridas em pátria de adoção: a ficção de Jhumpa Lahiri

Jhumpa Lahiri nasceu em Londres e foi criada em Rhode Island, nos Estados Unidos da América. Seus pais são imigrantes indianos vindos de Calcutá. Formada pelo Barnard College, Lahiri possui três títulos de mestre, em língua inglesa, literatura comparada e escrita criativa, além do título de Ph.D em estudos renascentistas, pela Universidade de Boston.

Pertencente a uma nova geração de escritores de origem indiana, Lahiri desvia-se, como os demais membros dessa geração, da escrita fundamentada no realismo mágico praticada por Rushdie, detendo-se ainda em questões inerentes ao imigrante, como o sentido de pertencimento e o choque entre culturas, mas em uma perspectiva que a aproxima do mundo empírico e dos problemas cotidianos dos imigrantes.

Ao contrário de autores como Akhil Sharama e Kiran Desai, que afirmam escrever do ponto de vista de um indiano, assumindo assim que o fato de viver em um país estrangeiro não afeta as suas relações com a Índia, Lahiri torna pública a contradição que carrega dentro de si, expressa na epígrafe a este artigo. Sua escrita gira em torno de indianos ou seus descendentes que tentam ajustar-se à vida em outro país.

Em *Interpreter of maladies*, os personagens ora se defrontam com as diferenças culturais que lhes aguçam a saudade da terra natal, como a protagonista do conto "Mrs. Sen's", ora se sentem aliviados por perceberem que seus filhos não terão de conviver com o racionamento de alimentos, as revoltas, as perseguições e o toque de recolher, como a narradora do conto "When Mr. Pirzada Came to Dine". Esses imigrantes de primeira geração passam pelas agruras do subemprego, pelas dificuldades típicas de quem faz parte de uma minoria racial em terra estranha.

Mrs. Sen, por exemplo, trabalha como babá para preencher suas tardes livres, enquanto o marido leciona em uma universidade. Reclama do silêncio que a impede de dormir, que é uma clara alusão à falta que sente do calor humano, do senso comunitário existente em seu país. O peso do exílio, da solidão, entrecorta todos os seus pensamentos e falas.

Conforme afirma Said (2003:54): "No exílio, o isolamento provoca certo masoquismo narcisista, que resiste aos esforços de melhoramento, aculturação e adesão à outra comunidade". Assim, os personagens vão construindo uma imagem idealizada da terra natal, atribuindo-lhe contornos construídos pela saudade.

Em *Unaccustomed earth*, seu segundo livro de contos, Lahiri focaliza a complexidade das relações entre a geração que vivenciou a diáspora e a de seus filhos, nascidos em solo estrangeiro, que, ao contrário dos pais, não têm uma terra natal a lembrar, nem tradições a cultuar. Os descendentes desses primeiros imigrantes são bem-sucedidos e mais aptos à integração social, porém sentem-se presos a sentimentos antagônicos, de atração e rejeição, em relação às suas raízes.

De acordo com Maurice Halbwachs (2004:38), a preservação da memória é responsável pela perpetuação de um sentido de identidade e é na sociedade que as pessoas normalmente adquirem, relembram, reconhecem e localizam as suas memórias. Assim, ele afirma que é impossível para os indivíduos lembrar qualquer fato de um modo persistente e coerente estando fora do contexto de seu grupo social. A memória individual existe sempre a partir de uma memória coletiva, uma vez que todas as lembranças são constituídas no interior de um grupo.

Em geral, os filhos de imigrantes têm uma memória de empréstimo, devido ao fato de não terem usufruído de um contato real com a terra de seus pais. Em muitos dos seus contos, Lahiri evoca o hábito cultivado por muitos imigrantes de visitar a Índia levando os seus filhos, para que os laços se estabeleçam de um modo mais sólido.

O conto que dá título ao livro, "*Unaccustomed earth*", detém-se nas relações entre uma jovem mulher indiana casada com um americano, grávida do segundo filho, e seu pai viúvo. A visita do pai traz à baila todos os sentimentos contraditórios que a personagem havia procurado deixar de lado em sua tentativa de autorrealização.

O leitor percebe, de imediato, a ambiguidade dos sentimentos de Ruma em relação ao pai, pois, ao mesmo tempo que vigia as notícias quando ele está viajando, com receio de algum acidente aéreo, guarda dentro de si, cuidadosamente, um conjunto de motivos que lhe permitam justificar as próprias atitudes. De acordo com a tradição indiana, cabe à filha cuidar do pai em sua velhice, mas Ruma não se sente preparada para cumprir o que dela se espera.

Por outro lado, e ao contrário do que Ruma imagina, o pai não tem a intenção de morar com ela. Envolvido emocionalmente com uma mulher bengali, ele deseja dar a si próprio uma última chance de vivenciar emoções que o casamento com a mãe de Ruma não lhe proporcionara. Ao vê-lo chegar envelhecido, em trajes ocidentais, Ruma pensa que ele parece mais americano do que indiano. Sua imagem é cosmopolita, sem nenhum rastro de origem, bem ao contrário da que teria a sua mãe se fosse viva, com seus sáris coloridos e seus enfeites indianos.

Ao contrário da mãe, que, a exemplo de muitos imigrantes de primeira geração, recusava-se a falar o inglês em família, o seu pai era mais flexível, o que facilitara a assimilação à nova cultura. Ela mesma já não se preocupava em ensinar bengali ao filho, porque aquele era o idioma do passado, da sua infância.

O pai deixara um dia seus próprios pais e partira para a América em busca de oportunidades. Ruma e seu irmão haviam feito o mesmo, tentando realizar seus desejos e construir uma vida independente. De nada adiantara a insistência da mãe em manter os costumes e valores de sua terra natal.

Surpreendentemente, a visita do pai faz com que Ruma perceba quão parecida com a mãe ela se tornara, após deixar uma carreira promissora para dedicar-se ao cuidado da casa e da família, trazendo-lhe à mente a relação ambivalente que sempre tivera com a mãe, a quem simultaneamente amara e rejeitara. No conto, mais que a mãe biológica, Ruma a vê como a mãe simbólica, cujo significado se estende à terra natal e à tradição.

Em outro conto, *"Hell-Heaven"*, Lahiri trata novamente das relações ambivalentes entre mãe e filha, porém promovendo uma conciliação final à medida que esta, ao tornar-se mulher, passa a compreender a difícil trajetória de vida da mãe.

A narradora, Usha, reporta-se à sua infância e ao início da amizade da família com um jovem indiano, Pranab, que fora enviado à América para estudar no MIT. A amizade surgira de um encontro durante um dos muitos passeios que ela fazia com a mãe.

Aparna fora obrigada a deixar a Índia para acompanhar o marido, professor e pesquisador em uma universidade americana, e sofria tremendamente com a ausência e a frieza do marido, Shyamal. Pranab era da mesma região da qual ela vinha e a solidão em terra estranha os aproxima. Sem que perceba, Aparna se apaixona por ele, embora o trate como a um irmão mais moço.

Pranab passa a ser considerado membro da família, demonstrando tal afinidade com Aparna que esta passa a esperar ansiosamente pela sua visita. A inocência de Usha não lhe permite perceber os sentimentos da mãe em relação a Pranab e, muito menos, a sua desilusão quando este decide se casar com uma americana.

Em *Reflexões sobre o exílio*, Said afirma que os imigrantes têm uma percepção contrastiva, considerando-se que, para um exilado, hábitos, atividades ou mesmo o modo de expressar-se inevitavelmente reacendem a memória de outro meio ambiente (Said, 2003:186). Em solo americano, Aparna tenta recuperar algo do seu lugar antropológico por meio do seu relacionamento com Pranab. Além disso, sob a pele da tradição, há uma mulher que inveja a possibilidade, que os ocidentais têm, do casamento por amor. Embora não cogite abandonar a família, a presença do jovem faz com que Aparna possa desfrutar indiretamente esse prazer.

Após chegar a pensar em suicídio, ato impedido pela chegada providencial de uma vizinha, Aparna recolhe-se em sua frustração, agravada ainda mais pela adolescência da filha, que já não aceita com facilidade as imposições da mãe em relação à tradição indiana.

Assim como Pranab, que desafia os pais, casando-se com Deborah e educando as filhas sem nenhum tipo de vínculo com a Índia, Usha também se rebela. Ambos desejam livrar-se da obrigatoriedade de manutenção de crenças e tradições que não são suas, mas de seus ancestrais. Para Pranab, o caminho se abre através do casamento; para Usha, na transformação de Deborah em um modelo a ser seguido: o de uma mulher norte-americana.

Apenas com o passar do tempo Usha compreende o que acontecera em sua infância. Aparna também apresenta sinais de mudança, quando, aos 50 anos, decide estudar biblioteconomia. A relação entre a tradição e os costumes americanos começa a estabilizar-se. A trajetória da família de Usha corresponde, assim, a uma estratégia de sobrevivência tradutória, que exige uma ressignificação dos símbolos culturais tradicionais.

Os três contos que constituem a segunda parte do livro, intitulada "*Hema and Kaushik*", no entanto, lançam outro olhar sobre o conflito identitário.

O primeiro deles, "*Once in a life time*", consiste nas reminiscências de uma jovem, Hema, que recorda a primeira vez em que vira Kaushik, ainda criança, ela com seis anos e ele com nove, em uma festa de despedida para os pais dele que estavam retornando à Índia. O texto deixa entrever que as dificuldades eram muitas: "Seus pais tinham decidido deixar Cambridge, não por Atlanta ou pelo Arizona, como outros bengaleses tinham feito, mas para voltar definitivamente para a Índia, desistindo da luta em que meus pais e seus amigos tinham embarcado" (Lahiri, 2008:223; tradução nossa).[7]

Vem-lhe à mente o traje que Shibani, a sua mãe, a fizera usar, enorme ao ponto de exigir que o prendessem ao corpo com alfinetes, e seu apego à tradição. As mães das duas crianças cresceram em Calcutá, mas só se conheceram na América, em Cambridge, quando a mãe de Hema ainda estava grávida, e tornaram-se grandes amigas. A separação causava-lhes tristeza. Em sua terra natal, eram de classes sociais diferentes, pois Parul, a mãe de Kaushik, vinha de classe superior, havia estudado em excelentes colégios e vivia numa bela casa em Jodhpur Park, mas na nova terra as diferenças eram irrelevantes. Ambas compartilhavam o estatuto de imigrantes, a solidão e a saudade da terra natal.

Antes da partida, Parul lhes dera os pertences que não poderiam levar: mantimentos e sacolas com roupa de frio de Kaushik, que seriam desnecessárias na Índia, mas que Hema poderia precisar. A menina as detestava, mas, ainda assim, sua mãe a obrigava a vesti-las.

Com o passar do tempo, o contato entre as famílias parecia ter rareado, até que, sete anos depois, o pai de Kaushi entrou novamente em contato, avisando que estavam retornando à América e pedindo-lhes abrigo até que encontrassem uma moradia. O súbito retorno causa estranheza e especulação por parte dos pais de Hema que, furtivamente, comentam ser aquele um duplo sinal de fraqueza: em primeiro lugar, pelos amigos terem desistido de permanecer na América, em segundo, por não terem suportado a vida na terra natal após a experiência da imigração.

---

7. No original: "*Your parents had decided to leave Cambridge, not for Atlanta or Arizona, as some other Bengalis had, but to move all the way back to India, abandoning the struggle that my parents and their friends had embarked upon*".

Para que os recém-chegados sejam acomodados, Hema é obrigada a dormir no quarto dos pais. Ao ver-se desalojada de seu quarto, a menina começa a questionar o porquê de dar tanta importância ao dr. Choudhuri e sua família. Afinal, seu pai também tem um Ph.D e não é tratado com a mesma deferência. Na realidade, Hema teme que, após a partida dos amigos para a sua nova casa, a mãe voltasse atrás na decisão de deixá-la dormir só em um quarto separado: liberdade duramente conquistada.

Muito embora sua mãe alegasse que na Índia era normal que os filhos dormissem no quarto dos pais, Hema sentia-se inferiorizada por ter de fazê-lo, pois estava certa de que aquele não era um procedimento comum na América e seus colegas haveriam de ridicularizá-la se soubessem.

O retorno da família do dr. Choudhuri reserva muitas surpresas, não apenas para Hema, que esperava rever o garoto que conhecera na infância e se deparara com um belo rapaz, então com 16 anos, mas também para sua família, que estranha a mudança de comportamento da família amiga. Esperavam que tivessem incorporado mais profundamente a cultura da terra natal, mas a seus olhos eles se apresentam mais americanizados que antes.

Hema se enamora de Kaushik e anseia pela sua atenção. No entanto, o rapaz a ignora completamente e apenas a gentileza de Parul a consola. Pequenos detalhes de comportamento começam a tornar difícil a convivência entre as suas famílias e é com alívio que os pais de Hema recebem a notícia de que os amigos finalmente encontraram uma nova casa e estão prestes a mudar. Um pouco antes da mudança, Hema finalmente descobre o motivo do retorno. Em uma das suas andanças pelas redondezas, Kaushik e Hema descobrem algumas lápides encobertas pela vegetação. Naquele momento o rapaz lhe revela que Parul está com câncer e que o motivo do retorno havia sido a necessidade de tratamento. Até o fim, Hema honra o compromisso de guardar segredo sobre a revelação.

O conto enfatiza o contraste entre as duas famílias, não apenas financeiramente, mas também em relação à manutenção da tradição, porém as diferenças não ofuscam em nenhum momento um dos traços mais importantes no processo migratório: a hospitalidade entre membros de uma mesma etnia.

O conto seguinte, *"Year's end"*, é narrado por Kaushik e nas primeiras linhas o leitor percebe que Parul já está morta e que o dr. Choudhuri casara-se novamente com uma mulher indiana, 20 anos mais jovem, com duas filhas do casamento anterior, e que estavam retornando da Índia para morar na casa que fora de sua mãe. Um casamento à indiana, arranjado por parentes. Na realidade, o dr. Choudhuri só tinha visto a noiva duas vezes antes do casamento. O casamento com Parul também havia sido arranjado, mas a sorte aliara-se à tradição, pois, ao se conhecerem, houve uma atração mútua.

Kaushik é um jovem americanizado, que não aprecia a comida nem os costumes indianos e estranha que seu pai, aficionado ao uísque como ele, tenha deixado de beber por receio de escandalizar a nova esposa. Ele também havia apagado todos os rastros da existência de Parul, desfazendo-se de suas roupas, objetos e fotografias.

A cortesia entre Kaushik e a nova família de seu pai termina no dia em que ele vê as duas meninas mexendo na caixa onde o dr. Choudhuri havia guardado as fotografias de Parul. Logo depois, a família se muda para outro local e Kaushik parte para viver sua própria história.

"*Going Ashore*", o último conto, narra a estada de Hema e Kaushik em Roma, onde ela é bolsista e ele goza férias de sua atividade como repórter fotográfico premiado. Hema tem um noivo arranjado por seus pais, Navin, com quem se casará em Calcutá, logo após seu retorno. Hema já havia estado em Roma uma outra vez, com Julian, um homem casado por quem se apaixonara. Como naquela vez, Hema encontra uma desculpa para distanciar-se da família e viver uma vida à parte. Seu futuro marido, apesar de já ter tido muitos casos amorosos, decidira que a sua relação com Hema seria tradicional, à indiana, fazendo-a sentir-se ridícula, ao ser tratada como adolescente aos 37 anos de idade. Em suas caminhadas por Roma, ela vê, em um museu, um sarcófago gigante com a imagem de um casal afetuoso na parte superior e, chorando, percebe que há algo já morto em seu futuro casamento.

O seu encontro inesperado com Kaushik em Roma dá início a uma relação amorosa que representa a independência das forças culturais que moldaram sua existência. Desde a adolescência, ela desejara aquele momento. Ambos sentem que algo, que esteve latente durante duas décadas, surge de forma avassaladora. Ele lhe diz que deseja que ela rompa o noivado e vá com ele para Hong Kong, mas não a pede em casamento, não lhe dá a ancoragem de que necessita. Hema segue para a Índia, para o casamento arranjado, para o noivo que, mais tarde, lhe causará repulsa; enquanto Kaushik parte para a Tailândia, onde, finalmente, dá-se conta de que perdera a única mulher capaz de compartilhar o seu futuro, posto que fora a única a conhecer o seu passado. Sente em si uma disposição para procurá-la, mas a fatalidade os persegue na forma de um *tsunami* devastador.

Ao contrário de outras personagens de Lahiri, Hema faz um caminho inverso, rumo à terra natal, deixando para trás a liberdade que sempre teve. No entanto, apesar de ter viajado para Calcutá inúmeras vezes em sua vida, não é em um solo conhecido que ela pisa, porque, assim como a própria Lahiri revela na epígrafe que introduz este artigo, não há país que ela possa considerar terra natal: todos os lugares do mundo são, para ela, o local do exílio.

CONSIDERAÇÕES FINAIS

Os textos de Rushdie e Lahiri examinados neste artigo demonstram objetivamente como os autores abordam a questão do pertencimento e do exílio. Ambos criam universos ficcionais habitados por identidades híbridas, construídas na confluência de duas culturas diferentes.

Rushdie, cuja obra faz parte do *boom* da literatura pós-colonial, tece representações que dialogam com a história e envereda por uma narrativa que alia o real ao maravilhoso. Lahiri cria personagens que transitam nos espaços urbanos do mundo contemporâneo.

Os romances de Rushdie estão, em grande parte, vinculados à questão dos efeitos da migração e à superação do choque entre culturas, não sendo incomum a incorporação de relatos de narradores intrusos que comentam os eventos do mundo ficcional.

Lahiri transita por diferentes focos narrativos que visam à compreensão do universo dos indivíduos hifenados, que, como ela, experimentam um sentimento paradoxal de atração e separação da terra natal coletivamente imaginada.

Quer reportando-se às identidades diaspóricas e aos processos inerentes à tradução cultural, quer retratando a crise identitária de descendentes de imigrantes, os escritores migrantes compartilham com suas personagens a dualidade que está no âmago de sua configuração identitária. Alguns, assim como Rushdie, tiram proveito dessa posição para olhar criticamente sua cultura de origem e a história de seu país natal; outros, como Lahiri, escrevem para expurgar suas identidades cindidas.

Referências

ANDERSON, Benedict. *Imagined communities*: reflections on the origin and spread of nationalism. Londres: Verso, 1991.

APPIAH, Kwame Anthony. *Na casa de meu pai*: a África na filosofia cultural [1992]. Rio de Janeiro: Contraponto, 1997.

DAS, Sisir Kumar. *History of Indian literature*. Nova Delhi: Sahitya Akademy, 1995.

DESAI, Anita. When cultures clash at night. *The Washington Post*, Washington, v. 11, n. 11, 15 mar. 1981.

GOONETILLEKE, D. C. R. A. *Salman Rushdie*. Nova York: Macmillan, 1998.

GNISCI, Armando. *Creolizzare l'Europa*: letteratura e migrazione. Roma: Meltemi, 2003.

HALBWACHS, Maurice. *A memória coletiva*. São Paulo: Centauro, 2004.

HUTCHEON, Linda. *Poética do pós-modernismo*: história, teoria, ficção. Rio de Janeiro: Imago, 1991.

LAHIRI, Jhumpa. *Interpreter of maladies*. Nova York: Houghton Mifflin, 1999.

_____.*Unaccustomed earth*. Nova York: Vintage Books, 2008.

LUYAT, Anne; TORON, Francine. *Flight from certainty*: the dilemma of identity and exile. Amsterdã; Nova York: Rodopi, 2001.

RUSHDIE, Salman. *Grimus* [1975]. Nova York; Toronto: Modern Books Library, 2003.

_____. *Imaginary homelands*: essays in criticism 1981-1991. Londres; Delhi: Granta Books, 1991b.

_____. *Midnight's children*. Nova York: Penguin Books, 1991a.

_____. *Shame*. Nova York: Picador, USA, 1983.

SAID, Edward. *Reflexões sobre o exílio e outros ensaios*. São Paulo: Companhia das Letras, 2003.

5.

DESLOCAMENTOS DA MEMÓRIA: A CIDADE *I-REAL* DE NEI LOPES

Cláudio do Carmo Gonçalves[*]

Este ensaio aponta para a investigação da memória e de sua condição na contemporaneidade, quando tal interesse se mostra absolutamente recrudescido, em virtude de fatores tão diversos quanto paradoxais, relacionados à percepção de tempo e à reorganização de espaços.

Uma revisão crítica das operações tradicionalmente relacionadas à memória, e que são problematizadas, sobretudo na cultura urbana de fins do século XX, nos remete a uma possível ressignificação, que intervém decisivamente no constructo do imaginário social. Nesse sentido, pode-se mesmo falar em uma *geografia i-real* da cidade, que ganha contornos atuais, então.

Caracterizada pelo lugar de interseção entre espaços empíricos constituídos e aqueles imaginados, essa *geografia i-real* traduz o entre-lugar que, ao mesmo tempo que produz relatos e fatos, institui representações constantes, ou seja: emerge e faz emergir memórias, embora de contornos imprecisos. Para tanto, a prática literária desvela e constrói representações ao apreender categoricamente essa geografia, dando, sobretudo, uma configuração de cidade, vista aí como uma entidade que guarda pouca precisão com os limites físicos, colocando em tensão um possível estatuto, o qual rege a própria representação a partir da (in) justa posição do real e do ficcional.

---

[*] Professor titular do Departamento de Letras e Artes da Universidade Estadual de Santa Cruz (Uesc), Bahia. Possui pós-doutorado em estudos comparados pela Universidade de Lisboa, concluído em 2011. Doutor em ciência da literatura/poética pela Universidade Federal do Rio de Janeiro (2001). Coordena o Grupo de pesquisa CNPq "Poéticas do contemporâneo", do qual é líder. Possui produção acadêmica e pesquisas com ênfase nas áreas de memória, cidade, crítica da cultura, historiografia literária, ficção contemporânea e literatura comparada.

A cidade assim se estabelece mais no campo do pertencimento, propiciando que a prática literária, como cultura (Jameson, 2007), interfira em sua construção, refutando a crença em uma reflexão passiva e mesmo determinista. A memória, por sua vez, funde e confunde os signos, antes autônomos, que informavam a experiência urbana, como os da representação, notadamente aqueles signos relacionados à apreensão da realidade, que passam da aparência nítida e definida a formulações abstratas que requerem novas modalidades de interpretações, pois estão assentados em bases precárias.

O romance *Mandingas da mulata velha na Cidade Nova*, do escritor carioca Nei Lopes, se presta, exemplarmente, ao propósito de se efetuar esta abordagem, na medida em que, sendo uma narrativa contemporânea, publicada em 2009, consegue expor a condição de memória ao atestar a representação coletiva de uma Bahia desenhada (imaginada) a partir de grupos com características identitárias comuns (pertencimento) e formados fora da sua geografia originária, já que a trama é localizada no Rio de Janeiro. De outro modo, a condição da memória no romance possibilita a percepção atualizada pelo interesse naquilo que está sendo nomeado como *pós-memória*, ao interromper ou questionar um liame contínuo supostamente atribuído à memória. Trata-se, com efeito, de uma supressão da lógica inerente à memória, em que o presente não necessariamente é modificado ou sofre as interferências do passado.

Se for certo que as cidades se parecem, como observa Beatriz Sarlo (1997), é certo também que há uma memória que age sobre elas e produz relatos, ou *guerra de relatos* (De Certeau, 1996) que tendem a se dissimular nas aparências urbanas. Há um diverso trânsito entre os espaços da Bahia, do Rio de Janeiro e de Lisboa, que se coloca entre a memória e as cidades constituídas como lugares (im) precisos, cujos cenários urbanos são cartografados a partir das vivências — sentidas e, por isso, experimentadas — do sujeito contemporâneo, sugerindo um espaço de memória de contornos sensíveis e sentimentais.

O romance parece traduzir as cidades *i-reais*, cuja competência discursiva as transforma não somente em representações urbanas, mas também em lugares de vivência ficcional, ou seja, em espaços de encenação real ficcionalizados, mas, sobretudo, lugares imaginados que se fazem reais a partir da ficção, na medida em que "interpelam" este mesmo real. Desse modo, a cidade é o território do encontro, o entre-lugar de tempos e espaços (Benjamin) que expõe a condição da memória em sua dramatização. Vale dizer, há um encontro entre a cidade da memória, uma cidade imaginada e tornada real, no plano da ausência, e a memória da cidade, aquela vivida e recuperada, ou seja, entre a cidade imaginada e a cidade vivida, recuperada e perpetuada pela memória.

A narrativa de Lopes tem lugar no Rio de Janeiro das primeiras décadas do século XX, um cenário de capital da nação, onde a metrópole nascente congrega e atrai variadas paisagens humanas. Um lugar de mistérios e desconhecidos que a cidade impõe. Ao adotar a técnica narrativa de um narrador onisciente que fala a partir do presente e se (nos) transporta, o romance traz a memória como material em seu vasto repertório de insinuações. E tudo começa pelo desaparecimento de certa mulata velha e por meio da constância da trama no tempo, em um enredo que vai buscar as origens das primeiras comunidades baianas instaladas no Rio de Janeiro. Parece que o romance propõe uma visita requintada ao debate da memória, pois as metáforas de um tempo passado são também as de um tempo presente, como que a nos lembrar, a todo instante, que este tempo desconhecido existiu e existe.

A cidade que emerge da narrativa é uma contracidade, visto que ela não tem geografia própria, nem mesmo nome e signos materializados na sua construção. Mas a cidade da narrativa de Nei Lopes é uma cidade da memória, que busca nas origens ancestrais a fundação de uma cultura. Os lugares são inventados, na medida em que seus personagens transitam e fundam suas memórias.

Os lugares são memórias (Nora, 1997), pois são significados a partir do que sabemos deles. Assim, a morte de uma velha baiana da praça Onze, Honorata Sabina da Cruz, dá início às *Mandingas da mulata velha na Cidade Nova*. A história é repleta de referências a personagens reais, que transitam entre a ficção e a realidade, situando-nos no debate da quebra de fronteiras, tão ao gosto pós-moderno, mas de efeito contundente quando nos faz pensar no profundo atravessamento cultural que institui as tradições de uma cidade urbanizada, expressa na constituição de sua vida através da abolição da escravatura e na queda da monarquia, entre outras pontuais situações sociais.

A morte da velha senhora, Honorata, ou tia Amina, como também passa a ser conhecida, no início do século XX, desencadeia uma série de situações que buscam na memória as explicações para as tradições a que hoje recorremos, e que estão intimamente ligadas à constituição da própria cidade. O personagem-repórter Costinha, o Diga-Mais, do jornal *Tribuna do Rio*, é o pretexto para nos apresentar lugares e lendas que são presentes, misturando memória e vivência. A cidade, então, é apresentada e cortada pela origem, com figuras emblemáticas dos cultos religiosos e da baianidade, como a lendária tia Ciata e o excêntrico príncipe dom Oba, um negro alto, que se julgava herdeiro de um trono; ou mesmo por localidades que constituem o Rio de Janeiro de outrora, cujos vestígios ainda permanecem, como os da Prainha, da Pedra do Sal e da pequena África, nos arredores da rua Barão de São Félix (reduto de muçulmanos, entre eles, Henrique Assumano Mina do Brasil); ou, ainda, por meio de ícones do abolicionismo, como José do Patrocínio e André Rebouças; e, finalmente, através de igrejas, como as de Nossa Senhora do Rosário e a de São Benedito dos Homens Pretos. Acrescentemos as rodas de samba, os jogos de capoeira, as batucadas, a malandragem e a boemia. A memória também se estabelece por meio do jovem filólogo negro Antenor Nascentes, nome de dicionário que, por assim dizer, metaforiza a relação intrínseca das origens de um tempo ido com a atualização citadina.

As referências inúmeras que o enredo percorre, em uma narrativa linear, têm motivação na história da tia Amina, baiana da praça Onze, que esconde subnarrativas vindas à tona, sobre a cidade e sua gente: "O senhor falou que isso era coisa de baiano, mas o tenente é do Maranhão... Eu sou maranhano. Igual ao doutor Nina Rodrigues" (Lopes, 2009:49).

A Bahia (a Mulata Velha) aparece e funda os lugares por que passa, desvelando um encontro entre tempos deixados à mostra apenas nas superfícies dos costumes e comportamentos: "Na Bahia, se você for olhar direitinho, tudo se liga, se comunica" (Lopes, 2009;43). O texto assume um contorno de originalidade, ao questionar, em suas páginas, a realidade e a ficção, expressas em tipos reais e inventados, mas sem fronteiras que as defina, numa sobreposição vista ao espelho: "O músico esclarece sobre algo chamado tambor de nagô, que é o boca a boca, a tradição oral da comunidade baiana" (Lopes, 2009:69).

Assim, a esquizofrenia que distorce a realidade contemporânea (Jameson, 2007:53) é capitalizada no sentido de estabelecer a mistura própria das culturas. Desse modo, a exclusão passa pela inclusão e a margem pelo centro, da mesma forma que o espelho, para ser distorcido, tem de passar primeiro pela imagem correta. A mulata velha nos mostra que a Bahia é um lugar configurado na cidade, especialmente a do Rio de Janeiro, pois não depende das geografias, mas da memória das geografias. O lugar de baiano é o lugar fictício e real do Rio de Janeiro, pois ele é atravessado pela memória de histórias e narrativas que confundem e fundam as nossas percepções contemporâneas de espaços atualizados.

A investigação da memória da cidade e seu contraponto, a cidade da memória, nas práticas literárias contemporâneas, tem fundamento nos estudos que assinalam a constituição física e imaginária da cidade moderna. Charles Baudelaire, em meados do século XIX, já registrava a construção da cidade através de personagens típicos, como o *flâneur*, que fundam novos modos de ver e sentir a experiência urbana. Walter Benjamin (2003), na primeira metade do século XX, capta de maneira ímpar as experiências que, a um só tempo, formulam e são formuladas pela cidade moderna, tais como o desprestígio da arte de narrar assinalado em "O narrador", bem como da aura, em "A obra de arte na época de sua reprodutibilidade técnica", textos que mapeiam os sentidos que a cidade moderna assume.

A problematização da memória em tensão com expressões-produto da estética citadina tem sido uma evidência de relevo nos estudos contemporâneos. Como uma categoria relacionada ao tempo, mas que atravessa sentidos espaciais, a memória na pós-modernidade assume uma condição que parece excluir e exceder, em uma verdadeira aporia, ao visitar com frequência a tradição, bem como ao privilegiar o efêmero. Se, por um lado, tende-se a afirmar o tempo por meio de uma recuperação obsessiva, em uma preocupação memorialística que assinala uma contumaz revisão, por outro, há a constatação de uma efemeridade, cuja percepção do tempo aponta para uma "Não Memória", em que se negligencia toda e qualquer preocupação com categorias temporais.

A confluência entre memória e cidade já dava sinais de relevância com o crescimento de ambos os fenômenos em fins do século XIX, até a primeira metade do século XX, constituindo a leitura da cidade através da memória um dos aspectos peculiares da crítica cultural. Se os estudos de Henri Bergson sobre a fenomenologia da memória revelam dados fundadores acerca da natureza da memória, é com Maurice Halbwachs, e seus conceitos que apontam para uma morfologia da memória, que se percebe uma relação mais objetiva, vinculando o imaginário de memória com os grupos sociais atualizados. Então, a cidade passa a ser lida como *palco* de grupos coletivos, constituídos e constituintes. Vale dizer, cidade e memória adquirem uma ligação permanente e irrefutável: "Ali é que era o foco mesmo, a concentração da baianada toda" (Lopes, 2009:152).

A cidade contemporânea sintetiza e dá vazão à tensão permanente a que a memória está associada na contemporaneidade. Há um desenho de cidade reconhecível em sinais dos mais relevantes, como um "sentimento de cidade", ou seja, uma configuração de cidade que é sentida, muito mais que definida, em suas delimitações topográficas. Portanto, a construção da cidade contemporânea traz consigo o estatuto de um *re-arranjo* de categorias tidas como sedimentadas. Assim, o estudo da memória, ou da condição da memória, neste quadro de *pequenas narrativas* que descentralizam e dão aspecto à condição pós-moderna, é de suma importância, no sentido de compreender e lidar com as experiências sensíveis que nos acometem no cotidiano em seus sinais.

A condição pós-moderna aliada à noção de uma cultura contemporânea tem no eixo da representação umas das suas vertentes mais relevantes. Ora, os usos da memória se tornaram elementos discursivos dos mais convincentes, pois vigoraram vinculados à noção de representação construída numa perspectiva diacrônica. A crítica de uma memória contemporânea e de todo o constructo que a condiciona sintomatiza a *musealização*, que não mais se vale dos palcos tradicionais, tais como o do patrimônio edificado, mas sim encontra lugar em formas diferenciadas de manifestação, como nas expressões amorfas, imateriais e intangíveis, que ocupam espaços carentes de sentidos, pois não estão disponíveis para o uso imediato e são insensíveis a práticas políticas.

O problema se posta quando percebemos a relação da cultura contemporânea com as novas modalidades de expressão da memória. Por um lado, há uma tendência ao contrato efêmero em detrimento da *durée*, expresso num contumaz desprestígio da própria memória; por outro, e aí vai uma contradição, há um excesso da lembrança que, em última análise, longe de ser uma reafirmação ou sedimentação, dissimula o sentido preciso da memória, ao aparentar o paradoxo da miséria e abundância. Dito de outro modo, o excesso de memória nos faz desviar de uma memória tradicional, como se a sobreposição desta significasse o mesmo que imagens no espelho e que nos apontam apenas para falsas realidades.

A cidade, então, se vale dos paradoxos, das falsas aparências e outras instâncias que dão sentido e são constituídos pela memória. Desse modo, ler a memória da cidade é o mesmo que ler a cidade nas suas estruturas, no constructo que a faz ser cidade, bem como lê-la através da obra literária contemporânea significa estar diante de uma das expressões que constroem o próprio sentido de cidade, entre uma gama diversificada e heterogênea de discursos, a exemplo das mídias, das ciências sociais, das artes visuais, dos relatos de ruas, das crônicas etc.

Na primeira metade do século XX, o *novo-historicismo* francês, com os *Annales*, já acenava para uma perspectiva crítica que, se não privilegiava os pequenos fatos, ao menos reconhecia-os como relevantes na leitura da realidade histórica e social. O certo é que a noção se ampliou, tendo defensores apaixonados, o que serviu para trazer ao debate as noções elegíveis de margem e incidentes como fatores que estruturam a realidade.

Na década de 1970, em escrito já tornado célebre, Jean-François Lyotard parece resumir o caminho desenhado anos atrás pelos *Annales* e levado a efeito, entre outros, nas investigações de Michel Foucault, Roland Barthes e Jacques Le Goff. Trata-se da decretação do ocaso, por assim dizer, das chamadas "grandes narrativas" (*grands récits*), representadas pelos pensamentos hegemônicos que grassavam como verdadeiros sentidos de ordenação do real.

O advento de um pensamento pós-moderno revisa, bem como recrudesce, muitos dos embates anteriores, que se julgavam superados. Assim, é nesse sentido que a emergência de um debate em torno das narrativas de condução do real se faz necessário na contemporaneidade.

Parte-se, então, do foco de micronarrativas, que desafiam os poderes hegemônicos, já que são aparentemente insignificantes, mas que recuperam, em termos de significado, valores de um novo e recente texto.

Ao que parece, estamos diante de uma nova hegemonia, ou uma hegemonia às avessas, pois esta não tem a dimensão visível e material que possamos relacionar. Baudrillard (1996:28) tende a aceitar o esvaziamento da própria identificação do poder através da estética do simulacro: "É inútil buscar o poder ou discursar sobre ele *ad infinitum*, visto que, a partir de agora, o poder também partilha do sagrado horizonte das aparências e também só está lá para ocultar o fato de que já não existe". Não há paradigmas, ou, se há, eles estão diluídos na atmosfera algo disforme representada pela pós-modernidade.

As pequenas narrativas se ocupam de situações e espaços amorfos, que escapam à representação de cultura, isto porque a noção de cultura, historicamente, está relacionada a um tipo de forjamento para designar bens pertencentes à produção humanística e aos quais se pode aplicar um sentido passivo de objeto.

Ora, o efêmero é um sintoma de um discurso narrativo de construção do real e, com base nesta construção, se veiculam verdades, consequentemente, realidades plausíveis do absoluto. Quando a cultura do efêmero substitui o objeto, naquilo que Benjamin (1994) observou como a aura, ela endossa qualquer interpretação que se faça necessária sobre o real, e quem detém esta informação usufrui do poder, um poder disperso em redes de aparência, é certo, mas, indubitavelmente, um poder.

Como assegura Foucault (1996:10), "a história não cessa de nos ensinar que o discurso não é somente aquilo que traduz as lutas e os sistemas de dominação, porém é aquilo por que e pelo qual se luta, o poder do qual nos queremos apoderar". Quanto a isso, é sintomática a passagem no romance de Lopes (2009:93-94): "Ela, como grande parte dessas altivas baianas que vemos pela cidade, mercando seus acarajés, abarás e aberéns, foi um elo entre o nosso ego e o id que ficou para trás. E a praça Onze foi seu grande laboratório, o gabinete de sua prática aglutinadora".

O laboratório ideal para a aplicação das discussões que envolvem a memória e para a composição das várias instâncias que lhe conformam pode ser ilustrado na própria sociedade contemporânea com suas várias ocorrências. Vale lembrar, o simples fato de se registrar a memória como um problema conceitual que envolve o presente é um marcador consubstancial no enfrentamento da lida real.

Sabe-se que os novos cenários urbanos, os novos espaços de relações pessoais, como os virtuais, bem como as novas modalidades de produção cultural pressionam um redimensionamento dos pressupostos de entendimento. Assim, podemos atribuir neste quadro uma nova sensibilidade da memória que supera aquela peculiarmente voltada à história e atinge de maneira inevitável os contributos relacionados ao presente.

A sociedade contemporânea se revela como aplicação das demandas relacionadas a este estudo, pois notadamente é marcada pela estética de um ideário de exclusão, advinda de fatores diversos, desde a colonização singular até a sucumbência ao sistema cultural dominante que foi tomando corpo ao longo dos tempos. Em que pese a primazia, durante algum tempo, especialmente nas primeiras décadas do século XX, de uma atividade econômica que lhe pudesse dar suporte incontestável no ideário republicano, é de se notar que tal não aconteceu, em virtude, entre outras motivações, de uma avaliação errônea que concebe no econômico o papel de condução e determinação de poder.

A transformação da vivência e do valor que se dá ao tempo é marcante no contexto da sociedade contemporânea. O tempo vivenciado e representado hoje se amplia de tal forma que parece ter fundido, em termos diacrônicos e sincrônicos, a historicidade. Esteja o tempo no passado, no presente, no futuro, ou mesmo dentro de nós mesmos, em uma instância psicológica, o certo é que a representação temporal intimamente ligada à memória se vê desafiada a novas expressões que a conflitam. Há uma destemporalização do tempo e sua consequência mais notável é a morte do passado. Ou seja, o sujeito contemporâneo parece não devotar mais nada ao passado e sua vida se faz a cada átimo, como uma construção virtual na tela de computador em que as palavras (discursos) vão se sobrepondo e apagando todos os resquícios: "Esses baiano tem essa mania de dizer que tudo foi eles que inventou" (Lopes, 2009:96).

Investigar uma produção literária recente significa expor toda uma série de reclames colocados em confronto com as novas configurações contemporâneas. Assim, as relações com o tempo que estão, com efeito, na construção memorialística, merecem relevância. É o caso do efeito de *musealização* (Jeudi, 1990) ou, como observa Baudrillard (1996), a *espetacularização* das vivências contemporâneas, que faz com que meios, antes excluídos, se tornem partes integrantes de uma mesma estrutura. É assim que, ao nos debruçarmos sobre a produção literária contemporânea, estamos estruturalmente relacionados a uma discussão maior, que envolve todo um sistema de compreensão mais amplo.

A noção de *resquícios* ou *vestígios* explicita bem a preocupação com a memória, ao se concentrar nos efeitos materiais do passado, ou seja, na ideia de que os vestígios realizam o passado no presente através de uma evocação voluntária. Mas os resquícios também não são o passado, pois são rastros, e a memória é uma construção que busca inventar passados, tornando-os lógicos ao presente. Dito de outro modo, o vestígio está relacionado estruturalmente ao presente, embora pareça excluído num passado remoto.

A morte do passado, expressa através da negada percepção da sua experiência, expõe as dramatizações em termos do presente. Assim, as memórias, por um lado, e os esquecimentos, por outro, ditam uma luta pela detenção de uma razão arbitrária que justifique a dramatização e temporização do passado. Ora, se o passado não existe mais, e sim as narrativas que o inventam, estamos diante da eficácia destas histórias no sentido de dar logicidade maior ou menor ao presente que se tem. Deste modo, são usadas estratégias, no mais das vezes, invisíveis nesta construção. Trata-se de assegurar ao estatuto da memória como presente o interesse por uma produção contemporânea e por sua relação com a constituição da cultura urbana, corporificando uma cidade irreal.

É por meio da compreensão de estratégias invisíveis representadas nos subliminares textos literários que a cidade se mostra, confluindo para com a memória, qual uma narrativa que foge às mãos do seu autor, encetando novos atores à superfície, de forma contundente. A cidade então, esta entidade que pertence mais ao campo do sentimento e das práticas habituais num dado cotidiano, é reconhecível na experiência, nos sinais de suas práticas mobilizadoras e nas ruínas que, paradoxalmente, não apagam o passado, não o destroem, mas inventam capacidades de instaurar novas realidades. Assim, a ruína é significado em si, pois não mais representa. Poder-se-ia dizer que a ruína ocupa, fisicamente inclusive, um lugar de substituição do que já foi, mas a sua evidência é de despojo.

O lugar que os despojos ocupam nunca é o mesmo, ele é apenas uma aparência, já que as condições que o propiciaram anteriormente não mais o autorizam. Se uma construção deixa de existir num espaço determinado, em seu lugar há apenas vestígios, despojos, que em hipótese alguma abrangerão a mesma área antes ocupada e, neste caso, a medição acarretará um novo parâmetro. A ruína, então, que traz em si os despojos do passado, mas não é passado, é lida em outras ordens de diferentes naturezas. A ruína propicia novas experiências de narrar. A partir dela tem-se uma ordenação retificadora que demanda a redenção, pois é fruto de violenta mutação sofrida ou procurada.

Se é certo que o caráter negativo está evidenciado na destruição, na ruína, é certo também que esta destruição propicia às novas narrativas novas ordens que codificam a realidade. Neste aspecto, acompanhamos Walter Benjamin (1994), quando aponta na experiência requalificada uma nova ordem de narratividade que nada tem de nostálgico:

Honorata vê como é diferente a cidade. Na sua Bahia tudo parecia preto: pretos na praia, pretos na cidade, pretos na parte baixa da cidade, pretos na cidade alta. Na Bahia parecia que tudo o que corria, gritava, trabalhava, carregava, tudo que vivia, enfim...era negro. (Lopes, 2009:187)

Ora, a formulação de narração apela para a construção plena daquilo que não existe mais ou nunca existiu. Sem considerar tais condições, a narração se torna uma outra natureza, que não funda nada, apenas se apropria de reminiscências, descaracterizando seu caráter instrumental e fundador.

Deste modo, as representações literárias produzem cidades do passado a partir do presente, lendo a memória num duplo movimento, de construto e receptor da experiência urbana.

REFERÊNCIAS

AUGÉ, Marc. *Não lugares*: introdução a uma antropologia da sobremodernidade. Lisboa: 90 Graus Editora, 2009.

BAUDRILLARD, Jean. *A troca simbólica e a morte*. São Paulo: Loyola, 1996.

BENJAMIN, Walter. *Obras escolhidas I*: magia e técnica, arte e política. São Paulo: Brasiliense, 1994.

____. *Obras escolhidas III*: Charles Baudelaire, um lírico no auge do capitalismo. São Paulo: Brasiliense, 2003.

BERGSON, Henri. *Matéria e memória*: ensaio sobre a relação do corpo com o espírito. São Paulo: Martins Fontes, 1999.

BOURDIEU, Pierre. *O poder simbólico*. Rio de Janeiro: Bertrand Brasil, 1998.

DE CERTEAU, Michel. *A invenção do cotidiano*: artes de fazer. 2. ed. Petrópolis, RJ: Vozes, 1996.

FOUCAULT, Michel. *Microfísica do poder*. Rio de Janeiro: Graal, 1996.

HALBWACHS, Maurice. *A memória coletiva*. São Paulo: Vértice, 1990.

HIRSCH, Mariane. Mourning and postmemory. In: ____. *Family frames*: photography, narrative and postmemory. Harvard: Harvard University Press, London, 1997. p. 17-40.

HUTCHEON, Linda. *Poética do pós-modernismo*. Rio de Janeiro: Imago, 1991.

JAMESON, Fredric. *Pós-modernismo, ou a lógica cultural do capitalismo tardio*. São Paulo: Ática, 2007.

JEUDY, Henry-Pierre. *Memórias do social*. Rio de Janeiro: Forense Universitária, 1990.

LOPES, Nei. *Mandingas da mulata velha na Cidade Nova*. Rio de Janeiro: Língua Geral, 2009.

LYOTARD, Jean-François. *O pós-moderno*. 4. ed. Rio de Janeiro: José Olympio, 1993.

NORA, Pierre (Org.). *Les lieux de mémoire*: v. I. Paris: Gallimard, 1997.

POLLAK, Michael. Memória, esquecimento e silêncio. *Revista Estudos Históricos*, Rio de Janeiro, v. 2, n. 3, p. 3-15, 1989.

RICOUER, Paul. *A memória, a história, o esquecimento*. Campinas, SP: Unicamp, 2007.

ROLNIK, Raquel. *O que é a cidade*. São Paulo: Brasiliense, 1988.

SANTOS, Milton. *O espaço do cidadão*. São Paulo: Nobel. 1987.

SARLO, Beatriz. *Cenas da vida pós-moderna*: intelectuais, arte e vídeo-cultura na Argentina. Rio de Janeiro: Editora da UFRJ, 1997.

____. *La ciudad vista*: mercancias y cultura urbana. Buenos Aires: Sigloveintiuno Editores, 2009.

YATES, Frances. *A arte da memória*. Campinas, SP: Editora da Unicamp, 2007.

6.

RUMO AO RIO DE JANEIRO E A BUENOS AIRES: IMIGRANTES, TRAJETÓRIAS E CIDADES

Érica Sarmiento[*]

1. A IMIGRAÇÃO, OS DESLOCAMENTOS

O fenômeno da imigração tem merecido, nas últimas décadas, uma grande atenção por parte da historiografia, com mudanças em seus modelos de análise, metodologia e uso de fontes. Os estudos migratórios que vêm sendo desenvolvidos demonstram que os fenômenos, longe de constituírem fatos isolados, devem ser entendidos como parte essencial do processo de construção das sociedades receptoras (em muitos casos, também das emissoras). Na América Latina, esta área de estudos vem gerando um fértil terreno para a discussão acerca das razões e características dos grandes fluxos ultramarinos, que desde meados de século XIX tiveram como destino países como Brasil, Argentina, Uruguai etc.

O período que constitui a segunda metade do século XIX e a primeira do XX foi marcado por uma intensa circulação de pessoas entre Europa e América. O fluxo imigratório, neste momento histórico, foi provocado por conjunturas socioeconômicas vividas pelos dois continentes. Os fatores de expulsão — necessidade econômica, escassez de trabalho, fuga do serviço

---

[*] Érica Sarmiento é doutora em história pela Universidade de Santiago de Compostela e possui pós-doutorado pela Universidade do Estado do Rio de Janeiro (Uerj). Professora na Uerj, no Programa de Mestrado em História da Universidade Salgado de Oliveira (Universo) e coordenadora-adjunta do Laboratório de Estudos de Imigração (Labimi/Uerj). É autora do livro *O outro Río*: a emigración Galega a Río de Xaneiro (Santa Comba: Editora 3C3, 2006) e de diversos artigos relacionados com o tema.

militar, entre outros — e os de atração que exerceram os países americanos, com seus recursos naturais e um nascente mercado disposto a receber um grande contingente de mão de obra estrangeira, unidos com os mecanismos de informação (agentes de imigração, imigrantes retornados, cartas de familiares), são algumas das causas da imigração europeia.

No período da chamada Grande Imigração, que caracterizou o mundo atlântico entre os anos de 1880 e 1930, a Argentina mereceu lugar de destaque. Depois dos Estados Unidos, foi o país que mais atraiu imigrantes para as Américas. Ao longo dos anos 1890-1930, a imigração continuou a representar um fenômeno demográfico-social significativo, tanto na Argentina quanto no Brasil. Admitida a precariedade das estatísticas, os dados revelam que, entre 1881 e 1930, a imigração líquida para a Argentina somou cerca de 3,8 milhões de pessoas, enquanto no Brasil não passou de 1,8 milhão. As linhas gerais da entrada de imigrantes seguem, nos dois países, a mesma tendência: expansão nas últimas décadas do século até a Primeira Guerra Mundial e forte declínio das entradas, em consequência do conflito, com a retomada da expansão, na década de 1920.[1]

No caso do Brasil, a expansão da economia cafeeira no estado de São Paulo, nas últimas décadas do século XIX, não só atraiu mão de obra estrangeira para as plantações de café, como a própria expansão deste produto gerou uma rede de núcleos urbanos que incentivou a formação de um mercado de produção, consumo e força de trabalho. A imigração subsidiada possibilitou não só a entrada de milhares de europeus e, posteriormente, de asiáticos, como também mudou a historiografia da imigração. Os fenômenos migratórios passaram a ser analisados desde a perspectiva de uma imigração coordenada às zonas cafeeiras de São Paulo e aos deslocamentos internos das fazendas para as cidades ou para outros estados brasileiros.

Entretanto, outra corrente imigratória, a espontânea, caminhou paralelamente àquela subvencionada pelo estado de São Paulo, entre os anos de 1890 e 1930, trazendo imigrantes de diferentes procedências para várias cidades brasileiras. Foi nesse período que chegou ao Brasil o maior número de europeus, principalmente portugueses, italianos e espanhóis. Nesse contingente, estavam aqueles que decidiram deixar seu país por conta própria, ou

---

1. Para mais informações, ver Devoto e Fausto (2004:174, 176).

seja, sem o intermédio do governo brasileiro ou de agenciadores. Era uma imigração que se deslocava para os nascentes centros urbanos brasileiros, principalmente o Rio de Janeiro, e que não estava destinada ao trabalho do campo, mas às oportunidades que ofereciam os setores secundários e terciários. Uma imigração que não era formada por grupos familiares, mas por jovens varões que se refugiavam nas redes de solidariedade formadas pelos coletivos que ganhavam representação numérica e econômica na sociedade de acolhida e nas cadeias migratórias responsáveis pela inserção socioprofissional daqueles que procuravam seu primeiro emprego.

Se o acesso à terra no Brasil era difícil e a agricultura não oferecia os benefícios esperados, as cidades ofereciam um setor terciário em expansão e oportunidade de ascensão social que, aparentemente, era mais rápida. Isso não significa que todos aqueles que buscaram oportunidades nas cidades conseguiram o sonho da fortuna, mas havia, certamente, uma proposta implícita, muito mitificada, de que ali se podia gerar sempre riqueza, ainda que à custa de muito trabalho. Também, dentro dos chamados mecanismos informais (cadeias imigratórias), havia o exemplo daqueles que progrediam e retornavam aos seus países, alimentando a ideia de que "fazer a América" era possível para todos.

O mesmo tipo de imigração urbana, baseada em cadeias migratórias, predominou na Argentina, mas especificamente em Buenos Aires. Segundo o historiador Fernando Devoto (2003:50), o papel do Estado argentino nas políticas para atrair imigrantes não teve tanta relevância como quis enfatizar a historiografia. Na realidade, ele ocupou um papel secundário, já que os fatores econômicos se apresentavam como uma das principais causas da emigração. Nas últimas décadas do século XIX, a expansão da fronteira agropecuária, que permitiu a produção de milhares de hectares de trigo e de milho, foi acompanhada por um crescimento da rede ferroviária e, consequentemente, pelo surgimento de um conjunto de atividades (desde o comércio até os serviços) que serviram de ocupação para os novos imigrantes que chegavam. Um consistente número de profissionais formado por médicos, farmacêuticos, professores, músicos, sacerdotes e possuidores de um pequeno capital, com poucas possibilidades na sociedade de origem, vinha aproveitar as oportunidades que lhe eram oferecidas por essas comunidades de imigrantes que requeriam certos serviços mais especializados.

A política de imigração subsidiada, que a argentina tentou imitar do Brasil, se revelou, rapidamente, um fracasso. As elites das comunidades imigrantes, já consolidadas no país, como as italianas, e uma parte dos dirigentes argentinos argumentavam que a imigração espontânea selecionava os mais fortes, enquanto a promovida pelo Estado recrutava os mais fracos. Na verdade, as cadeias migratórias, já solidificadas, desde a chegada dos pioneiros no século XIX, antes da imigração de massas, constituíam uma extensa e forte rede que protegia os recém-chegados, que desembarcavam independentemente da tutela do Estado.

2. As cidades: Rio de Janeiro, Buenos Aires e a presença do "outro"

A história da América Latina é, por sua vez, urbana e rural, mas a cidade é o foco dinâmico dessa história. A cidade latino-americana é o resultado de contínuas combinações e compromissos de muitas facetas do existente com a difícil emergência do novo: a cidade como diferente projeto urbano inicial, conforme aponta José Luis Romero (2004:9).

Essas cidades que formam a projeção do mundo europeu, mercantil e burguês eram, ao mesmo tempo, o enorme e estranho território onde as ideologias se misturavam e surgiam com o crescimento dos seus espaços. Há um complexo intercâmbio entre a transformação material e o simbolismo cultural, entre a reestruturação de lugares e a construção de identidades. Por meio da construção material, constituem-se práticas ideológicas que ganham forma com o discurso, com as imagens e as representações.

Segundo Romero (2004:10), a cidade se fundaria no medo do outro e a história social e política latino-americana seria definida por um conflito perceptível nas cidades e que é basicamente cultural. Esse conflito nasce com o próprio crescimento das cidades, onde fervilham as transformações econômicas e as ideias europeias, por um lado, enquanto surge, por outro, a consciência sobre a região, a sociedade em que se habita e suas formas ideológicas.

O conflito que torna dinâmica uma sociedade deve ser buscado nas fronteiras culturais que sempre se produzem quando diferentes universos entram em colisão. A própria criação de uma cultura comum gera atitudes e discursos racistas, ditatoriais, intransigentes. As imagens oficiais, aquelas que se impõem como dominantes em cada cidade onde se opera um projeto de modernização urbana definido e explicitado, não deixam margens para dúvida ou interpretação sobre a informação que veiculam. Organizam o espaço a seu modo, tornando-o simbolicamente eficiente. Leituras oficiais da cidade que configuram imagens costumam ser mostradas com aparência de objetividade, apresentando fatos sociais como inquestionáveis.

Juntamente com a construção das cidades e a reorganização do espaço urbano situavam-se os imigrantes e, consequentemente, as políticas imigratórias. Até que ponto a construção e o desenvolvimento de uma cidade implicam a "reestruturação do outro"? A partir do momento que a transformação material evoca novos simbolismos, novos valores. A política imigratória e os discursos oficiais, quando auxiliados pela imprensa, são instrumentos de poder para construir e manipular a imagem do imigrante.

No caso do Rio de Janeiro, durante a primeira década republicana, a cidade viveu uma fase radical de profundas transformações de natureza econômica, social, política e ideológica. Todas essas transformações estavam estreitamente ligadas à migração de escravos libertos da zona rural para a urbana, à intensificação da imigração e às melhorias nas condições de saneamento, conforme nos mostra Sidney Chaloub (1984:22).

Naquela época, a cidade começou a crescer de forma contínua. Suas ruas e avenidas despontavam em um rápido ritmo, surgiam novos transportes como o bonde e o automóvel, apareciam os bancos e as indústrias. A demografia carioca também apresentava importantes transformações em sua estrutura populacional, com a chegada de centenas de migrantes rurais e o aumento da imigração. A população do Rio, em 1870, limitava-se a 235.381 pessoas; já em 1890, contava com 522.651 e, 15 anos depois, em 1906, eram 811.443 os que habitavam a "cidade maravilhosa". A população continuou aumentando desenfreadamente e, em 1920, a cifra chega a 1.157.873.[2] Era necessário reformular a cidade, modernizá-la, segundo os conceitos e as reformas vistas por uma elite, por uma burguesia que só favorecia a sua própria classe e ignorava as camadas sociais que faziam parte desse entorno. Dentro

---

2. Esses dados se encontram em Motta (1982). A autora alerta sobre a imprecisão dos dados dos censos do Rio de Janeiro entre os anos de 1906 e 1920. Devemos sempre contar com uma porcentagem de erros nas estatísticas oficiais.

desse contexto, a imigração se intensifica, acompanhando a transição para uma ordem capitalista de uma sociedade constituída por uma massa de ex-escravos analfabetos e despreparados. O aumento do custo de vida era agravado pela imigração, que ampliava a oferta de mão de obra e acirrava a luta pelos escassos empregos disponíveis.[3]

No início do século XX, na administração do prefeito Pereira Passos, foram realizadas profundas mudanças na urbanização carioca, em nome da renovação material e moral dessa sociedade. A população pobre, concentrada nos cortiços e vilas da cidade, os mendigos e qualquer outro indivíduo que estivesse impedindo as obras de renovação moral, seja imigrante, seja nativo, seriam "varridos" da cidade. Para evitar que essa massa de ex-escravos, homens considerados sem justiça e sem moral pelas elites, desrespeitasse a ordem social e os bons costumes, haveria que reprimir seus vícios, educando-os através da repressão e da violência. Surgiram os chamados "cidadãos indesejáveis". Aqueles homens que não se submetessem a essa nova ordem do trabalho seriam punidos e taxados de indivíduos promíscuos, desordeiros e vadios.

Os imigrantes não estavam livres de serem excluídos da população. Na nova ideologia do trabalho, os estrangeiros não poderiam ser esquecidos, já que constituíam, neste momento, mais de 20% da população carioca. Na Constituição Republicana de 1891, foram mencionados casos de expulsão a qualquer estrangeiro que ameaçasse a segurança nacional, como através da manifestação na imprensa e no direito de representação de livre associação. Aqueles que estivessem participando em jornais anarquistas e em movimentos ou associações operárias seriam expulsos do país. Em 1907, a lei de expulsão de estrangeiros concretizou esse quadro, com a obrigatoriedade de deportar todos os indivíduos improdutivos (vagabundos, bêbados, desempregados) e também os que exerciam atividades ilícitas, ou seja, cáftens e ladrões comuns.

A imprensa da época relatou os episódios vividos pelos imigrantes inseridos nesse contexto carioca:

> Por maior que seja a hospitalidade que oferecemos a todos os estrangeiros que procuram o Brasil; por mais premente que seja a necessidade de incrementar-

---

3. Para mais esclarecimentos, sugerimos a leitura de Carvalho (1987:21).

mos o povoamento do nosso solo, não poderíamos ir ao extremo de transigir, eternamente com os imigrantes que não sabem ou não querem corresponder ao acolhimento amigo que lhes dispensamos e, cuja permanência, entre nós, passa assim, a ser, de fato, indesejável.[4]

Com o título de "Os Indesejáveis", o jornal *O Paiz* abre a sua primeira página dedicando umas quantas linhas aos elementos estrangeiros vindos no "enxurro das imigrações desordenadas". Começava, assim, uma batalha que envolvia imprensa, polícia, autoridades estrangeiras, políticos, imigrantes e trabalhadores nacionais. Todos envolvidos na "limpeza urbana" do Rio de Janeiro, iniciada com o prefeito Pereira Passos, no ano de 1902, que predicava um país civilizado e moderno, livre de toda a sujeira material e moral.

A imagem negativa dos imigrantes, em uma sociedade que ora incentivava a imigração, ora rechaçava a presença dos estrangeiros, com uma política imigratória ambígua, ganhou força ao longo das primeiras décadas do século XX, quando foi criada a lei dos indesejáveis, em 1907, aplicada com mais vigor a partir de 1920. Apesar de continuarem chegando imigrantes de forma massiva, de todas as partes do mundo, o Estado tentava controlar a entrada dos estrangeiros e o seu comportamento no cotidiano do país. Essa lei marcou a imagem do estrangeiro na cidade, dividindo opiniões que oscilavam entre o discurso favorável a uma imigração branca e outro, xenófobo, que transformava os estrangeiros em bode expiatório da criminalidade social.

Lená Medeiros Menezes, na obra mais representativa sobre o tema, *Os indesejáveis: desclassificados da modernidade*, dividiu os inimigos do cotidiano carioca em dois mundos: o mundo do trabalho (anarquistas e marxistas) e o do crime (vadios, mendigos, jogadores, ébrios, ladrões e cáftens). Entre os anos de 1907 e 1930 aparecem 1.133 casos de processos de expulsão de estrangeiros. Desse total, 366 eram portugueses, 165 espanhóis, 164 italianos, 63 russos, 51 franceses, 50 argentinos, entre outros:

> De 1917 a 1930, os indesejáveis foram tema constante do noticiário jornalístico, legitimando discriminações de toda espécie. Numa cidade na qual pelo menos 1/5 da população era estrangeira, as atitudes de reação xenófoba se

---

4. *O Paiz*, 19 set. 1917. p. 4.

fizeram presentes em inúmeros estereótipos. As representações do galego e do português como ignorantes; do russo e/ou judeu como cáftens; do chinês como vendedor de ópio e do italiano como vigarista marcaram a época. (Menezes, 1996:19)

Marcos Luiz Bretas — em seu livro *A ordem na cidade: o exercício cotidiano da autoridade policial no Rio de Janeiro, 1907-1930* — analisa o mesmo contexto histórico correspondente ao dos processos de expulsão e de parte do período da primeira imigração massiva. Referindo-se à cidade do Rio de Janeiro, após as reformas urbanísticas de Pereira Passos, ele afirma que

> (...) a nova cidade europeizada fazia jus a algo melhor do que seus velhos habitantes. Expulsá-los de suas moradias não era o suficiente: urgia livrar o centro da capital do espetáculo de sua miséria. Mas eles não podiam ser eliminados pura e simplesmente, pois forneciam a mão de obra barata indispensável à elite. (Bretas, 1997:21)

Com essa nova remodelação da cidade, outros papéis e funções no cotidiano começam a ser revistos. O papel da polícia, por exemplo, na imposição da ordem e no controle dessas massas de trabalhadores pobres, cresceu como consequência do temor à desordem e à insegurança pública. Prostituição, crimes, vadiagens e movimentos sindicais não combinavam com a imagem *glamourosa* que se queria construir do Rio de Janeiro. A imagem do imigrante trabalhador, edificador se unia à ideia de marginalidade e de elementos perigosos à construção do país.

Na Buenos Aires do final do século XIX, início do XX, o panorama não era diferente. Assim como sucedeu no Rio de Janeiro, o Centro da capital argentina também passou por reformas urbanísticas, a partir de 1870, acarretando grandes consequências sociais. A especulação urbana fez com que a parcela da população que vivia nos cortiços fosse obrigada a se retirar do espaço central. A avenida de Mayo, da mesma forma que a avenida Central no Rio nas reformas de Pereira Passos, tornou-se um dos orgulhos dos *porteños*, o cartão de visita que diferenciava Buenos Aires de outras cidades novas. A comparação com Paris era constante nas observações dos viajantes que por ali passavam (Ferreras, 2006:29).

O rápido crescimento de Buenos Aires e seu contínuo progresso provocavam o surgimento de duas cidades: a que era favorecida com investimentos e a outra, aquela esquecida pelas autoridades. Como esclarece Adrian Gorelik, em seus estudos sobre Buenos Aires, a cidade se transfigura em uma fronteira que é geográfica e cultural, localizada entre duas culturas:

> *Las dos culturas se afincan irreductiblemente en el centro y en el nuevo barrio fronterizo, aunque muchas veces sus integrantes compartan espacios y franjas de la sociedad: más que dos culturas, entonces, estrictamente, se trata de modalidades diferentes de estar en la ciudad. Quiere decir esto que los sujetos sociales no funcionarán de idéntica manera en uno y otro âmbito: que el burocrata criollo que en la oficina accede a los temas y problemas de la cultura central y de la ciudad tradicional, el artesano inmigrante que se integra en el taller o el hijo de inmigrantes que se integra primero en la escuela y en la Universidad después, todos ellos, en el barrío forman parte — junto a aquellos otros que no se mueven de allí — de la producción de un compuesto social y cultural que, a la vez que va a operar como um sistema de traducción cultural, en estos primeros años va a permanecer ignorante de esos otros puntos de contacto y, sobre todo, va a ser ignorado por ellos.* (Gorelik, 2010:178)

Tal como no Rio de Janeiro, os cortiços de Buenos Aires foram lugares de moradia da classe trabalhadora. Segundo Norberto Ferreras (2006:89), foi nesses espaços de classe, claramente segregados dos espaços burgueses, que ideias socialistas e anarquistas floresceram e cresceram. Junto com o desenvolvimento da cidade, a imagem dos imigrantes se modificava com a entrada do novo século. A mudança de percepções e de mentalidade das elites, de imigrante trabalhador a de potencialmente perigoso, revelou-se com as mudanças no sistema eleitoral e na permanência dos estrangeiros.[5] A cidade experimentava um crescimento extraordinário: passou de 663.854 habitantes, em 1895, a 2.415.142, em 1936.[6]

No ano de 1901, o ministro do Interior, Joaquín V. González, propôs um projeto de reforma em que todos os estrangeiros que fossem proprietários

---

5. Para mais informações, ver em Aisina (1910), Bertoni (1996:61-84) e Núñez Seixas (2002).
6. Para mais detalhes, ver Torreiro (2001:162).

tivessem direito a votar, mesmo que não fossem naturalizados argentinos. Entretanto, o Congresso argentino impediu a continuação do projeto, porque, naquela conjuntura histórica, era muito mais importante combater os elementos agitadores do que se beneficiar dos votos dos estrangeiros. No ano seguinte, a Lei de Residência refletia o novo clima do país em relação aos imigrantes: qualquer estrangeiro considerado perigoso poderia ser expulso e o país podia impedir a entrada de qualquer imigrante sem a necessidade de ordem judicial:

> *Artículo 2º — El poder ejecutivo podrá ordenar la salida de todo extranjero cuya conducta comprometa la seguridad nacional o perturbe el orden público. (...)*
> *Artículo 4º — El extranjero contra quien se haya se decretado la expulsión, tendrá tres días para salir del pais, pudiendo el poder ejecutivo, como medida de seguridad pública, ordenar su declaración hasta el momento del embarque.*[7]

O clima de tensão pode ser percebido através da imprensa nacional:

> *Anoche se reunió el comitê ejecutivo del partido socialista, para seguir tratando del metting que se verificará el domingo próximo y se acordó lo seguiente (...) invita a todas las sociedades gremiales, logías masónicas, centros liberales, y sociedades democráticas, para que concurran al meeting que, contra la ley de residência de extranjeros, se celebrará el domingo...*[8]

O nascimento do movimento operário argentino é inseparável da imigração, pois seus protagonistas são principalmente os italianos, espanhóis e franceses que desembarcaram nos portos argentinos, principalmente, a partir da segunda metade do século XIX. Da mesma forma, também era inseparável o debate sobre os perigos morais da imigração, no que diz respeito à forma como a opinião pública associava, muitas vezes, a prostituição e a rede de tráfico de brancas com a imigração europeia. A Argentina adotou uma política de restrição à imigração, baseando-se unicamente nas características

---

7. *El País*, 23 nov 1903. p. 5.
8. *La Nación*, 4 jan. 1903. p. 9.

individuais e no potencial dos imigrantes, e não seguindo um sistema de cotas por grupo nacional. Em 1919, o governo do presidente Hipólito Yrigoyen pôs em vigor um decreto de seu antecessor, Victorino de La Plaza, que exigia aos futuros imigrantes três certificados: médico, antecedentes penais e outro que atestasse que o imigrante não vivia como mendigo. Esse sistema (o individual) difere de países como o Brasil e Estados Unidos, que fixavam as cotas segundo o grupo nacional, conforme Devoto (2003:170).

À construção da identidade nacional, em conflito com uma sociedade heterogênea, apareceram outras questões no Rio de Janeiro e na Buenos Aires do início do século XX: a emergência de uma problemática social com a aparição de uma crescente conflitividade no mercado de trabalho e de uma paralela violência política alternativa, por parte de grupos ativistas anarquistas que eram facilmente identificados como resultados da imigração sem limites, descontrolada:

> Tanto na Argentina quanto no Brasil, estabeleceu-se, no plano das ideias, uma correlação entre o tema racial e a imigração em massa. Na primeira década do século XX, diante do aumento da criminalidade na Argentina, não faltaram "argumentos" científicos contra a imigração, apoiados em autores italianos como o criminologista Enrico Ferri, para quem os latinos tinham tendência à prática do homicídio e do infanticídio. O estigma foi também estendido à raça negra e à amarela. (Devoto e Fausto, 2004:174)

A *Ley de Residencia* foi a primeira legislação argentina elaborada especialmente para discriminar os estrangeiros, pois até então a oligarquia não tinha considerado necessário tomar medidas drásticas contra a imigração. Segundo Dolores Vieites Torreiro, para a oligarquia

> *(...) el anarquismo era una **flor exótica** importada de la caduca Europa pero que no se derrollaría en un continente joven, lleno de oportunidades y donde no existía la llamada cuestión social. De ahi que se tendiera a establecer una ligazón entre agitación obrera y presencia inmigrante, apareciendo ésta como causante de todos los conflictos sociales (...).* (Torreiro, 2001:164)

Entre 1900 e 1902, os movimentos grevistas adquiriram proporções extraordinárias, tanto em Buenos Aires como em vários portos localizados no rio Paraná. Para se se ter uma ideia da dimensão do acontecimento, o novo século inicia-se com uma grande greve envolvendo 4 mil trabalhadores portuários. Em 1901, o conflito acentuou-se com as greves da Companhia de Navegação Mihanovich e, posteriormente, a adesão dos trabalhadores dos portos de San Nicolás, Ramallo, Bahía Blanca e Ensenada. Conforme Gabriela Anahi Constanzo (2007), as greves envolveram vários sindicatos, agrupando tanto a classe dos padeiros como também trabalhadores da fábrica de cigarro de Rosário.

No ano de 1902, o Sindicato de Obreros Panaderos de Buenos Aires dá início a uma série de boicotes contra a chamada padaria *Princesa*. A causa do conflito foi a proibição da entrada dos membros dos sindicatos nas instalações. A finalidade do boicote era obrigar os donos da padaria a firmarem um acordo, reconhecendo o direito dos padeiros a se filiarem ao sindicato. A partir desse acontecimento, inicia-se uma prolongada campanha, que resultou em seguidos episódios de violência e graves choques entre os trabalhadores promotores do boicote, policiais e fura-greves. O estopim da situação ocorreu em fevereiro de 1902, quando foram detidos dois secretários do Sindicato de Obreros Panaderos, F. Berri e J. Calvo (Oved, 1978:241).

Os padeiros, no começo do século XX, constituíram-se em uma das classes trabalhadoras que se destacaram pela violência e pelo uso de bombas que distribuíram pela cidade. No Rio de Janeiro, uma das preocupações constantes da polícia em relação aos estrangeiros e aos movimentos operários era o emprego das dinamites. Algumas associações anarcossindicalistas, como a União dos Empregados de Padaria, incitavam os trabalhadores à luta violenta, utilizando a "Propaganda pelo Ato". Apesar de serem minoritárias dentro do movimento anarquista, essas associações espalharam o terrorismo pela cidade e acabaram gerando um clima de tensão entre as autoridades brasileiras e em outros sindicatos que eram contrários a essa prática. Foi a desculpa perfeita para que a imprensa e a polícia considerassem todos os sindicalistas perigosos terroristas:

> Na capital brasileira, a exemplo do já sucedido no restante do mundo, foram as bombas o principal argumento a sustentar a propaganda antianarquista, tornando-se a principal justificativa no encaminhamento da repressão sobre todo o movimento anarquista, e para além dele, sobre todo o movimento operário. (Menezes, 1996:109)

Tudo começou com alguns escravos e homens livres que trabalhavam em padarias do Rio de Janeiro e resolveram organizar o Bloco de Combate dos Empregados de Padaria, cujo lema era "Pelo Pão e pela Liberdade". O seu líder, João de Mattos, chegou ao Rio no ano de 1878, depois de estabelecer os seus primeiros contatos com cativos que trabalharam nas padarias de Santos e São Paulo. Dizia-se que eles representavam a única classe com facilidade de propagar as ideias antiescravocratas e, também, de estimular os escravos à rebeldia. A violência utilizada pelos padeiros era a resposta a uma situação insustentável provocada pela escravidão e pelas árduas jornadas de trabalho. Criou-se, assim, em 1898, a Sociedade Cosmopolita Protetora dos Padeiros, transformada em sindicato, com os lemas: "Trabalho, Justiça e Liberdade, sem distinção de cor, crença ou nacionalidade" e "Um por todos e todos por Um". O sindicato criou um jornal semanal intitulado *O Panificador*, com tiragem de até 2 mil exemplares (Duarte, 2002:45).

Em Buenos Aires, no ano de 1902, a circular da comissão do Sindicato de los Obreros Panaderos informava sobre as más condições de trabalho nas padarias. Em alguns comércios, os empregados eram proibidos de voltar aos seus lares depois de árduas jornadas e estavam obrigados a pernoitar nas padarias. As exigências dos operários foram as seguintes:

> a) *"Puerta abierta" para volver a la casa en las horas de reposo, para descansar y dormir; b) Suplemento de salário de $1.20 por jornal, además de un kilograma de pan por persona; c) "Trabajo organizado" en las panaderías, es decir, recibir solo a los obreros organizados en el sindicato. Los patrones rechazaron totalmente el pedido de los trabajadores.* (Oved, 1978:241-242).

Duas décadas mais tardes, no ano de 1921, no Rio de Janeiro, a luta dos padeiros continuava. Representados pelo jornal *O Panificador*, o "órgão dos empregados em padaria", eles reivindicavam o término do trabalho noturno e o fabrico do pão durante o dia:

> É aspiração geral da classe, pôr em prática a manipulação do pão de dia: sem que esta transformação venha prejudicar qualquer interesse: quer dos proprietários, do público ou dos trabalhadores.

Na Itália, França, Hespanha, Uruguay e Argentina e mais paizes, o fabrico do pão já é feito de dia. O público nada perde com esta transformação, e o patronato e os trabalhadores lucram muito.[9]

O mercado das padarias foi abrindo espaço entre portugueses e espanhóis/galegos que chegavam ao Rio de Janeiro ao longo do século XIX. A padaria era um ramo tradicionalmente português e, conforme já comentamos, eles estavam organizados na União dos Empregados de Padaria. Se existia uma associação ligada a esse tipo de comércio e passou a ser motivo de preocupação para as autoridades cariocas do início do século XX, é porque já havia, anteriormente, uma quantidade significativa de imigrantes exercendo essa profissão. Os padeiros eram numerosos o suficiente para se unirem e formarem uma associação que estivesse composta somente por trabalhadores desse ramo.

3. Um exemplo de imigração: os galegos no Rio de Janeiro e em Buenos Aires

Havia uma grande presença de espanhóis, majoritariamente de origem galega, o principal grupo procedente do Estado espanhol nas duas cidades durante a primeira imigração de massas. Na sociedade carioca, representava o terceiro grupo imigratório mais importante, depois dos portugueses e italianos. Já no caso da capital Argentina, segundo as estatísticas, entre 1878 e 1927, 46,2% das entradas de passageiros procediam da Itália e 32,88%, da Espanha. Durante o primeiro quartel do século XX, os galegos constituíam cerca de 50-55% do contingente de espanhóis residentes em Buenos Aires (Núñez Seixas, 2007:25-44). Eles compartilhavam espaços sociais e profissionais com outros coletivos e participavam do processo de modernização carioca e *porteño*.[10]

---

9. *O Panificador*, ago. 1921. p. 2.
10. Sobre a imigração galega no Rio de Janeiro, Sarmiento (2006). Os imigrantes galegos em Buenos Aires, grupo majoritário do Estado espanhol, também tiveram forte presença no setor terciário. Sobre essa temática há variedade de bibliografia, entre as mais recentes, Farías (2010). Para outras informações, ver Núñez Seixas (2001).

A imigração galega se caracteriza principalmente por sua concentração nas áreas urbanas. Apesar de buscar as cidades na experiência imigratória, a imensa maioria dos galegos que se dirigiu a Buenos Aires e Rio de Janeiro era de origem camponesa. Conforme analisa Núñez Seixas, os galegos não só eram numerosos em Buenos Aires, como sua presença se fazia notar na sociedade:

> *Además de ser el grupo mayoritario entre los españoles residentes em Buenos Aires, los inmigrantes galaicos desempeñaban toda una serie de ocupaciones en el sector terciário urbano de gran exposición al público (...) abundan los comerciantes y hoteleros, los almaceneros, los dependientes de comercio...* (Núñez Seixas, 2007:35)

No caso do Rio de Janeiro, o setor do pequeno comércio predomina entre as ocupações dos galegos,[11] conforme podemos observar no gráfico 1.

Gráfico 1
PROFISSÕES DOS IMIGRANTES GALEGOS NO RIO DE JANEIRO (1877-1939)

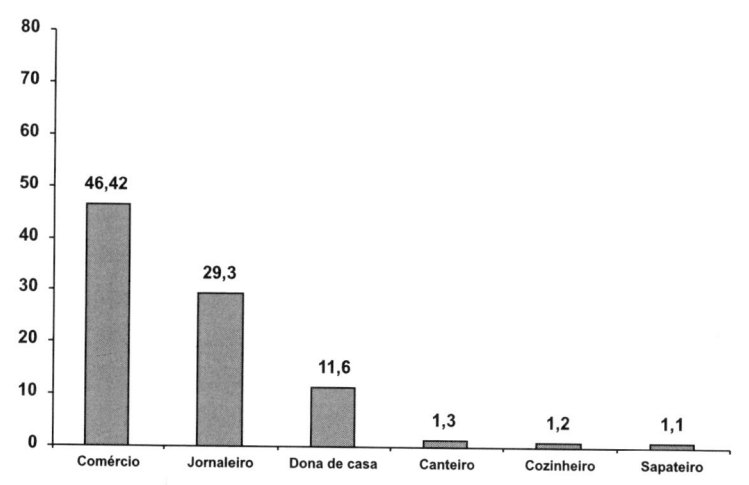

Profissão	%
Comércio	46,42
Jornaleiro	29,3
Dona de casa	11,6
Canteiro	1,3
Cozinheiro	1,2
Sapateiro	1,1

Fonte: Elaboração própria a partir dos registros do Consulado Espanhol do Rio de Janeiro.

---

11. Devemos ter certa cautela em relação ao termo "comércio", pois nele também estão incluídos os restaurantes, bares e pensões. É uma denominação muito abrangente. Somente com a utilização e o cruzamento de outras fontes podemos especificar mais quais tipos de comércio e setores estão incluídos dentro dessa categoria.

A forte presença dos galegos instigou o imaginário argentino. O sentido pejorativo utilizado pela população nativa em relação ao uso da palavra galego parece remontar aos períodos coloniais, quando a imagem do imigrante já era depreciada nas novelas e nos teatros castelhanos. No teatro, a figura do mucamo, ou criado, associada ao imigrante galego, era a mais frequente. No século XX, os estereótipos foram reforçados. O termo "galego" estava associado a indivíduo preguiçoso, sujo e de inteligência tosca. Mesmo ocupando posições econômicas importantes, os estereótipos do galego bruto e sem cultura já estavam enraizados na sociedade argentina.

Algo similar acontece no Rio de Janeiro. Ali, os galegos também conheciam a imagem que os cariocas tinham deles. Quando a Junta Diretiva do Centro Galego do Rio de Janeiro propôs, no ano de 1903, publicar seu primeiro jornal, titulado *El Correo Gallego*, uma das preocupações dos diretivos era "ilustrar el nombre 'gallego' en el Brasil, que mucho lo necesita":

> *Como sabeis Sres. Directores, en casi todas las localidades en que el elemento gallego es grande, no se limita á tener una sociedad recreativa, tienen también un periódico que trata no solamente de los intereses gallegos de las respectivas localidades sino de Galicia y e de España en general.* **Sabeis perfectamente que en Rio de Janeiro la palabra "gallego" es sinónimo de insulto, de estigma** *y si bien es verdad que el Centro Gallego ya ha demostrado que no puede ser* **insulto el ser "gallego"** *al contrario que sintetiza el trabajo la honradez y la constancia en todos las acciones justas y nobles, no es menos verdad también que es muy necesario hacer una propaganda firme, perseverante, enérgica para hacer acreditar á este medio adverso que Galicia sabe dar al mundo no solamente hombres trabajadores como también cultores de la ciencia que se han distinguido universalmente en todos los ramos del saber humano.*[12]

Essa era a forma como a colônia galega do Rio de Janeiro se sentia observada e qualificada pelos brasileiros: um emigrante trabalhador, mas sem projeção social, sem *status*. Era uma ofensa que a colônia não fosse reconhecida por qualidades que não fosse somente a de árduos trabalhadores.

---

12. Os grifos são da autora. Arquivo do Hospital Espanhol do Rio de Janeiro (AHERJ). Ata do dia 17 de outubro de 1903, Centro Galego, *Libro de Actas*, 1902.

A imagem é, em certa medida, parecida com a dos galegos na Argentina; diferencia-se pelo fato de que a emigração majoritária dos oriundos da Galiza sobre a espanhola na sociedade argentina foi criando um estereótipo que qualificava os espanhóis de uma forma geral e, no Brasil, houve uma troca de nacionalidade: os portugueses — que eram os emigrantes mais numerosos e mais antigos — é que eram os *galegos*. Além disso, o português não era visto como preguiçoso. O conceito de trabalhador podia ter duas interpretações, a positiva — o imigrante símbolo do esforço — e a negativa — o imigrante que se aproveita dos nativos e que faz do trabalho desonesto um meio para alcançar sua ascensão socioeconômica. Quando os sócios do Centro Galego utilizam a expressão "ser galego", não devemos interpretá-la destinada somente à coletividade galega. A nacionalidade e a palavra se confundem em diferentes contextos e significados: entre "ser galego" da Galiza, "ser galego" de Portugal, "ser galego" segundo o conceito que os galegos têm deles mesmos, ou como eles sentem a receptividade da sociedade carioca. Até mesmo influencia a forma como os cariocas viam os verdadeiros galegos e se eram conscientes do uso equivocado do termo à outra nacionalidade (portuguesa).

A construção dos estereótipos não se faz de um dia para o outro e, no começo do século XX, o grupo imigratório de maior contato com a população carioca (em número e em tempo) eram os portugueses. Os portugueses e os galegos representavam, sem dúvida, um importante contingente imigratório com características muito similares que poderiam perfeitamente homogeneizá-los perante os olhos dos nacionais.

Analisando esses dados, desde a perspectiva do mercado profissional e do contingente emigratório que habitava o Rio de Janeiro do final do século XIX e do começo do século XX, encontramos os portugueses ocupando majoritariamente o ramo do pequeno comércio e de hotelaria, sendo o grupo de emigrante mais numeroso da sociedade carioca. Os portugueses residentes na capital distribuíam-se pelas paróquias de São José, Santa Rita e Santana, além da Candelária, e os espanhóis/galegos também se espalhavam pelas áreas mais centrais, destacando-se nas freguesias de São José, Santa Rita e Santo Antônio. Ambos emigrantes se concentravam nas zonas das habitações coletivas, convivendo diretamente com as classes nacionais mais pobres, formadas por libertos e migrantes de outras regiões brasileiras. Isso significa que, em muitos aspectos do cotidiano carioca, onde já estavam estabelecidos os portugueses, se aglomeraram também os galegos e, perante os olhos dos nacionais, de alguma maneira esse fator deve ter influenciado.

Um exemplo ilustrativo foi o do escritor brasileiro Aluízio de Azevedo, que foi cônsul da cidade de Vigo, no ano de 1896. Ele refletiu em suas cartas e/ou em seus relatos de memória de viagem uma imagem dos camponeses galegos que correspondia à de um povo inculto, ignorante e sujo, com tendências amorais (abundância de filhos ilegítimos, permissividade em matéria sexual), incompreensíveis para o habitante de uma grande cidade cosmopolita (Núñez Seixas, 2007:60). As mesmas qualificações eram utilizadas no Rio de Janeiro em relação aos emigrantes portugueses. A ocupação profissional dos imigrantes, suas características culturais e sua forma de comportamento, em resumo, a sua inserção socioprofissional, construiu imagens que estavam vinculadas ao processo de mudanças políticas e culturais pelas quais passava a sociedade brasileira e argentina neste período histórico.

Tanto em Buenos Aires como no Rio de Janeiro, o movimento operário e o associativismo estiveram vinculados à imigração. As primeiras deportações na Argentina aconteceram no ano de 1902. De um total de 17 espanhóis expulsos, sete eram de origem galega (Torreiro, 2001:169). Os estudos sobre o movimento operário no Rio de Janeiro também confirmam a presença e liderança dos imigrantes espanhóis em determinados sindicatos, tal como afirma Sheldon Maram:

> Os imigrantes dominavam os sindicatos mais poderosos e mais influentes da capital federal, incluindo o sindicato dos trabalhadores em construção civil, o Centro Cosmopolita e a organização dos trabalhadores de hotéis, bares e restaurantes. Esses dois sindicatos, cujos membros provinham, principalmente, de Portugal e Espanha, estavam à testa do movimento operário, em sua fase mais ativa, 1917 a 1920, liderando greves e auxiliando a organizar os trabalhadores descolocados de seus sindicatos.[13]

A polícia argentina detinha os trabalhadores de forma arbitrária e torturava diversos membros de sindicatos, o que ocasionou uma série de greves por toda a cidade. No combate à violência sem limites, os trabalhadores argenti-

---

13. Ver Maram (1979). Encontramos o mesmo argumento na obra de Everardo Dias (1977:19).

nos contestam da seguinte forma: *"en tales casos, a la violência y a la fuerza de arriba, debemos oponer toda fuerza y la violencia de abajo"*.[14] A classe trabalhadora argentina viveu um período de agitação sem tréguas no ano de 1902, fortalecendo-se cada vez mais através das grandes greves que assolaram o país nesse período. Enquanto isso, os círculos empregadores e governamentais, percebendo o fervor radical, continuaram ignorando as raízes dos problemas e a consequente disparidade social que ganhava maiores proporções. A solução encontrada pelas autoridades foi a deportação de todos os anarquistas ativos que não possuíam a cidadania argentina. As prisões e deportações, iniciadas no final de novembro de 1902, permaneceram até fevereiro de 1903, com o afastamento de 70 estrangeiros. Uma histeria coletiva antianarquista tomou conta da cidade. Todo e qualquer operário estrangeiro que desacatasse o seu patrão estava propenso a ser expulso da República, *"por peligroso para el orden público"*, tal como constava na Lei de Residência.

A crueldade com que se aplicavam as deportações era tão terrível que o diário *La Prensa* considerou necessário empreender uma ação pública de censura. O padecimento dos estrangeiros começava no momento da prisão, quando a falta de comunicação, o isolacionismo os privava de qualquer contato com os seus familiares (apud Oved, 1978:283-284).

A oligarquia se deu conta de que a "flor exótica", como era chamado o anarquismo, podia desabrochar em um país que, mesmo jovem, possuía um desenvolvimento industrial e comercial capaz de originar um forte proletariado. Foi quando as elites perceberam que os trabalhadores eram constituídos majoritariamente por imigrantes e que as reivindicações e os embates do mundo do trabalho deixavam de ser um conflito de classes para ser um encontro entre nativos e estrangeiros.

No período da imigração de massas, o estrangeiro foi, ao mesmo tempo, o elemento mais desejado, o "braço" que faltava para a lavoura, a mão de obra para o desenvolvimento das cidades e, também, aquele que competia com os nacionais, o que conseguia os melhores postos de trabalho e o que subvertia a ordem. Todas as mudanças de mentalidade, de governos, de alguma forma, influenciaram na vida dos imigrantes e estes, por sua vez, influenciaram nas mudanças das sociedades de recepção.

---

14. "La huelga de los panaderos", *La Prensa*, 22 ago. 1902.

Quando se estuda a história contemporânea de cidades como Buenos Aires ou Rio de Janeiro e os processos de modernização dessas capitais, é imprescindível conhecer a historiografia e os grupos de imigrantes que chegaram de forma espontânea ou subsidiada pelos governos, na "enxurrada" da Grande Imigração. Sem esses dados, não poderíamos compreender, na sua totalidade, a história do movimento operário e conhecer suas principais lideranças sindicais. Da mesma forma, a configuração espacial e socioprofissional dessas cidades seria outra. Boa parte dos moradores que frequentavam e viviam nos bairros centrais era de origem estrangeira, assim como a mão de obra dos pequenos comércios e hotéis que, como vimos, possuía forte presença dos originários da Península Ibérica, como os portugueses e galegos. A imagem do imigrante não é somente uma percepção, um estereótipo, construído pelos discursos ou pelo imaginário, ela representa a história e a memória dessas cidades.

Referências

ADDOR, Carlos Augusto. *A insurreição anarquista no Rio de Janeiro*. Rio de Janeiro: Dois Pontos, 1986.

ALONSO, Blanca Sánchez. *Las causas de la emigración española (1880-1930)*. Madri: Alianza, 1995.

AlSINA, Juan Alberto. *La inmigración en el primer siglo de la independencia*. Buenos Aires: Felipe S. Alsina, 1910.

BERTONI, Lilia Ana. La hora de la confraternidad. Los inmigrantes y la Argentina en conflicto, 1895-1901. *Estudios Migratorios Latinoamericanos*, n. 32, p. 61-84, 1996.

BRETAS, Marcos Luiz. *Ordem na cidade*: o exercício cotidiano da autoridade policial no Rio de Janeiro, 1907-1930. Rio de Janeiro: Rocco, 1997.

BORDIEU, Pierre. *O poder simbólico*. Rio de Janeiro: Bertrand Brasil, 1989.

BURKE, Peter. *A escrita da história*: novas perspectivas. São Paulo: Unesp, 1992.

CANCLINI, Néstor-García. *Consumidores e cidadãos*. Rio de Janeiro: UFRJ, 2006.

CARVALHO, José Murilo de. *Os bestializados*: o Rio de Janeiro e a República que não foi. São Paulo: Companhia das Letras, 1987.

CHALOUB, Sidney. *Trabalho, lar e botequim*: vida cotidiana e controle social da classe trabalhadora no Rio de Janeiro da Belle Époque. Dissertação (mestrado) — Universidade Federal Fluminense, Niterói, 1984.

CONSTANZO, Gabriela Anahí. The inadmissible turned history the 1902 Law of Residence and the 1910 Law of Social Defense. *Sociedad*, Buenos Aires, v. 3, p. 1-9, 2007.

DEVOTO, Fernando. *Historia de la inmigración en la Argentina*. Buenos Aires: Sudamericana, 2003.

____; FAUSTO, Boris. *Brasil e Argentina*: um ensaio de história comparada (1850-2002). São Paulo: Editora 34, 2004.

DIAS, Everardo. *História das lutas sociais no Brasil*. 2. ed. São Paulo: Alfa-Ômega, 1977.

DUARTE, Leila. *Pão e liberdade*: uma história de padeiros escravos e livres na virada do século XIX. Rio de Janeiro: Mauad, 2002.

FARÍAS, Ruy Gonzalo. *Buenos Aires galega*. La Coruña: Toxosoutos, 2010.

FERRERAS, Norberto Osvaldo. *O cotidiano dos trabalhadores de Buenos Aires (1880-1920)*. Niterói: EdUFF, 2006.

GONZÁLEZ MARTÍNEZ, Elda. *La inmigración esperada*: la política migratoria brasileña desde João VI hasta Getúlio Vargas. Madri: Consejo Superior de Investigaciones Científicas, 2003.

GORELIK, Adrián. *La grilla y el parque*: espacio público y cultura urbana em Buenos Aires, 1887-1936. Bernal: Universidad Nacional de Quilmes Editora, 2010.

HOBSBAWM, Eric. *Nações e nacionalismo desde 1780*. São Paulo: Paz e Terra, 2004.

MARAM, Sheldon Leslie. *Anarquistas, imigrantes e o movimento operário brasileiro, 1890-1920*. Rio de Janeiro: Paz e Terra, 1979.

MENEZES, Lená Medeiros. *Os indesejáveis*: desclassificados da modernidade. Protesto, crime e expulsão na Capital Federal (1890-1930). Rio de Janeiro: Eduerj, 1996.

MOTTA, Mary Hesler de Mendonça. *Imigração e trabalho industrial*: Rio de Janeiro (1889-1930). Dissertação (mestrado) — Departamento de História, Universidade Federal Fluminese, Niterói, 1982.

NÚÑEZ SEIXAS, Xosé Manoel. Algunhas notas sobre la imagen social de los inmigrantes gallegos en la Argentina, *Estudios Migratorios Latinoamericanos*, ano 14, n. 42, p. 67-109, 1999.

____ (Ed.). *La Galicia Austral*: la inmigración gallega en la Argentina. Buenos Aires: Biblos, 2001.

____. *O inmigrante imaxinario*: estereotipos, identidades e representacións dos galegos na Arxentina (1880-1940). Santiago de Compostela: USC, 2002.

____.Um panorama social de la inmigración gallega en Buenos Aires, 1750-1930. In: FARÍAS, Ruy Gonzalo (Comp.). *Buenos Aires Gallega*: inmigración, pasado y presente. Buenos Aires: Comisión para la Preservación del Patrimonio Cultural de la Ciudad Autónoma de Buenos Aires, 2007. p. 25-44.

OVED, Iaacon. *El anarquismo y el movimiento obrero en Argentina*. México: Siglo XXI, 1978.

PERES, Elena Pájaro. Proverbial hospitalidade? A *Revista de Imigração e Colonização* e o discurso oficial sobre o imigrante (1945-1955). *Acervo, Revista do Arquivo Nacional*, Rio de Janeiro, v. 10, n. 2, p. 53-70, jul./dez. 1997.

ROMERO, José Luis. *América Latina*: as cidades e as ideias. Rio de Janeiro: Editora UFRJ, 2004.

SARMIENTO, Érica Sarmiento. *O outro Rio*: a emigración galega a Rio de Xaneiro. Santiago de Compostela: 3C3 Editora, 2006.

SAYAD, Abdelmalek. *A imigração*. São Paulo: Edusp, 1998.

TORREIRO, Dolores Vieites La participación de los gallegos en el movimiento obrero argentino (1880-1930). In: NÚÑEZ SEIXAS, Xosé Manoel. *La Galicia Austral*: la inmigración gallega en la Argentina. Buenos Aires: Biblos, 2001. p. 161-180.

7.

DESLOCAMENTOS RÍTMICOS E RESSIGNIFICAÇÃO DE SENTIDOS: A FORMAÇÃO DO *FUNK GOSPEL*

*Robson de Paula**

INTRODUÇÃO[1]

Cláudia[2] é uma típica jovem evangélica dos dias atuais. Com 28 anos de idade, negra, casada e moradora de Nilópolis, região da Baixada Fluminense, Rio de Janeiro, procura conjugar e desempenhar adequadamente suas múltiplas atribuições, como esposa — papel social que inclui *cuidar*[3] do marido e coordenar a organização das atividades domésticas —, como funcionária de uma loja local e, por fim, como conselheira de jovens recém-conversos — função religiosa denominada como *consolidação*, no vocabulário com-

---

* Robson de Paula é mestre e doutor em ciências sociais pela Universidade Estadual do Rio de Janeiro (Uerj). Desenvolve pesquisas nas áreas da antropologia da religião e da etnomusicologia. Atualmente, além de lecionar no Centro Universitário Augusto Motta (Unisuam), é professor e pesquisador do Centro Universitário Uniabeu, onde coordena o projeto "Religião e mercado fonográfico na Baixada Fluminense", que conta com bolsa de fomento do Programa de Apoio à Pesquisa da Uniabeu (Proape). É membro do Grupo de Pesquisa CNPq "Poéticas do contemporâneo". Publicou vários artigos em revistas de referência, como *Religião e Sociedade* (Qualis A-1), dentre outras.
1. Agradeço ao Programa de Bolsas Institucionais (Probin), da Uniabeu, pela bolsa concedida. Sem ela, não seria possível desenvolver este escrito. Também queria expressar a minha gratidão aos meus assistentes de pesquisa, Eduardo Santos, Flavio Oliveira e Rafael Muniz, os quais realizaram observação participante em templos e programações religiosas, em Nilópolis, entre os anos de 2010 e 2011.
2. Para resguardar a privacidade dos entrevistados, neste artigo, serão utilizados nomes fictícios.
3. Por uma questão metodológica, neste artigo, apresentarei as categorias nativas e os termos em inglês em itálico.

partilhado pelos membros de sua igreja. Ela, da mesma forma que a maior parte de seus pares, não nasceu em um lar evangélico.[4] Há seis anos resolveu se afastar do catolicismo e se converter à vertente religiosa que mais cresceu no Brasil, nas últimas décadas.[5] Em sua entrevista, com a voz embargada e com os olhos lacrimejando, relatou como este processo ocorreu, após ter participado de um culto na Igreja Evangélica Ministério Apascentar de Nova Iguaçu, a convite de um grande amigo. Cláudia relatou que foi *tocada* pelo Espírito Santo, ao escutar os louvores, cantados naquela noite de domingo. Afirmou que as mensagens de incentivo das canções e a composição e afinação dos instrumentos, associados ao entusiasmo dos cantores e da audiência, a fizeram sentir a *presença de Deus*, pela primeira vez. Sem relutar, no momento em que o pastor perguntou quem queria *aceitar* a Jesus — na *hora do apelo* —, levantou as suas mãos e, chorando, foi ao encontro daquele líder religioso para receber a oração, ao som dos instrumentos musicais e das palmas dos presentes. A partir daquele dia, como afirmou, passou a ser a *irmã Cláudia*. Seu ciclo de amigos, gradativamente, mudou; as idas aos bailes *funk* foram substituídas paulatinamente pelas programações e pelos shows desenvolvidos por sua nova comunidade religiosa; e a escuta das canções dos artistas evangélicos passou a ser a atividade que mais desempenha quando está em casa com o seu esposo.

O percurso religioso e a experiência da conversão de Cláudia não são uma exceção. Além de ter feito um trânsito religioso do catolicismo para a religiosidade evangélica, um dado sociológico marcante quando se observa a dinâmica do cenário religioso brasileiro atual (Almeida, 2006): a conver-

---

4. Segundo a pesquisa "Novo nascimento: os evangélicos em casa, na igreja e na política", realizada pelo Instituto Superior de Religião (Iser), em 1995, cerca de 70% dos evangélicos do Grande Rio não nasceram, nem foram criados, em um lar evangélico. Para outras informações, ver Fernandes et al. (1998).

5. Segundo dados dos últimos três censos demográficos realizados pelo Instituto Brasileiro de Geografia e Estatística (IBGE), a religiosidade evangélica é a que mais cresceu nos últimos 30 anos, no Brasil. Traduzindo para os termos percentuais, se em 1990 os evangélicos representavam 9,05% e os católicos 83,8% da população, 10 anos depois, em 2000, o percentual passou a ser respectivamente 15% e 73,8%. Sem querer inventariar e analisar as diversas questões, discussões e interpretações que esses dados suscitaram entre os estudiosos, constatou-se que, entre os anos de 1990 e 2000, o segmento evangélico cresceu 70,7%. Atualmente, segundo dados do Censo de 2010, os evangélicos representam 22,2% e os católicos, 64, 6% da população. Para uma maior compreensão acerca da distribuição religiosa brasileira, ver site: <www.ibge.gov.br/home/>. Acesso em: 12 jul. 2012.

são da entrevistada foi motivada, em grande parte, não pela pregação, pela *palavra forte* do pastor. A música, a palavra cantada, foi o instrumento que a fez abraçar as *boas novas*, assim como outros evangélicos, os quais foram entrevistados em estudos anteriores (De Paula, 2008, 2012).

Historicamente, uma das principais características distintivas do segmento evangélico é a valorização da palavra (Mafra, 2001). Tanto que a sacralização do espaço ocorre a partir da leitura da Bíblia ou da oração, bem diferente de outras religiosidades brasileiras — como o Candomblé —, as quais, em conformidade com a lógica de suas próprias cosmologias, normas e práticas rituais, necessitam de outros elementos (pedras, ervas etc.) para tornar um espaço sagrado. Contudo, nos últimos anos, observa-se que a palavra cantada assumiu um lugar de destaque no meio evangélico. Verifica-se a presença marcante de músicas nos cultos, sobretudo nas igrejas neopentecostais — denominações criadas a partir do final da década de 1970; nos eventos evangelísticos, tais como as Marchas Para Jesus ou os shows *gospel*, realizados em vários estados brasileiros e que atraem milhões de pessoas; nos programas midiáticos evangélicos; e nos locais destinados exclusivamente ao entretenimento dos jovens crentes, como os bailes evangélicos — *gospel night* (Pinheiro, 2006).

Em certa medida, pode-se afirmar que essa demanda gradativa pela escuta de músicas, cujos conteúdos temáticos expressem concepções e ideias valorizadas por esta vertente do cristianismo, fomentou a criação de um nicho específico do mercado fonográfico, nos anos 1990, no Brasil (De Paula, 2007, 2008, 2012). O *Gospel*,[6] como passou a ser denominado pelos atores sociais integrantes do circuito da indústria da música brasileira, segue a lógica de outras vertentes do negócio da música, por, igualmente, disponibilizar seus produtos no mercado, objetivando o lucro. Entretanto, o mercado fonográfico evangélico singulariza-se dos demais por estabelecer uma forte rela-

---

6. Se nos Estados Unidos o termo *gospel* refere-se a um gênero musical criado por negros protestantes — que, dentre outras características, tem ritmo sincopado, caráter emocional e origem nas canções de trabalho (*work songs*) (Baggio, 2005), no Brasil, a partir deste período, o vocábulo em questão passou a identificar as canções evangélicas disponibilizadas pelas gravadoras para o consumo de massa. Em outras palavras, mais do que designar singularidades rítmicas e melódicas, como ocorre entre os norte-americanos, em nosso país, a palavra *gospel* é usada como uma categoria demarcadora de fronteiras, distinguindo a música industrial evangélica das demais e, com efeito, identificando também o segmento fonográfico que a produz.

ção com as igrejas — as gravadoras são dirigidas por políticos ou por pastores —; por produzir álbuns musicais exclusivamente de artistas evangélicos; por lançar músicas com temáticas evangélicas; e por se justificar e se autorregular a partir da ideia de missão religiosa (De Paula, 2008, 2012).

Além destas características organizacionais, seguindo uma tendência presente de modo geral no cenário evangélico, o segmento fonográfico em questão fornece um repertório bastante variado. Somados aos hinos tradicionais, que faziam parte da liturgia dos cultos e de programações musicais evangélicas, o *Gospel*, disponibiliza, para a audiência, o *funk gospel*, a *axé music gospel*, o *forró gospel* etc.

Alguns autores refletiram sobre a incorporação destas expressões musicais no cotidiano evangélico, as quais foram rechaçadas até então por não estarem melódica e ritmicamente em conformidade com as músicas impressas nos primeiros hinários evangélicos, elaborados entre o final do século XIX e início do século XX.[7] No conjunto desta literatura, destacam-se os trabalhos pontuais de Araújo (1996), o qual, de maneira introdutória, discutiu a inclusão de "gêneros musicais populares" no repertório evangélico; o de Pinheiro (1998), a respeito de a utilização do ritmo *funk* nas músicas evangélicas; e o de Jungblut (2007), sobre o *rock gospel* e a "cena *underground*" evangélica. Além desses artigos, seguindo perspectivas teóricas distintas, as teses de Cunha (2004), Dolghie (2007) e De Paula (2008) discutiram também as recentes transformações observadas na musicalidade deste segmento religioso. *Grosso modo*, todos ressaltaram as estratégias utilizadas pelos evangélicos, principalmente pelos jovens, para retirar o sentido negativo e profano de tais gêneros e ritmos, bem como as polêmicas existentes ao redor da diversificação rítmica do repertório musical evangélico.

Dando continuidade a essa abordagem, a qual investiga os deslocamentos dos extremos morais ("igreja" e "mundo"), neste capítulo analisarei os temas, as categorias e as concepções presentes no *funk gospel*. Com desdobramentos diretos desta proposta, verificarei, por um lado, se há continuidades temáticas entre as suas letras e as das músicas presentes nos primeiros hinários brasileiros e, por outro, se existem pontos de contato entre

---

7. Para maior esclarecimento a respeito da importância de alguns atores na formação dos primeiros hinários brasileiros, bem como a composição temática destes, ver De Paula (2011).

esta musicalidade e o *funk* no que se refere à linguagem empregada. Além disso, buscarei estabelecer nexos entre o *funk gospel* e os circuitos sociais, nos quais ele está presente, bem como as danças realizadas ao serem executados. Neste sentido, pode-se dizer que este escrito segue a perspectiva da etnografia da performance musical. Em vez de estudar as estruturas sonoras, descontextualizadas de práticas sociais, procuro compreender o processo musical como um todo e suas especificidades. Trata-se de contemplar "todas as atividades musicais, seus ensejos e suas funções dentro de uma comunidade ou grupo social maior, adotando uma perspectiva processual do acontecimento cultural" (Oliveira Pinto, 2001:5).

Iniciarei a discussão proposta apresentando uma breve digressão a respeito da formação do *funk* carioca. Destacarei o seu processo de constituição, ocorrido nas favelas e na periferia da capital do Rio de Janeiro, e a forma com que passou a ser, posteriormente, um gênero musical de massa. Em seguida, farei algumas considerações a respeito da ressignificação do *funk* entre os evangélicos. Nos últimos anos, de um gênero vulgar e diabólico, o *funk* passou a ser considerado, para muitos evangélicos, um instrumento proselitista. Procurarei indicar como se deu esta mudança de sentido. A apresentação das letras do *funk gospel* será o tema do terceiro tópico. Nele, analisarei o conteúdo temático do *funk* produzido pelos evangélicos, considerando a cosmologia e as práticas sociais dessa vertente do cristianismo. Nas considerações finais, retomando os argumentos realizados ao longo do texto, enfatizarei algumas continuidades e rupturas existentes entre o *funk*, o *funk gospel* e os hinários evangélicos, a respeito de seus temas e categorias.

1. DESLOCAMENTO MUSICAL I: DA *BLACK MUSIC* AO *BATIDÃO* CARIOCA

Produzido por negros estadunidenses na década de 1960, o *funk* somente chegou ao Brasil, mais precisamente, no Rio de Janeiro, no início dos anos 1970. Entre nós, os primeiros bailes *funk* foram realizados no Canecão, casa de shows que à ocasião funcionava em Botafogo, região da zona sul da capital fluminense. Segundo Vianna (1988), neste primeiro momento, as músicas em inglês focavam os temas relacionados à discriminação racial, presente nos

EUA, e a vestimenta utilizada pelos frequentadores era inspirada no estilo dos negros daquele país. Contudo, ao se propagar para o subúrbio carioca e para a periferia, após o encerramento do baile no antigo Canecão, o *funk* adotou um novo formato: os artistas passaram a ser os próprios moradores destas localidades e as questões referentes ao cotidiano tornaram-se o foco das músicas (Vianna, 1988, 1990). Por esta razão, entre as décadas de 1970 e 1980, o *funk* se consolidou como uma expressão musical genuinamente das favelas e da periferia. Por sua vez, os bailes *funk* se transformaram em verdadeiros espaços de entretenimento dos jovens das camadas populares, chegando a reunir mais de um milhão de pessoas nos finais de semana (Vianna, 1990).

Na década de 1990, em alguns bailes *funk*, a diversão lúdica deu lugar à agressão praticada por grupos rivais de jovens — as *galeras* (Cecchetto e Farias, 2002). Sintomaticamente, essa nova configuração dos bailes, bem como as transformações sociais ocorridas nos espaços da cidade nos quais eles eram realizados repercutiram nas letras desta expressão musical. Na medida em que a violência crescia, decorrente da disputa de facções criminosas, paralelamente, ocorria uma substituição das *melôs* — versões que satirizavam as músicas estrangeiras — e das músicas mais politizadas por outras que faziam alusão à violência e ao narcotráfico — os chamados *proibidões*. Por conta disso, de forma pejorativa e generalizante, os meios de comunicação passaram a associar o *funk* diretamente à violência (Pinheiro, 1998; Cecchetto e Farias, 2002). A postura contrária da grande mídia e a consequente ação repressiva das organizações governamentais impulsionaram os cantores e as equipes de som a reprimirem tal apologia ao crime e, com efeito, a desenvolverem novos temas. No trecho a seguir, Cecchetto e Farias fazem uma consideração a respeito da transformação ocorrida nos conteúdos do *funk* carioca, na década de 1990:

> Pode-se supor que o declínio do *funk* bandido tenha a ver com a própria intervenção da mídia e das autoridades, que tentaram combater a violência dos bailes e prender os principais organizadores do proscrito "corredor". Isso abriu espaço para uma outra tendência já existente, embora tímida, nesse circuito, que era a ênfase na relação entre sexos. Basta lembrar que a primeira montagem nacional, feita por Malboro, foi a famosa "melô da mulher feia", que "não toma banho e cheira igual a um urubu", para ficarmos em uma linguagem

publicável. Ou, noutro diapasão, o sucesso da dupla Claudinho e Buchecha, sempre compondo em cima de temas românticos, mas igualmente permeados de metáforas e alegorias sobre encontros sexuais. (Ceccheto e Farias, 2002:41)

A partir deste período, o *funk* alcançou um público maior e mais diversificado, ao ser tocado em outros espaços da cidade e ao ser projetado nas mídias e na indústria fonográfica. Para responder a essa audiência mais plural em termos sociais, culturais e econômicos, houve a necessidade de se produzir músicas com conteúdos, os quais, de alguma forma, respondessem ao gosto médio das massas. Gradativamente, o cotidiano das favelas e a violência, provocada pelos narcotraficantes, deram lugar às questões românticas e aos encontros sexuais. Em outras palavras, ao ser transformado em um gênero musical de massa, de modo geral, o *funk* passou a discutir temas mais universais e convergentes.

Torna-se necessário ressaltar que o *funk* carioca, desde a sua constituição, esteve intimamente associado à *performance* corporal. Trata-se de uma musicalidade para ser dançada. Assim, ao longo de sua história no Brasil, da mesma forma que se observou uma reformulação constante em suas letras, verificou-se também uma grande mudança das coreografias adotadas nos bailes. Ainda de acordo com Ceccheto e Farias,

> (...) Todos dançam em um baile funk. As danças são individuais, ainda que se tenha o outro como referência. Se, em uma fase anterior viam-se grupos de homens e de mulheres dançando coreografias específicas, como a "bate bundinha", atualmente isso é raro. Há uma visível individualização da dança, ainda que todos os passos sejam conhecidos e compartilhados pelas pessoas, quando as músicas tocam. A performance individual é importante: conseguir abaixar o corpo, ficar com as pernas abertas rebolando, mexer o ventre com desenvoltura são demonstrações de habilidade, tanto para homens como para mulheres. (Ceccheto e Farias, 2002:51)

Portanto, por ter sido indiscriminadamente associado à criminalidade e por ser concebido como uma música sensual, até há pouco tempo, o *funk* era totalmente repudiado pelos evangélicos. Porém, nos últimos anos, conforme já foi discutido, em meio à consolidação do mercado fonográfico evangélico e a uma postura mais receptiva de algumas igrejas no que se refere à adoção de novas estratégias proselitistas, o *funk* passou a integrar o repertório musical da referida religiosidade. A respeito deste ponto, cabem algumas questões: De que forma os evangélicos justificam a inclusão deste gênero em seu repertório musical? Quais mediações temáticas e performáticas foram necessárias para tal incorporação? Em que medida o processo de diversificação rítmica da música evangélica tem a nos dizer sobre a configuração deste segmento religioso?

2. DESLOCAMENTO MUSICAL II: O "RESGATE DO MUNDO" E A SACRALIZAÇÃO DA MÚSICA PROFANA

Em um trabalho anterior (De Paula, 2008), defendi a ideia de que, nos últimos anos, vários segmentos evangélicos desenvolveram um projeto proselitista baseado no conceito de *resgate do mundo*, no qual os meios de comunicação e as expressões artísticas são concebidos como bons instrumentos para a propagação de suas concepções e, com efeito, devem ser *capturados* para Deus. Para desenvolver esse argumento, primeiramente torna-se necessário apresentar outra concepção presente na cosmologia pentecostal: a batalha espiritual.

Em linhas gerais, de acordo com a cosmologia pentecostal, Deus e o Diabo são *personae* (Mariz, 1999; Mafra, 2001, 2002). Longe de serem concebidos como meras abstrações conceituais e morais, são percebidos como atores que interferem ativamente na vida dos seres humanos. Mesmo não tendo seus rostos revelados e seus corpos figurativamente representados, tanto a Divindade como o Diabo são representados como seres personificados, que, além de possuírem poderes sobrenaturais — sendo, em grande parte, a causa de vários fenômenos físicos, sociais e psicológicos —, disputam as vidas de homens e mulheres, em uma guerra feroz que vem sendo travada desde a fundação do mundo.

A batalha espiritual envolve o fiel em uma "série de vitórias pontuais e fracassos provisórios, num ir e vir de ritos de 'libertação', 'limpeza' e 'busca do espírito'" (Mafra, 2002:219). Dito de outro modo, segundo eles, no dia a dia, a todo custo, o Diabo busca obter algumas vitórias parciais, tentando atacar, molestar ou, até mesmo, destruir homens e mulheres. Diante dessa voracidade do Diabo, para se manterem guardados, os fiéis necessitam desenvolver uma série de práticas "de cuidado de si" e do "corpo", como o jejum, a realização de orações, a ida à igreja e a subida em montes (De Paula e Mafra, 2002). Acreditam que a prática assídua desses rituais produz, em seus corpos, uma *limpeza espiritual*, seguida de um *preenchimento de Deus*. Em sua visão, portanto, somente a partir da busca do *Espírito Santo* o mal é afastado e a presença de Deus é garantida. Cabe também ao fiel o dever de lutar para que as outras pessoas também sejam livres dos domínios do mal, por meio da conversão e da vigilância contínua de si.

Além de ter como lócus o próprio corpo do fiel, a batalha espiritual inclui outras dimensões exteriores (De Paula, 2008). Os lugares, os objetos, as coisas e até os outros seres vivos passaram a ser objeto de disputa. Os crentes, de acordo com essa lógica, não podem ficar parados. Da mesma forma que devem buscar sempre o revestimento de si para não se tornarem alvos fáceis, os cristãos também teriam o compromisso de lutar, com afinco, para que todos os elementos externos a seu corpo deixem de ser dominados pelo Diabo e sejam "resgatados" para Deus. Em síntese, contrastando com outras versões evangélicas que rejeitam as *coisas do mundo*[8] como estratégia para a aquisição da salvação eterna, esses evangélicos querem "ocupar espaço" e marcar presença em diferentes setores da sociedade, como os meios de comunicação, a política, a cultura, as artes etc. Há uma música dos Tambores Remidos[9] que expressa claramente essa ideia de que todos os domínios

---

8. De modo geral, os evangélicos brasileiros fazem uma distinção entre "igreja" e "mundo". Essa dicotomia, que finca raízes na visão de Santo Agostinho e que, portanto, fez parte do imaginário do catolicismo medieval, direciona as suas condutas. Em linhas gerais, segundo Fernandes (1998), há, entre os membros desta vertente religiosa, diferentes entendimentos sobre a dinâmica no relacionamento entre "igreja" e "mundo" — fato que suscita divergências entre eles. Contudo, historicamente, há uma percepção dominante, a qual entende que o crente deve adotar práticas e comportamentos diferentes dos demais, como uma estratégia de demarcação de identidade social.
9. Liderado pelo ex-integrante do *Olodum*, o atual pastor Fernando Antônio Brito de Santana — o Fernando de Itapoá —, o grupo musical baiano Tambores Remidos apresenta uma história bastante interessante. Segundo o pastor Fernando, a formação do grupo se deu a partir de uma experiência espiritual por que ele passou em 2000. Naquele ano, após se converter à religiosidade evangélica, um homem doou à sua igreja vários tambores utilizados em rituais do candomblé. Inspirado por Deus, o recém-converso *profetizou* que, a partir daquele momento, os tambores seriam usados *para ganhar vidas para Jesus*. Após serem orados, ungidos e pinta-

pertencem à Divindade e, consequentemente, devem ser *resgatados profeticamente* para Jesus. Segue a letra:

> *Profetizo*
> (Tambores Remidos)
>
> Eu profetizo que a Bahia é do Senhor
> Eu profetizo que o Brasil também
> Eu profetizo que a minha casa, minha família
>
> Tudo pertence ao Senhor (2×)
>
> Jesus é poderoso pra fazer
> Tudo na tua vida
> Quando ele abre a porta, ninguém fecha
> Pode acreditar que a vitória é certa
>
> Tudo, tudo, tudo pertence ao Senhor (3×)
> Esta obra não é minha, ela é do Senhor
> O ministério não é meu, ele é do Senhor
> Os Tambores Remidos não são meus, eles são do Senhor
>
> É do Senhor, é do Senhor (2×)
> Tudo, tudo, tudo pertence ao Senhor (3×).

Essa perspectiva de *resgate do mundo*, tão bem explicitado na música citada, não representa um projeto político racionalmente estruturado e coordenado para a instauração de uma teocracia. Busca, a meu ver, a criação de

---

dos de branco com detalhes vermelhos, em formato de chamas de fogo, os tambores passaram a ter uma função e um sentido simbólico bem diferentes dos compartilhados no candomblé. Após serem *resgatados* para Deus, eles se tornaram mais um recurso para a propagação das *boas novas* evangélicas. Nota-se que, em vez de repudiar os instrumentos por terem uma associação direta com uma outra religiosidade, como muitos pastores fariam, Fernando de Itapoã se apropriou deles. Para outras informações a respeito da trajetória dos Tambores Remidos, ver De Paula (2008).

condições que possibilitem a disseminação ampliada dos valores da religiosidade evangélica, em substituição aos vigentes que, sob vários aspectos, estão relacionados ao catolicismo. Diante desse raciocínio, as expressões musicais seculares não devem ser mais rejeitadas. Pelo contrário, elas em si, após terem seus conteúdos modificados de acordo com os valores compartilhados pelos cristãos desta vertente religiosa, podem ser usadas até para evangelização das massas.

3. DESLOCAMENTO MUSICAL III: DO *BATIDÃO* AO *FUNK* DE DEUS

Ainda que o *funk* tenha passado por um processo "de ressignificação de sentidos e de adequação à moral cristã" (Pinheiro, 1998), nem todos concordam com sua incorporação no repertório evangélico. Por essa razão, um dos principais temas do *funk* evangélico é a sua própria defesa. Nas letras que têm essa proposta, procura-se enfatizar a ideia de que o ritmo, a batida do *funk*, é um valioso instrumento, o qual poderá ser usado por Deus para resgatar e salvar os seres humanos. Para ilustrar, a seguir, apresento uma composição de Adriano Gospel Funk.[10]

Irmão juiz
(Adriano Gospel Funk)

(2×)
Se liga amigo também preste atenção
O ritmo é de Deus não dê pro diabo não
Deus fez o rock, o pagode, timbalada e muito mais.
Agora Deus mandou o *funk* pra quebrar a satanás

---

10. Filho de pastor da Igreja Evangélica do Nazareno, o jovem Adriano Gospel Funk é um dos *funkeiros* evangélicos mais conhecidos na atualidade. Seu álbum musical, "Chuta que é laço", lançado em 2006, vendeu mais de 45 mil cópias. Por conta do sucesso de suas músicas, naquele ano, o cantor recebeu um Troféu Talentos na categoria de álbuns *rap* e alternativos. Juntamente com sua equipe, formada por cinco jovens, entre 20 e 28 anos, apresenta-se em igrejas, shows evangélicos, clubes do Rio de janeiro e de outros estados. Para outras informações, ver o site: <www.adrianogospelfunk.com.br/index.html>.

(2×)
Irmão engraçado, fala tudo sem pensar
Ele vem com suas pedras preparado pra atacar
Critica, perturba, não faz nada pra ajudar
Seu prazer é abrir a boca
Só pra poder condenar

O *funk* é considerado bomba pra destruição
Mas se Deus está na frente, Ele muda a direção
Ele dá vida, paz, amor e salvação
Fique firme na palavra e não escute esse irmão

(2×)
Irmão engraçado, fala tudo sem pensar
Ele vem com suas pedras preparado pra atacar
Critica, perturba, não faz nada pra ajudar
Seu prazer é abrir a boca
Só pra poder condenar

Crente lango lango
Ta na mão do tentador
Fica de bobeira criticando sem temor
Tira a trave do teu olho
Pra poder vir criticar
O som pesado é de Jesus
E ninguém pode parar

Som pesado, *gospel funk*
Som pesado, *gospel funk*

Direcionado à audiência evangélica, este hino pode ser considerado uma verdadeira apologia à execução não só do *funk*, mas também de outros gêneros considerados profanos, até pouco tempo atrás, pelo segmento religioso em questão. Em especial, com relação ao *funk*, observa-se a ideia de que o *resgate*, em si, desfez o seu "poder destrutivo" que ora imperava.

Ou seja, ao ser apropriado, o *funk* teve o seu sentido simbólico redefinido, transformando-se em um forte instrumento na luta contra o Diabo, na *batalha espiritual*. Dessa forma, então, o crítico — o *crente engraçado* — é um falso crente, pois, ao olhar somente para a superfície, julga sem cuidado e sem propriedade.

Além de sua própria legitimação enquanto uma musicalidade sagrada, a urgência da conversão é um dos principais temas do *funk gospel*. Usando as mesmas categorias compartilhadas pelos jovens nos bailes *funk*, inúmeras canções evangélicas procuram alertar para a necessidade da adesão a essa religiosidade, como um meio para se obter a salvação eterna. A seguir, apresento uma canção que, de maneira bem inusitada e descontraída, demonstra um caráter evangelístico.

A chapa tá quente
(Adriano Gospel Funk)
(Composição: Indisponível)

Alguém...
Alguém...

Eu tô mandando a real aí
Não fica de bobeira
O bicho tá pegando
Pra quem tá vacilando

A chapa tá quente

A chapa tá quente
É melhor você ser crente
A chapa tá quente
É melhor você ser crente

Sua vida muquirana
Não tem nada de bacana
Sai daí, vem pra cá
Vem pra igreja

Tu tá na mão do palhaço
Que vida de bagaço
Sai daí, vem pra cá
Vem pra igreja

Jesus está voltando
E o fim está chegando
Sai daí, vem pra cá
Vem pra igreja.

Denominando a vida do não evangélico como *muquirana* e chamando o diabo de *palhaço*, a canção *A chapa tá quente* tem um forte caráter proselitista. Observa-se que, mesmo utilizando categorias compartilhadas pelos jovens *funkeiros*, a proposta temática dessa letra está em conformidade com os primeiros hinários brasileiros, ao reatualizar a perspectiva conversionista, ou seja, ao focalizar a ideia de que a conversão à religiosidade evangélica é a única alternativa para a garantia da vida eterna (Mendonça, 1990; Dolghie, 2007; De Paula, 2011). Devo ainda destacar que, em alguns versos, Adriano Gospel Funk faz referência à possibilidade de o Diabo destruir a vida dos seres humanos, os quais se encontram afastados de Deus. Observa-se, mais uma vez, um aspecto fundamental da batalha espiritual: o Diabo é uma agência e atua entre os seres humanos.

Além de ter como tema a sua própria defesa, ou de apresentar um forte aspecto proselitista, o *funk gospel* possui um viés pedagógico e normativo, principalmente no que se refere à forma como os evangélicos devem se comportar ao namorar. Um ótimo exemplo é a canção "Irmão Metralha":

Irmão metralha
(Kelly Krentty)
(Composição: Kelly Krentty e Adriano Gospel Funk)

Lá vem ele, preparado
Pronto pra atirar,
o irmão metralha vem pra igreja
Só pra paquerar (2×)
E está a fim de todo mundo

E se apaixona todo dia
Cuidado com o irmão metralha
Esse cara é uma fria

Ele atira pra lá,
Ele atira pra cá
Irmão metralha, ei!
Vê se para de atirar
E vai orar e jejuar
Pra Jesus te abençoar.

Ore muito minha irmã,
Antes de partir pro abraço (2×)
E ser for irmão metralha,
Chuta que é laço!

Chuta, chuta, chuta que é laço!
Chuta, chuta, chuta que é laço!

De forma jocosa, e tendo em sua introdução sons que lembram tiros de fuzis — um recurso sonoro presente em vários *funks* não evangélicos para aludir ao poder bélico das organizações policiais ou dos narcotraficantes —, a canção faz uma crítica aos jovens que utilizam a igreja como local de paquera e que buscam relações amorosas efêmeras. Segundo essa perspectiva, o *irmão metralha* seria aquele rapaz que, indistintamente, corteja todas as moças e, em uma atitude voluptuosa, valoriza o ato de conquista e não a relação amorosa em si. Para os padrões evangélicos, em que moços e moças devem procurar estabelecer namoros duradouros visando a um futuro casamento (Sampaio, 2004), a atitude do *irmão metralha* é totalmente repudiada. De acordo com a canção, antes de criar um vínculo com o pretendente, as moças devem orar e jejuar, um procedimento muito usual entre os evangélicos que buscam um *namoro de Deus* (Sampaio, 2004). Se for um *irmão metralha*, as jovens têm o dever de afastar-se dele ou, na linguagem dos jovens *funkeiros* evangélicos, *chutar que é laço*.[11]

---

11. *Chuta que é laço* é uma expressão muito usada para designar a atitude de repúdio que deve

Da mesma maneira que procuram exortar a forma como os jovens devem namorar, as letras do *funk* evangélico, em um tom normativo, também fazem referência às vestimentas que um *verdadeiro cristão* deve adotar:

Resposta da morena
(Adriano Gospel Funk)
(Composição: Indisponível)

(Introdução)

— olha lá rapaz, olha quem tá vindo ali
— í é aquela morena, tá com a bíblia na mão!
— paz do senhor filé
— filé não, irmã vitória.
— irmã vitória?
— a palavra do Senhor nunca volta vazia, ô aleluia.

Contei de um até três e tomei a decisão
Hoje eu tenho Jesus Cristo dentro do meu coração
A minha vida era torta e eu brincava de pecado
Hoje eu sou uma bênção e não sou mais chuta que é laço

Ô glória
Hoje eu sou a irmã vitória
Ô glória
Hoje eu sou a irmã vitória
Ô glória
Hoje eu sou a irmã vitória

Contei de um até três e tomei a decisão
Hoje eu tenho Jesus Cristo dentro do meu coração
A minha vida era torta e eu brincava de pecado
Hoje eu sou uma bênção e não sou mais chuta que é laço

---

ser tomada com relação às pessoas ou às situações que não estão de acordo com os princípios e valores da religiosidade evangélica.

Ô glória
Hoje eu sou a irmã vitória
Ô glória
Hoje eu sou a irmã vitória
Ô glória
Hoje eu sou a irmã vitória
Ô glória
Hoje eu sou a irmã vitória
Ô glória
Hoje eu sou a irmã vitória

Jesus bateu em minha porta e eu abri
A tal da minissaia joguei no lixão
Hoje eu ando bem-vestida
Sem o *piercing* na barriga
Hoje eu prego, canto e danço
E não conto mais história
Então levante a mão pro céu e receba a sua vitória

Ô glória
Hoje eu sou a irmã vitória
Ô glória
Hoje eu sou a irmã vitória
Ô glória
Hoje eu sou a irmã vitória

As coisas velhas se passaram tudo novo já se fez
Quem é princesa de Jesus vai cantar mais uma vez
As coisas velhas se passaram tudo novo já se fez
Quem é princesa de Jesus vai cantar mais uma vez

Ô glória
Hoje eu sou a irmã vitória
Ô glória
Hoje eu sou a irmã vitória

Ô glória
Hoje eu sou a irmã vitória
Ô glória
Hoje eu sou a irmã vitória
Hoje eu sou a irmã vitória
Hoje eu sou a irmã vitória

Resposta da morena, que tem a participação especial da cantora Kelly Krentty, descreve um processo de conversão muito similar ao apresentado na introdução deste trabalho. Conforme foi relatado, após ter se convertido à religiosidade evangélica, Cláudia estabeleceu vínculos afetivos com seus novos pares religiosos, aderiu a novos valores e passou a ter outras formas de entretenimento, nas horas vagas. Igualmente, verifica-se, na letra, uma mudança na trajetória da jovem descrita. Vitória mudou a sua indumentária, deixou de usar a minissaia, retirou o *piercing* da barriga e, atualmente, se *veste bem*, ou seja, de acordo com o paradigma evangélico. De uma *garota mundana*, do tipo *chuta que é laço*, Vitória passou a ser representada como a *irmã Vitória*, a *princesa de Jesus,* após a conversão.

A vestimenta utilizada por Vitória, antes de se converter, assemelha-se às usadas pelas jovens nos bailes *funk*. Em pesquisa de campo nessas programações, Mizrahi (2007) constatou que as minissaias, as calças de moletom *stretch* e os vestidos curtos compõem o visual estético das jovens frequentadoras. De acordo com a análise da autora, a indumentária *funk* faz parte de uma engrenagem relacional e, assim, não deve ser compreendida apartada de outros elementos presentes nesta programação. Além disso, ela em si é uma agência que atua sobre os espaços e as pessoas, as quais interagem neste cenário de festa. Dessa maneira, calça *stretch*, por exemplo:

> (...) não é somente importante por representar as meninas do *funk*, ou a atmosfera e o desejo de sedução que se presencia no baile, mas ela efetivamente carrega esse poder. Poder do erótico, da sedução, da provocação. É a calça que é dotada da qualidade de agência tal que, como dizem as moças, por onde "a gente passa, todo mundo olha". (Mizrahi, 2007:233-234)

Por essa razão, essas roupas não são valorizadas, ou são até mesmo rejeitadas, nas programações evangélicas. Nos eventos e *shows* de que eu

tive a possibilidade de participar,[12] pude perceber uma preocupação dos próprios cantores do *funk*, principalmente das mulheres, em utilizarem um estilo de se vestir mais "recatado", bem diferente dos empregados pelas *poposudas*, como a Mulher Melancia ou a Mulher Filé, artistas muito conhecidas na cena *funk*. Observei que as cantoras, além de não trajarem minissaias, não deixavam suas barrigas à mostra. Por sua vez, os cantores usavam, quase sempre, bermudões e blusões no estilo *hip-hop*. A contenção, uma maneira de legitimar e sacralizar o *funk* evangélico, não ocorre somente com relação às roupas. De modo geral, existe também um forte controle sobre as coreografias empregadas. Se no *funk* não evangélico atual há uma predominância de movimento do quadril, em alusão às relações sexuais, ou às recorrentes flexibilizações de pernas até o chão — o famoso *senta, senta, senta* —, no *funk* evangélico prevalecem os passos marcados, os quais aludem às antigas danças presentes no *funk* nos anos 1980, e muitos movimentos de braços e mãos.

Devo ainda ressaltar que as "boas maneiras", norteadas pela ideia de contenção de si, não são impostas explicitamente pelos líderes da igreja nessas programações. Entre os jovens parece existir certo pudor, já internalizado, diante de algumas técnicas corporais. Tanto que, quando algum jovem mais afoito dança de forma mais sensual, ou extrapola nas brincadeiras, os que estão ao redor comentam ou, até mesmo, chamam sua atenção.

A seguir, apresento uma tabela, na qual, de forma sintética, indico as diferenças existentes entre o contexto musical do *funk* e do *funk gospel*:

	Funk	*Funk Gospel*
Ritmo	• *Funk* — batidas repetidas e sincopadas. Predomínio de percussão e metais.	• *Funk* — batidas repetidas e sincopadas. Predomínio de percussão e metais, inclusive, muitas canções são versões de outras, do *funk* não evangélico.

---

12. Desde 2006 venho realizando pesquisas em programações musicais evangélicas nas regiões metropolitanas do Rio de Janeiro e de Salvador. Para uma descrição mais cuidadosa desses eventos, ver De Paula (2007, 2008) e De Paula et al. (2008).

	Funk	*Funk Gospel*
Letras	• Construções no sentido coloquial. • Gírias. • Versos curtos e repetitivos. • Tom jocoso. • Nas versões tocadas nos bailes, alguns termos são mudados. Verifica-se a inclusão de palavrões e palavras, consideradas "vulgares".	• Construções no sentido coloquial. • Gírias. • Versos curtos e repetitivos. • Tom jocoso. • Ausência de palavrões. • Algumas categorias presentes no *funk* não evangélico são usadas.
Temas	• Relações amorosas (encontros e desencontros afetivos). • Práticas sexuais.	• Apologia ao *funk gospel*. • Proselitismo. • Moral evangélica.
Indumentária Feminina	• Minissaias. • Calças *stretch*. • Vestido e shorts curtos. • Miniblusas. *"Poder de sedução"*	• Saias mais compridas. • Calças jeans. • Shorts "mais comportados". • Vestidos mais longos. • Camisetas, com poucos decotes. *"Se vestir bem"*
Danças	• Muitos movimentos dos quadris e das nádegas. • Flexibilização das pernas — o *senta, senta, senta.* *"Liberalização do corpo"*	• Passos marcados. • Muitos movimentos dos braços e mãos. • Contenção dos quadris. *"Contenção do corpo"*
Sentido simbólico	• Entretenimento, que passa pelo consumo de bebidas alcoólicas. • Encontros com os amigos. • Paqueras.	• Entretenimento, sem o consumo de qualquer bebida alcoólica. • Caráter evangelístico. • Encontros com os amigos. • Paqueras.
Circulação	• Ampla. Gênero musical de massa.	• Pequena. Somente em algumas igrejas, programações e rádios evangélicas.

Conclusão

O objetivo principal deste artigo foi a apresentação das temáticas, das categorias e das concepções presentes no *funk gospel*. Procurei organizar o escrito de modo a que o leitor percebesse as continuidades e rupturas existentes entre essa expressão musical, os hinários evangélicos e o *funk,* propriamente dito. Seguindo tal proposta, na primeira parte, discorri sobre transformações observadas no *funk* carioca desde os anos 1970, período em que foi trazido para o Brasil e se propagou nas favelas cariocas, até a contemporaneidade. Mais do que inventariar as nuances desta trajetória, ressaltei as adequações e reformulações temáticas ocorridas neste período, as quais, por sua vez, estavam em consonância com as mudanças sociais e culturais, verificadas nos espaços e nos circuitos em que foi produzido.

Em seguida, teci alguns comentários sobre os elementos cosmológicos que mudaram a visão dos evangélicos acerca do *funk*. Paralelamente à postura ascética de afastamento do "mundo", corre no meio evangélico, sobretudo nos segmentos mais pentecostalizados, a concepção de que o fiel deve se inserir nos diversos setores da sociedade e "resgatá-los" para Deus. A partir dessa lógica, o *funk*, da mesma forma que outros gêneros musicais, passou a ser concebido como um instrumento de Deus, desde que sejam feitas algumas mediações e adequações temáticas em suas letras.

Vimos que no *funk gospel* há expressões no sentido coloquial e gírias, os quais estão presentes também na versão não evangélica. Percebe-se o compartilhamento de certas categorias, ainda que sejam empregadas de formas distintas. Observa-se uma descontinuidade imensa a respeito das temáticas abordadas por ambos. Enquanto o *funk* tem se popularizado, justamente por abordar temas românticos e sexuais, a vertente *gospel* se caracteriza por seu aspecto extremamente doutrinário, principalmente sobre a moral sexual. Várias composições exortam os jovens a terem um comportamento mais casto e recatado. Além disso, o *funk* produzido pelos evangélicos tem um forte caráter proselitista. A ideia de que a salvação só é possível pela conversão à religiosidade evangélica é muito recorrente.

Neste sentido, conforme defendi, a despeito das diferenças rítmicas e dos gêneros musicais adotados, pode-se estabelecer uma aproximação entre esta expressão musical e os primeiros hinários evangélicos. De certo modo, essa vinculação temática pode ser compreendida, por um lado, como uma estratégia de legitimação do gênero como sagrado, por outro, como um recurso de demarcação de fronteiras simbólicas.

REFERÊNCIAS

ALMEIDA, Ronaldo. A expansão pentecostal: circulação e flexibilidade. TEIXEIRA, Faustino; MENEZES, Renata (Org.). *As religiões no Brasil*: continuidades e rupturas. Petrópolis, RJ: Vozes, 2006. p. 111-122.

____; D'ANDREA, Tiaraju Pablo. Pobreza e redes sociais em uma favela paulistana. *Revista Novos Estudos*, Cebrap, São Paulo, n. 68, mar. 2004. p. 94-106.

ARAÚJO, Samuel. Louvor, música popular e mídia evangélica no Rio de Janeiro: utilizando de músicas tradicionais em determinado contexto de globalização. *Revista Transcultural de Música*, n. 2, 1996. Disponível em: <www.sibetrans.com/trans/trans2/araujo.htm>. Acesso em: 6 jul. 2006.

BAGGIO, Sandro. *Música cristã contemporânea*: um avivamento musical em nossos dias. São Paulo: Vida, 2005.

CAMURÇA, Marcelo. Cadê nossa diversidade no Brasil no Censo do IBGE-2000. In: TEIXEIRA, Faustino; MENEZES, Renata (Org.). *As religiões no Brasil*: continuidades e rupturas. Petrópolis, RJ: Vozes, 2006.

CECCHETTO, Fátima; FARIAS, Patrícia. Do *funk* bandido ao *pornofunk*: o vaivém da sociabilidade juvenil carioca. *Interseções*, Rio de Janeiro, v. 4, n. 2, p. 37-64, ago./dez. 2002.

CUNHA, Magali do N. "Vinho Novo em Odres Velhos": um olhar comunicacional sobre a explosão gospel no cenário religioso evangélico no Brasil: Tese (doutorado em comunicação) — Escola de Comunicação e Arte, Universidade de São Paulo, São Paulo, 2004.

DE PAULA, Robson R. "*Audiência do Espírito Santo*": música evangélica, indústria fonográfica e formação de celebridades no Brasil. Tese (doutorado em ciências sociais) — Programa de Pós-graduação em Ciências Sociais, UERJ, Rio de Janeiro, 2008.

____. O mercado da música *gospel* no Brasil: aspectos organizacionais e estruturais. *Revista Uniabeu*, v. 5, n. 9, p. 141-157, jan./abr. 2012.

____. Os cantores do Senhor: três trajetórias em um processo de industrialização da música evangélica no Brasil. *Religião e Sociedade*, v. 27, n. 2, p. 55-84, ago./dez. 2007.

____. "Se Cristo comigo vai": notas sobre a elaboração dos primeiros hinários evangélicos em uma cena musical indisciplinada — memória e identidade religiosa em questão. In: OLIVEIRA, Paulo César de; CARREIRA, Shirley de Souza Gomes (Org.). *Memória e identidade*: ensaios. Rio de Janeiro: Edições Galo Branco, 2011.

____; MAFRA, Clara. O Espírito da Simplicidade: a cosmologia da Batalha Espiritual e as concepções de corpo e pessoa entre policiais pentecostais cariocas. *Religião e Sociedade*, v. 22, n. 1, p. 57-76, jan./jul. 2002.

_____. et al. Dançando para evangelizar as massas: novas práticas proselitistas e novos sentidos simbólicos do sagrado em uma igreja evangélica de Nova Iguaçu. *Revista Eletrônica Cadernos da Fael*, v. 1, n. 3, p. 1-17, set./dez. 2008. Disponível em: <www.unig.br/cadernosdafael/vol1_num3/ARTIGO%20ROBSON%20CADERNOS%203.pdf>. Acesso em: 12 jul. 2012.

DOLGHIE, Jacqueline. *Por uma produção e reprodução musical do presbiterianismo brasileiro*: a tendência gospel e sua influência no culto. Tese (doutorado em ciências da religião) — Programa de Pós-graduação em Ciências da Religião, Universidade Metodista de São Paulo, São Bernardo, 2007.

FERNANDES, Rubem C. et al. *Novo nascimento*: os evangélicos em casa, na igreja e na política. Rio de Janeiro: Mauad, 1998.

JUNGBLUT, Airton Luiz. A salvação pelo rock: sobre a "cena underground" dos jovens evangélicos no Brasil. *Religião e Sociedade*, Rio de Janeiro, v. 27, n. 2, p. 140-162, ago./dez. 2007.

MAFRA, Clara. *Na posse da palavra*: religião, conversão e liberdade pessoal em dois contextos nacionais. Lisboa: Editora do Instituto de Ciências Sociais; Universidade de Lisboa, 2002.

_____. *Os evangélicos*. Rio de Janeiro: Jorge Zahar, 2001.

MARIZ, Cecília. A teologia da batalha espiritual: uma revisão da bibliografia. *Revista Brasileira de Informação Bibliográfica em Ciências Sociais*, v. 47, n. 1, p. 33-48, jan./abr. 1999.

MENDONÇA, Antônio Gouveia. A evolução histórica e configuração atual do protestantismo no Brasil. In: MENDONÇA, Antônio Gouveia; VELASQUES FILHO, Prócoro. *Introdução ao Protestantismo no Brasil*. São Paulo: Edições Loyola, 1990. p. 11-58.

MIZRAHI, Mylene. Indumentária funk: a confrontação da alteridade colocando em diálogo o local e o cosmopolita. *Horizontes Antropológicos*, Porto Alegre, ano 13, n. 28, p. 231-262, jul./dez. 2007.

OLIVEIRA PINTO, Tiago. Som e música. Questões de uma antropologia sonora. *Revista de Antropologia*, São Paulo, v. 44, n. 1, p. 1-41, jan./jun. 2001.

PINHEIRO, Márcia. *Na "Pista" da Fé*: música, festa e outros encontros culturais entre os evangélicos do Rio de Janeiro. Tese (doutorado de sociologia e antropologia) — Programa de Pós-graduação em Sociologia e Antropologia, Universidade Federal do Rio de Janeiro, Rio de Janeiro, 2006.

_____. O proselitismo evangélico: musicalidade e imagem. *Cadernos de Antropologia e Imagem*, Rio de Janeiro, v. 7, n. 2, p. 57-67, ago./dez. 1998.

SAMPAIO, Camila. *Em busca de um namoro de Deus*: um ensaio etnográfico sobre as relações afetivas de jovens pentecostais. Monografia (bacharelado) — Instituto de Filosofia e Ciências Humanas, Universidade do Estado do Rio de Janeiro, 2004.

VIANNA, Hermano. *Funk* e cultura popular carioca. *Estudos Históricos*, Rio de Janeiro, v. 3, n. 6, p. 244-253, ago./out. 1990.

_____. *O mundo funk carioca*. Rio de Janeiro: Zahar, 1988.

8.

Deslocamentos parnasianos nos versos "malditos" de Olavo Bilac

*Fernando Monteiro de Barros**

O mais emblemático poeta parnasiano de nosso país, Olavo Bilac (1865-1918), possui, em sua vasta produção poética, uma gama variada de matizes temáticos, dentre os quais, de forma sutil, julgamos entrever referências veladas ao "amor maldito" de Oscar Wilde, Michelangelo e Sócrates. A julgar pela aclamação pública do autor, membro da Academia Brasileira de Letras e eleito "príncipe dos poetas brasileiros", em 1907, pela revista *Fon-Fon*, arriscamos dizer que tal temática, assim como a temática do erotismo feminino, abundante em sua poesia, teriam sido desconsideradas pelos leitores conservadores que provavelmente liam seus versos apenas pelo prestígio de seus significantes refinados, símbolos de cultura e pertencimento à civilização de matriz europeia, supervalorizada no Brasil da *Belle Époque*.

O parnasianismo, estilo literário circunscrito à poesia que surgiu na França a partir da segunda metade do século XIX, notadamente com *Émaux et Camées* (1852), de Théophile Gautier, *Les fleurs du mal* (1857), de Charles Baudelaire, e *Le parnasse contemporain* (1866), antologia na qual participaram, além de Gautier e Baudelaire, nomes que ficariam identificados com o movimento, como Leconte de L'Isle e Theodore de Banville, possuía, no seu

---

* Doutor em letras (letras vernáculas — literatura brasileira) pela Universidade Federal do Rio de Janeiro (2002). Atualmente é professor adjunto de literatura brasileira da Universidade do Estado do Rio de Janeiro, *campus* São Gonçalo, onde desenvolve a pesquisa "Marcas do decadentismo na poesia de Olavo Bilac". É membro pesquisador dos grupos (CNPq), "Estéticas de fim de século" e "Ressonâncias do decadentismo na *belle époque* brasileira". Atua principalmente nos seguintes temas: literatura, história e cultura, imaginários culturais e literatura e estéticas de fim de século.

afastamento do etos burguês uniformizador e utilitarista do capitalismo dezenovesco e no culto supremo da arte pela arte, um franco caráter de oposição cultural no contexto europeu de origem. Ressalta-se, na poética parnasiana, o retorno aos temas da antiguidade clássica e o rigor formal de sua métrica. Nas palavras de Dominique Maingueneau, de fato, "o poeta parnasiano se propõe como 'testemunha heráldica' de um mundo desaparecido" (Maingueneau, 2006:311), já que, "por meio de sua criação, o poeta afasta-se de um mundo industrial repugnante ao mesmo tempo em que legitima e preserva esse afastamento" (Maingueneau, 2006:306). Destarte, na Paris burguesa e capitalista da segunda metade do século XIX, o poeta parnasiano, "exilado num mundo prosaico, escreve sonetos monumentais que encenam sua própria separação de um mundo sem monumentos" (Maingueneau, 2006:306).

O esteticismo se espraiava também por outros estilos e gêneros literários. Como assinala Umberto Eco, no contexto cultural europeu do período, em meio à industrialização e ao positivismo, onde a cultura de massa já se afirmava, "o artista vê ameaçados os seus ideais, percebe as ideias democráticas como inimigas, resolve ser diferente, marginalizado, aristocrático ou maldito e retira-se para a torre de marfim da arte pela arte", onde "ganha forma uma religião estética segundo a qual a Beleza é o único valor a ser realizado" (Eco, 2007:350).

Transplantado para o Brasil, em um momento de profissionalização da figura do escritor e de identificação da literatura e das artes com a cultura oficial da Primeira República, e de longuíssima duração — umas quatro décadas pelo menos, dos últimos anos do Império até a década de 1920 —, o Parnasso é considerado, pela maioria dos críticos e historiadores de nossa literatura, uma estética conservadora. Em um país recém-saído do regime escravocrata, contando com uma vasta população de analfabetos, a prática literária, tanto a de escritores como a de leitores, efetivamente constituía "uma das instâncias de diferenciação e de distinção sociais numa sociedade fortemente hierarquizada", como aponta Fernando Cerisara Gil (2006:23), para quem a poética parnasiana (assim como a simbolista) consagra a figura do poeta como habitante de uma torre de marfim, desejoso de "se ver diferenciado da incultura, da miséria e do atraso geral do país" (Gil, 2006:32). Assim, para Gil, enquanto os poetas europeus do final do século XIX apresentavam, em seu desdém pelo público, "um gesto de rebeldia ou de contestação à vulgarização, à banalização ou ao consumismo do mundo burguês" (Gil, 2006:32), em um contexto socioeconômico bem diferente do nosso, à mesma época, a postura estetizante de nossos parnasianos configurava, por sua vez, um desejo de se ocupar uma posição superior na hierarquia social, bem como também de pertencer ao mesmo escol de seus coetâneos europeus.

Dessa forma, a poesia brasileira do *fin-de-siècle* e da *Belle Époque*, vastamente parnasiana, acabou recebendo a condenação modernista, ratificada por vários críticos que a acusaram de ser afetada e superficial (Needell, 1993:215): afetação, pelo preciosismo da linguagem e da forma, buriladas como preciosa ourivesaria; e superficialidade, pela recusa das questões político-sociais de seu tempo. Na Europa, tal atitude expressava, desde Baudelaire, "um gesto de reação antiburguesa diante da sociedade capitalista convencional e mercantilizada" (Gil, 2006:32). No Brasil, por refletir uma vontade de elitização, acabou sendo, por parte da crítica, identificada com esta mesma classe burguesa convencional que os parnasianos europeus (assim como os simbolistas e os decadentistas) tanto desdenhavam, conforme atesta Alexei Bueno, ao defender que "o Parnasianismo perseverou, por assim dizer, como o braço poético oficial de uma república positivista e laica, de uma *Belle Époque* cética e risonha" (Bueno, 2007:152).

Tal postura conservadora e convencional atribuída ao parnasianismo brasileiro parece ser desmentida por vários poemas de nossos parnasianos, sobretudo os de Olavo Bilac, como o que se segue:

> Ah! quem há de exprimir, alma impotente e escrava,
> O que a boca não diz, o que a mão não escreve?
> — Ardes, sangras, pregada à tua cruz, e, em breve,
> Olhas, desfeito em lodo, o que te deslumbrava...
>
> O Pensamento ferve, é um turbilhão de lava:
> A Forma, fria e espessa, é um sepulcro de neve...
> E a Palavra pesada abafa a Ideia leve,
> Que, perfume e clarão, refulgia e voava.
>
> Quem o molde achará para a expressão de tudo?
> Ai! quem há de dizer as ânsias infinitas
> Do sonho? e o céu, que foge à mão que se levanta?

E a ira muda? e o asco mudo? e o desespero mudo?
E as palavras de fé que nunca foram ditas?
E as confissões de amor que morrem na garganta?

No soneto transcrito, "Inania verba", do livro *Alma inquieta*, publicado em 1902, na segunda edição de *Poesias*, Bilac, se por um lado parece apontar para "o dilema do poeta em enunciar a poesia" (Gil, 2006:65), considerada pelos parnasianos e simbolistas como pertencente a uma esfera superior, idealizada e excelsa, de outro lado parece denunciar a presença inquietante do que não pode ser nomeado em sua produção poética. Cumpre ressaltar que nosso parnasianismo nunca foi ortodoxo como sua matriz francesa, em que o distanciamento e a impassibilidade do eu-lírico eram onipresentes. Em Bilac, assim como em outros poetas do mesmo período, é frequente certa contaminação estilística que rasurava os postulados da estética à qual proclama filiar-se, e fazia com que em sua obra despontassem marcas decadentistas e românticas.

O tom confessional do romantismo, com os eflúvios de transbordamento do eu lírico, é assaz presente na poesia de Olavo Bilac. Entretanto, o que nos chama a atenção é o fato de que em vários de seus sonetos o eu lírico apresente a nota paradoxal da confissão que não se confessa, mas apenas insinua-se, reticente e velada, dentro do diapasão do amor que não pode abertamente declarar-se, eivado de conotações malditas, como no soneto "Incontentado", também de *Alma inquieta*, título que por si só já deixa entrever o aspecto nada convencional que entremeia a obra de Bilac:

Paixão sem grita, amor sem agonia,
Que não oprime nem magoa o peito,
Que nada mais do que possui queria,
E com tão pouco vive satisfeito...

Amor, que os exageros repudia,
Misturado de estima e de respeito,
E, tirando das mágoas alegria,
Fica farto, ficando sem proveito...

Viva sempre a paixão que me consome,
Sem uma queixa, sem um só lamento!
Arda sempre este amor que desanimas!

Eu, eu tenha sempre, ao murmurar teu nome,
O coração, malgrado o sofrimento,
Como um rosal desabrochado em rimas.

    O acento intimista e confessional do soneto apresenta a dialética paradoxal do eu lírico que se confessa sem se confessar, uma vez que o objeto amoroso do poema jamais é revelado. O sujeito do poema, aqui, caracteriza-se pela resignação de viver satisfeito com tão pouco, de tirar alegrias das mágoas e de ficar farto sem um proveito sequer, ardendo na paixão que o consome "sem uma queixa, sem um só lamento". Amor platônico que nos remete à esfera do proibido, devido à impossibilidade.
    Ainda no mesmo livro, o soneto a seguir, apropriadamente intitulado "Maldição", parece dialogar com o tema do amor não confessado e não vivido, pela sua interdição:

Se por vinte anos, nesta furna escura,
Deixei dormir a minha maldição,
— Hoje, velha e cansada da amargura,
Minh'alma se abrirá como um vulcão.

E, em torrentes de cólera e loucura,
Sobre a tua cabeça ferverão
Vinte anos de silêncio e de tortura,
Vinte anos de agonia e solidão...

Maldita sejas pelo Ideal perdido!
Pelo mal que fizeste sem querer!
Pelo amor que morreu sem ter nascido!

Pelas horas vividas sem prazer!
Pela tristeza do que eu tenho sido!
Pelo esplendor do que eu deixei de ser!...

Aqui convém sublinharmos que a flexão de gênero no primeiro verso do primeiro terceto — "maldita" — não parece referir-se a um suposto objeto amoroso do sexo feminino, mas sim à "maldição" que dormira por "vinte anos" na alma do eu lírico. Mais uma vez temos a presença de versos que se direcionam para um amor inconfessável, sufocado, apontando para a existência, na obra de Bilac, de uma corrente subterrânea, "uma espécie de discurso secreto, animando, do interior, os discursos manifestos" (Foucault, 2008:33), fazendo com que nos perguntemos "o que se dizia no que estava dito" (Foucault, 2008:31), já que, segundo Michel Foucault (2008:31), "a análise do pensamento é sempre alegórica em relação ao discurso que utiliza", pois

(...) todo discurso manifesto repousaria secretamente sobre um já-dito; e que este já-dito não seria simplesmente uma frase já pronunciada, um texto já escrito, mas um "jamais-dito", um discurso sem corpo, uma voz tão silenciosa quanto um sopro, uma escrita que não é senão o vazio de seu próprio rastro. Supõe-se, assim, que tudo que o discurso formula já se encontra articulado nesse meio-silêncio que lhe é prévio, que continua a correr obstinadamente sob ele, mas que ele recobre e faz calar. (Foucault, 2008:28)

E, ainda, neste mesmo raciocínio,

(...) se tenta encontrar, além dos próprios enunciados, a intenção do sujeito falante, sua atividade consciente, o que ele quis dizer, ou ainda o jogo inconsciente que emergiu involuntariamente do que disse ou da quase imperceptível fratura de suas palavras manifestas; de qualquer forma, trata-se de reconstituir um outro discurso, de descobrir a palavra muda, murmurante, inesgotável, que anima do interior a voz que escutamos, de restabelecer o texto miúdo e invisível que percorre o interstício das linhas escritas e, às vezes, as desarruma. (Foucault, 2008:30-31)

Se aqui utilizamos os postulados de Foucault em relação ao discurso da história para tratarmos do enunciado do discurso poético, é porque, no presente estudo, declaramos nossa intenção de apontar, nos versos bilaquianos, pistas alusivas ao "amor que não ousa dizer seu nome", em evidente cruzamento do eu lírico com o eu civil e biográfico. Para isso, mais uma vez, valemo-nos do filósofo francês, quando este diz, a propósito do texto literário: "seria absurdo negar a existência do indivíduo que escreve e inventa", pois

> (...) na ordem do discurso literário, pede-se que o autor preste contas da unidade de texto posta sob seu nome; pede-se que revele, ou ao menos sustente, o sentido oculto que os atravessa; pede-se-lhe que os articule com sua vida pessoal e suas experiências vividas, com a história real que os viu nascer". (Foucault, 1999:27-28)

Olavo Bilac, em sua biografia, conforme já apontamos, passou para a história da literatura brasileira como o escritor que, em nossas letras, "alcançou o maior prestígio e a mais alta identificação popular jamais registrada, em plena vida e por um período duradouro" (Bueno, 2007:186). Entretanto, pairam suspeições sobre sua vida amorosa, apesar do aspecto exemplar de sua reputação, que o consagra como príncipe dos poetas parnasianos, em uma trajetória marcada por altas doses de civismo e participação na vida pública, tendo sido defensor do serviço militar obrigatório e também um dos fundadores da Academia Brasileira de Letras. No entanto, Bilac tinha "fama de grande erótico, embora nunca tivesse sido visto com uma mulher" (Bueno, 2007:186). Os biógrafos tradicionais frisam a frustrada paixão que Bilac supostamente tivera pela irmã do também poeta parnasiano Alberto de Oliveira, Amélia, de quem fora noivo, mas com quem não pudera casar-se por proibição da família da moça. Contudo, há quem aponte outros motivos que impossibilitariam o casamento dos dois, como o jornalista e ativista *gay* João Silvério Trevisan, em texto pioneiro da década de 1980 marcado pela agressividade militante daqueles anos de abertura política em nosso país:

> João do Rio forma, com Mário de Andrade e Olavo Bilac, a tríade de ilustres escritores do começo do século XX com fama de homossexuais. Olavo Bilac é não só cultuado nas escolas e lido por todas as crianças brasileiras, como também o mais acadêmico e oficial dos poetas brasileiros, tendo inclusive composto a letra do Hino da Bandeira; em sua época, dele dizia-se, maldosamente e não tão em sigilo, que era o maior pederasta do país. (Trevisan, 1986:153)

Para Marisa Lajolo, "a imagem que dele fixaram as antologias e a tradição escolar sublinha, injustamente, os traços exemplares e conservadores de sua figura" (Lajolo, 1985:8), sobre a qual "o rótulo parnasiano, no entanto, dilui na generalidade do conceito a pluralidade de poetas presentes no texto de Bilac" (Lajolo, 1985:9). Aqui, particularmente, interessa-nos o Bilac que deixa entrever pistas do "amor que não ousa dizer seu nome", frase retirada de um verso do poema de lord Alfred Douglas, amante de Oscar Wilde, que converteu-se em eufemismo para designar o amor entre dois homens.

Mais uma vez fazendo uso das palavras de Michel Foucault, o final do século XIX vê surgir o discurso médico-científico da psicopatologia, condenatório da homossexualidade, entre outras condutas "desviantes":

> No domínio com o qual a Psicopatologia se ocupou no século XIX, vemos aparecer, muito cedo, toda uma série de objetos pertencentes ao registro de delinquência: o homicídio (e o suicídio), os crimes passionais, os delitos sexuais, certas formas de roubo, a vagabundagem e, depois, através deles, a hereditariedade, o meio neurógeno, os comportamentos de agressão ou de autopunição, as perversidades, os impulsos criminosos, a sugestibilidade etc. (Foucault, 2008:48)

Aliás, o próprio termo "homossexual" surge no cenário cientificista deste século (Costa, 1992:11), em que a sexualidade e seus desvios em relação a proibições habituais "tornam-se pela primeira vez objeto de demarcação, de descrição e de análise para o discurso psiquiátrico" (Foucault, 2008:46).

Por outro lado, no entanto, nos círculos elegantes parisienses do *fin-de-siècle*, o amor que não ousa dizer seu nome era considerado um "vício sofisticado", sensação rara de espíritos artísticos e requintados, que ao se entregarem a tal prática não apenas satisfaziam certa "nostalgia da lama", como também "davam mostras de uma sensibilidade refinada que o sexo ordinário não satisfazia" (Weber, 1988:53), exibindo assim a medida de uma "civilização cujo refinamento se espelhava na sua corrupção" (Weber, 1988:55). Tal visão encontra-se presente na poética finissecular do decadentismo, transgressora em relação aos princípios burgueses e ao discurso positivista e cientificista dominante na época, e que no Brasil mescla-se à produção de nossos simbolistas e parnasianos, como Bilac.

Segundo Fernando Carvalho (1962:19), a poesia decadentista "exalta o amor em termos de pecado". Não propriamente o amor, mas sim "a luxúria, ou, por outro lado, é esse o nome que recebe quase sempre o amor na poesia decadente" (Carvalho, 1962:19). No poema "Pecador", de Olavo Bilac, também de *Alma inquieta*, podemos entrever na figura do título a faceta transgressora da luxúria, numa alusão velada às chamadas "sexualidades decadentes" (Salgado, 2007:40):

> Este é o altivo pecador sereno,
> Que os soluços afoga na garganta,
> E, calmamente, o copo de veneno
> Aos lábios frios sem tremer levanta.
>
> Tonto, no escuro pantanal terreno
> Rolou. E, ao cabo de torpeza tanta,
> Nem assim, miserável e pequeno,
> Com tão grandes remorsos se quebranta.
>
> Fecha a vergonha e as lágrimas consigo...
> E, o coração mordendo impenitente,
> E, o coração rasgando castigado,
>
> Aceita a enormidade do castigo,
> Com a mesma face com que antigamente
> Aceitava a delícia do pecado.

Este "pecador" bilaquiano apresenta fortes traços de dandismo. Para Charles Baudelaire, poeta central da literatura ocidental do século XIX, cujo raio de influência estendeu-se tentacularmente aos estilos do parnasianismo, do decadentismo, do simbolismo e do modernismo, o *dandy* é mais do que um homem elegantemente trajado: é também um transgressor dos valores morais instituídos, ostentando um desdém aristocrático pelos homens comuns e virtuosos de seu tempo e apresentando "o ar frio que vem da inabalável resolução de não se emocionar" (Baudelaire, 1995:873).

A altivez desdenhosa da figura-título do poema de Bilac, sua serenidade, frieza e indiferença, tanto no gozo quanto na dor, inscrevem-no na grandeza trágica do *dandy* baudelairiano, que "beira os abismos" (Mucci, 1994:50) rolando, "miserável", em "torpeza tanta", em seu pacto acintoso e deleitoso com o vício. No dizer de Marcus Salgado (2007:13), o *dandy* é "um transgressor de convenções e moralidades — inclusive as sexuais". Para José Carlos Seabra Pereira (1975:18), as "metamorfoses do *mal du siècle*, formas requintadas de distorção da sexualidade, deleite na excitação ou prostração nervosa", não deixam de prestar tributo a seu mestre tutelar: "o grande marco dessa derivação é, sem dúvida, Charles Baudelaire" (Pereira, 1975:19). Conforme frisa Ivan Teixeira (2001:XXVI), Bilac "soube adaptar as sugestões de Baudelaire, que ele leu e traduziu".

Na mesma esteira de "Pecador" avulta outro soneto de *Alma inquieta*, "Só", também alusivo à marca transgressora das "sexualidades decadentes":

> Este, que um deus cruel arremessou à vida,
> Marcando-o com o sinal da sua maldição,
> — Este desabrochou como a erva má, nascida
> Apenas para aos pés ser calcada no chão.
>
> De motejo em motejo arrasta a alma ferida...
> Sem constância no amor, dentro do coração
> Sente, crespa, crescer a selva retorcida
> Dos pensamentos maus, filhos da solidão.
>
> Longos dias sem sol! noites de eterno luto!
> Alma cega, perdida à toa no caminho!
> Roto casco de nau, desprezado no mar!
>
> E, árvore, acabará sem nunca dar um fruto;
> E, homem, há de morrer como viveu: sozinho!
> Sem ar! sem luz! sem Deus! sem fé! sem pão! sem lar!

Aqui, porém, o ar triunfal do eu lírico de "Pecador", orgulhoso em seu dandismo, dá lugar à postura elegíaca do eu lírico como consciente de sua condição de amaldiçoado, proscrito e condenado — afinal de contas, por mais que houvesse notas decadentistas aqui e ali na poesia brasileira do período, o Rio de Janeiro da *Belle Époque*, provinciano e profundamente marcado pelos valores positivistas que engendraram a recém-proclamada República, estava muito mais próximo do discurso hegemônico da psicopatologia do que do refinamento decadente dos círculos sofisticados da metrópole parisiense.

Como figura pública consagrada em seu país, ao contrário dos transgressores poetas europeus do período, antagônicos em relação ao capitalismo burguês da civilização ocidental, Olavo Bilac, certamente orgulhoso do reconhecimento de que gozava como poeta oficial, forçosamente deve ter tido que sufocar a faceta inconfessável de sua vida pessoal que, não obstantemente, espoucava em versos como os que aqui transcrevemos.

Em seu derradeiro livro de poemas, *Tarde*, publicado postumamente em 1919, observamos um eu lírico lamentoso do que não pôde expressar plenamente, em sonetos como "Penetralia":

> Falei tanto de amor!... de galanteio,
> Vaidade e brinco, passatempo e graça,
> Ou desejo fugaz, que brilha e passa
> No relâmpago breve com que veio...
>
> O verdadeiro amor, honra ou desgraça,
> Gozo ou suplício, no íntimo fechei-o:
> Nunca o entreguei ao público recreio,
> Nunca o expus indiscreto ao sol da praça.
>
> Não proclamei os nomes, que, baixinho,
> Rezava... E ainda hoje, tímido, mergulho
> Em funda sombra o meu melhor carinho.
>
> Quando amo, amo e deliro sem barulho;
> E, quando sofro, calo-me, e definho
> Na ventura infeliz do meu orgulho.

Conforme uma vez mais nos diz Michel Foucault (1999:8-9), "em toda a sociedade a produção do discurso é ao mesmo tempo controlada, selecionada, organizada e redistribuída por certo número de procedimentos que têm por função conjurar seus poderes e perigos". De todos os procedimentos de exclusão, "o mais evidente, o mais familiar, é a interdição" (Foucault, 1999:9), que no discurso se opera pela proscrição da "palavra proibida" (Foucault, 1999:19). Desta forma, só parece ter restado mesmo a Olavo Bilac, no balanço final de sua produção poética, em que, ao que tudo indica, teve de sufocar aquilo que, para a sociedade brasileira da época era da ordem do inconfessável, a consciência trágica do "Remorso":

> Às vezes, uma dor me desespera...
> Nestas ânsias e dúvidas em que ando,
> Cismo e padeço, neste outono, quando
> Calculo o que perdi na primavera.
>
> Versos e amores sufoquei calando,
> Sem os gozar numa explosão sincera...
> Ah! mais cem vidas! com que ardor quisera
> Mais viver, mais pensar e amar cantando!
>
> Sinto o que esperdicei na juventude;
> Choro, neste começo de velhice,
> Mártir da hipocrisia ou da virtude,
>
> Os beijos que não tive por tolice,
> Por timidez o que sofrer não pude,
> E por pudor os versos que não disse!

Assim, nosso parnasianismo, transplantado de Paris para um Brasil eufórico com a modernização e a civilização, apresenta-se crivado de distopias, onde o paradoxo do ser e do não ser faz-se verificar para os leitores que procurem nesta estética muito mais que vasos gregos e versos de mármore.

Referências

BAUDELAIRE, Charles. O pintor da vida moderna. In: ____. *Poesia e prosa*. Rio de Janeiro: Nova Aguilar, 1995.

BILAC, Olavo. *Poesias*. São Paulo: Martins Fontes, 2001.

BUENO, Alexei. *Uma história da poesia brasileira*. Rio de Janeiro: G. Ermakoff Casa Editorial, 2007.

CARVALHO, Fernando. Introdução: Wenceslau de Queiroz. In: QUEIROZ, Wenceslau de. *Poesias escolhidas*. São Paulo: Conselho Estadual de Cultura, 1962. p. 7-28.

COSTA, Jurandir Freire. *A inocência e o vício*: estudos sobre o homoerotismo. Rio de Janeiro: Relume Dumará, 1992.

DAMATA, Gasparino; AYALA, Walmir (Org.). *Poemas do amor maldito*. Brasília, DF: Coordenada, 1969.

ECO, Umberto. *História da feiúra*. Rio de Janeiro: Record, 2007.

FOUCAULT, Michel. *A arqueologia do saber*. 7. ed. Rio de Janeiro: Forense Universitária, 2008.

____. *A ordem do discurso*. 5. ed. São Paulo: Loyola, 1999.

GIL, Fernando Cerisara. *Do encantamento à apostasia*: a poesia brasileira de 1880-1919. Curitiba: Ed. UFPR, 2006.

LAJOLO, Marisa. Introdução. In: BILAC, Olavo. *Os melhores poemas de Olavo Bilac*. São Paulo: Global, 1985. p. 7-17.

MAINGUENEAU, Dominique. *Discurso literário*. São Paulo: Contexto, 2006.

MUCCI, Latuf Isaías. *Ruína e simulacro decadentista*. Rio de Janeiro: Tempo Brasileiro, 1994.

NEEDELL, Jeffrey. *Belle Époque tropical*: sociedade e cultura de elite no Rio de Janeiro na virada do século. São Paulo: Companhia das Letras, 1993.

PEREIRA, José Carlos Seabra. *Decadentismo e simbolismo na poesia portuguesa*. Coimbra: Centro de Estudos Românicos, 1975.

SALGADO, Marcus. *A vida vertiginosa dos signos*. São Paulo: Antiqua, 2007.

TEIXEIRA, Ivan. Em defesa da poesia (bilaquiana). In: BILAC, Olavo. *Poesias*. São Paulo: Martins Fontes, 2001. p. VII-LIX.

TREVISAN, João Silvério. *Devassos no paraíso*: a homossexualidade no Brasil, da colônia à atualidade. São Paulo: Max Limonad, 1986.

WEBER, Eugen. *França fin-de-siècle*. São Paulo: Companhia das Letras, 1988.

9.

Entre a falta e o excesso: releituras de Rosa e Machado na terceira margem

Maria Cristina Cardoso Ribas[*]

> Margem da palavra
> Entre as escuras duas
> Margens da palavra (...)
> Rosa da palavra
> Puro silêncio, nosso pai.
> Caetano Veloso

Introdução

Vivemos, hoje, momentos de dispersão e exclusão nos grandes centros, momentos estes que podem se transformar em tempos de reunião e reorganização. Tal transformação é possível exatamente nos lugares condenados ao esquecimento ou à vigilância: as fronteiras — justo por serem estas linhas pontilhadas e eivadas de ambivalência, trechos de múltiplos contatos, tracejados,

---

[*] Possui doutorado em letras (ciência da literatura/teoria literária), pela Universidade Federal do Rio de Janeiro (1997). Desde 2003 é professora adjunta do Departamento de Letras da Faculdade de Formação de Professores da Universidade do Estado do Rio de Janeiro (FFP/Uerj), em São Gonçalo, instituição em que exerce a função de coordenadora de Extensão. Publicou vários artigos em periódicos nacionais e estrangeiros e é autora do livro *Onze anos de correspondência: os machados de Assis* (Editora PUC-Rio; 7 Letras, 2008).

que ao mesmo tempo dividem e unem sujeitos e territórios. Entendemos que determinados lugares definidos primariamente como espaços de vazio, exclusão, transgressão — e por isso marginalizados — podem representar, conforme propomos, nova estratégia, ou seja, um posto privilegiado de observação, sobrevivência e voz, espaço este que desliza da simples horizontalidade e move-se *entre* formações culturais e processos sociais sem uma lógica causal centrada (Bhabba, 1998). A experiência marginal por nós elogiada refere-se ao contraponto de uma centralidade dominante; ao se constituir de margens vivas que se desdobram em múltiplas realidades, essa experiência marginal multifacetada contradiz a centralidade absoluta (Martins, 2011).

Encontramos exemplo no texto literário e propomos a releitura, na contemporaneidade, de duas obras canônicas, visando: (1) focalizar, sob outro ângulo, a experiência marginal ficcionalizada, ressaltando a força significativa e atuação transformadora do que se apresenta, num prognóstico tradicional de leitura, como fragilidade e fuga — seja dos eventos, seja dos personagens em cena; (2) entender o passado como anterioridade que insere o outro (*álter*) nas fissuras deste presente; (3) encontrar o presente como expressão de uma contemporaneidade que não é pontual ou sincrônica; (4) compreender o silêncio como modo singular de dizer, assim como identificar as decantadas obediência e concórdia não somente como servilismo, mas também como possíveis estratégias de resistência e enfrentamento oblíquo; e (5) através da margem "terceira", chegar mais próximo do que seria essa constituição *ternária* do discurso.

Com esse amplo propósito, optamos pela releitura de dois contos, com diferença de um século: "A terceira margem do rio" (1962), de Guimarães Rosa (1908-67), e "Teoria do medalhão, diálogo" (1881), de Machado de Assis (1839-1908). Em ambos, cada um a seu modo, as práticas sociais e os legados da cultura constituem um imaginário que, em sua maioria, reproduz, na vida cotidiana moderna, procedimentos e representações simbólicas das sociedades tradicionais. Ao rever essa mesma tradição pelo avesso, esperamos reencontrar estratégias de resistência/sobrevivência aos velhos — ainda vigentes? — mecanismos de poder, para conseguir ouvir aquele que está sob a chancela da sujeição. Nossa hipótese é que, como o assujeitamento pede cumplicidade, a atitude servil muitas vezes é estratégia deliberada de sobrevivência e configura uma prática específica. Ao mesmo tempo que discutiremos as atitudes dos personagens, colocaremos em xeque os procedimentos de leitura sacramentados.

A razão da escolha desses contos, ressaltadas as diferenças estilísticas, temáticas, contextuais, é mobilizada por nosso desejo já anunciado de enfrentar o texto literário como metáfora da formação das subjetividades, sempre buscando alargar o presente anacrônico como expressão do contemporâneo, mas sem a carga da continuidade temporal (Agamben, 2010). Ao teorizar sobre a terceira margem, pretendemos desentranhar do próprio discurso as pistas de leitura e o substrato teórico que o ilumina aos olhos dos leitores. Dizemos que a história de um filho esperando o pai que não volta, ou de um outro que se anula diante do pai que não se afasta, enfim, o gesto de ficar entre a falta e o excesso, sentir culpa por perder o modelo e não preencher a vacância daquele lugar são procedimentos que dramatizam, na ficção, as inovações metodológicas do comparativismo. Livres do postulado da continuidade (Foucault, 1989), não mais rastreamos fontes, e o antes, entendido como dependência e dívida, torna-se reescritura (Carvalhal, 1986). Nossa leitura pretende rever a dívida, o que implica questionar o conceito de superioridade (Silviano, 1979) e sua contraface, o assujeitamento ao modelo — aqui o pai —, ao mesmo tempo em que converte o novo texto — o filho — em outro ponto de referência, espaço em que marginalizados se instalam e constituem um observatório privilegiado, a experiência marginal a que nos referimos no início.

1. DA MARGEM DE ROSA AO MEDALHÃO DE MACHADO E VICE-VERSA

> O discurso da minoria situa o ato de emergência no entrelugar antagonístico entre a imagem e o signo, o cumulativo e o adjunto, a presença e a substituição.
>
> Homi Bhabha (2010:226)

O conto de Guimarães Rosa fala de um impasse — insolúvel, porque escapa da lógica que rege o grupo — por conta da atitude de um homem cordato que, sem explicação, quebra o cotidiano e desaparece no rio. A partir do evento inusitado, leitores experienciam efeito semelhante ao dos personagens: o estranhamento diante do familiar. Já em *Grande sertão: veredas* Rosa traz o seu amor pelos grandes rios, profundos como a alma do homem. E o tema volta, águas que nunca param e transbordam (n)o que hoje, no século XXI, continua marcando a nossa existência: uma sensação de choque e sobrevivência, dentro de descontinuidades espaçotemporais, como o fato de viver nas fronteiras do presente paradoxalmente nomeado pelo deslizamento do prefixo "pós" (Bhabba, 1998). A leitura do conto traz à tona a predileção de Rosa pela descontinuidade, pelo esmaecimento dos enquadramentos e deslocamento das verdades fixas, nascente, leito, foz e transbordamento de um lugar — a margem terceira — que escapa do controle. Ora, não se trata de margem esquerda ou direita, tampouco a confortável síntese de espaços em jogo ou confronto; mas de uma configuração ternária que pode incluir ambos os lados, estar fora deles, em toda parte e dentro de cada um.

A narrativa se abre prenunciando a atitude de um sujeito quieto — *nosso pai* —, afeito às rotinas diárias, bem falado, que de repente "se desertava para outra sina de existir" (Rosa:1994:409). Daqui para frente, porém, não nos deteremos somente no homem que desaparece das vistas da família, dos conhecidos, inclusive dos nossos olhos de leitores: não falaremos deste pai que toma conta do cenário, do imaginário e se presentifica pela ausência. Antes, queremos trazer à tona o estarrecimento daquele que fica, espécie de guardião da memória paterna e que permanece na margem por toda a sua vida, à espera do que não vem — o filho que ficou postado na aparente imobilidade. Do que se foi, interessa-nos a marca da orfandade não anunciada, o efeito de controle que a ausência súbita e aparentemente injustificada garante:

> Ao escrever, o sujeito se ausenta da escrita, deixando-a percorrer por conta própria sempre o mesmo traçado. Ao se ausentar (...), entremostra em toda a sua fragilidade o inconsciente dele, tal qual figurado no texto escrito, sobre o qual não tem mais controle. (Santiago, 2006:87-88)

A identidade deste filho — narrador — é produto de uma vida inteira de meditação sobre vazio, rejeição, dependência, sobre a grandeza do desconhecido *pari passu* à própria impotência. O outro filho que nos propomos trazer inscreve-se em contexto social diverso, em ordem espaçotemporal anterior, grafado com a pena da galhofa e a tinta da melancolia. Machado de Assis, em "Teoria do medalhão, diálogo", trata de uma conversa entre pai e filho, no ano de 1875,[1] por ocasião do aniversário de 21 anos do rapaz, correspondente à maioridade.[2] Sabemos que são 11 horas da noite pela voz do filho, e que ambos estão sozinhos pela observação do pai.

A data em que se passa a história marca os anos logo subsequentes à intensa movimentação política em torno da questão do elemento servil, da Lei do Ventre Livre (1871), a qual mudara o contexto de forma significativa: criara vias institucionais para obtenção de alforria independentemente do consentimento senhorial. A sua aprovação representou uma ferida narcísica na sociedade paternalista, por submeter o poder privado dos senhores ao domínio da lei. No conto machadiano, logo após a comemoração da maioridade do jovem, está pronto o ambiente para uma fala mais íntima entre pai e filho. Ocorre, entretanto, que o afeto esperado é cenário sempre preterido e, à medida que caminhamos na conversa de ambos, o envolvimento de pai e filho vai se tornando impossível, mesmo porque o laço afetivo não era a prática familiar convencional. Em seu lugar, uma espécie de aconselhamento com vistas à projeção social — não um diálogo, mas um "monólogo de dois".

Se compararmos os parágrafos correspondentes às falas do pai com as do moço "Janjão", as do mais velho gastam muitas linhas, torrente de argumentos exemplificados e traduzidos em imagens analógicas, de forma a favorecer o entendimento e a persuasão do passivo ouvinte; a expressão deste, ao contrário, resume-se num quase inaudível balbucio ou caixa de ressonância da fala paterna. As interlocuções do rapaz são mero repeteco dos finais das últimas palavras do pai — discurso em eco —, quando seria esperado um brinde à autonomia.

---

1. A data foi obtida a partir da narração, no texto de Machado, de que o rapaz nascera a 5 de agosto de 1854, e estava, na ocasião, com 21 anos.
2. A maioridade de 1840 é cuidadosamente escolhida por Machado, pois, com o fim da Regência, o Partido Liberal havia proposto a Maioridade antecipada de d. Pedro II, que faria 18 anos em 1843, mas que foi proclamado maior de idade quando completara 14, em 23 de julho do referido ano. Segundo Gledson (2003), foi a partir desta época que os diferentes grupos na política brasileira começaram a adotar "rótulos políticos". Entendemos que o conto favorece uma referência alegórica à situação política do período e, nesta leitura, a maioridade representa a convergência dos aspectos humano e político, dominação e dependência, formação ou conformação da identidade nacional.

Se em Machado encontramos um pai ausente pela presença e cujo papel se resume em mandado social, artefato político, pilar da tradição de uma sociedade patriarcal que se relaciona com dependentes e, ciente da "inópia mental" (Assis, 1979:290) do filho, pretende *con-formá-lo* aos enquadres sociais; em Rosa, encontramos um pai presente pela ausência, drama vivido por aquele filho que, no esforço de ler o ilegível, vira também um eco da imagem paterna e se instala na margem — do rio e da vida. Nos dois contos, a relação pai e filho funda uma tradição de continuidade, representação de um modelo hierárquico descendente, mas que não se consolida nem se rompe. Na imagem do rio, trazemos à tona o transbordamento da ausência de afeto que provoca o impossível naufrágio em terra seca; a margem esvaziada de um lado pela falta, de outro pelo excesso. Na formação das identidades de ambos os "herdeiros", se há de fato um transbordamento, é de lágrimas não vertidas, sonhos derramados, crianças que passam da infância à decrepitude sem terem escutado a própria voz. E em presença da ausência, as histórias destes órfãos de pais vivos progridem.

2. Leito e (i)ma(r)gem

O que são margens? Riscas pontilhadas, fronteiras, interstício. Convenções, traçados impostos, linhas de múltiplo contato, inclusive com aquilo que separam. A margem tem o ganho de tangenciar o diferente de si. Ao mesmo tempo é o dentro e o fora, não configura território, mas à maneira de horizonte de expectativas, pode se alargar a ponto de constituir um espaço de observação privilegiado. Ali é possível ver com maior abrangência, vislumbrar o que está dividido e até mesmo os mecanismos de poder que instauram essa divisão.

Um primeiro desafio é entender a margem sem meramente identificá-la como lugar de fraqueza, ignorância, exclusão e, ao mesmo tempo, redimensioná-la como outro lugar, substituindo a decantada fragilidade do sujeito que vive (n)a margem por uma possibilidade de ser esta uma opção, uma escolha. A aventura é uma errância e como tal desliza do controle. Mesmo considerando o "marginalizar-se" como estratégia, ressalvamos aqui a ambivalência da intencionalidade: o ato de escolha vem imbuído de eventual perda de controle por parte dos sujeitos que, muitas vezes, sucumbem diante das circunstâncias e deslocam a autoria do gesto para o acaso ou as circunstâncias externas. Urge não pensar nas margens somente como reduto de minorias — essa leitura incidiria sobre o ponto que queremos evitar. O senso de tradição e pertencimento daqueles que se postam nas margens pode não ser o mesmo daqueles que se instalam, convictos, nos grandes centros. E o rótulo "minoria" pode configurar uma estratégia redutora ou enfraquecedora do grupo que na verdade é majoritário, não em termos de poder e voz, mas em presença e número. Voltemos à palavra "margem":

> No dicionário, o verbete 'marginal' aponta, em sua materialidade, diferentes possibilidades de o sujeito colocar-se fora da sociedade ou da lei; (...) A margem, que delimita o espaço, isola aquilo que está dentro (a sociedade, as leis) e exclui o que está fora (o marginal). Ser marginal, nesse sentido, é estar fora da sociedade e de suas leis. Porém, ao nos confrontarmos com a opacidade dos sentidos ali formulados, deparamo-nos com a conjunção "como" que liga (separando) a multiplicidade dos sentidos da palavra 'marginal' ("diz-se de pessoa que vive à margem da sociedade") com a restrição limitante da conformidade ou da comparação: *como* vagabundo, mendigo ou delinquente. (Bonaffe, 2009:141)

Ressaltamos, ainda, a existência de outras formas de o sujeito colocar-se fora da sociedade e de suas leis, as quais não significam, necessariamente, ser "vagabundo", "mendigo" ou "delinquente". Nosso esforço, aqui, é compreender como a marginalidade é formulada, ou melhor, sugerida, passando a ser — pelo viés literário — um objeto simbólico pelo qual o sujeito se coloca em resistência. Neste sentido, "o ser enfraquecido e consumado tem se mostrado mais forte, resistente, 'produtivo' e libertador do que todos os poderosos e articulados projetos de apropriação" (Pecoraro, 2005:60). Hoje não precisamos mais de fundamentos únicos e princípios universais; já experienciamos o abalo dos valores supremos — verdade, morte de Deus, dissolução do ser — e, *pari passu* à desvalorização dos valores tidos como supremos, é possível reivindicar outros — como os das culturas marginais, com a reversão dos cânones artísticos, literários; enfim, mecanismos de reviramento, reapropriação sem, no entanto, torná-los novo centro de poder.

No conto de Machado, paralelamente à debilidade do filho "Janjão", como se constitui este pai, ilustre patriarca? Aconselhador bem-intencionado, arquiteto de uma teoria "pedagógica", modelo de comportamento. *Persona* que se apresenta sem nome próprio e vive, em nome da ascensão social, para tirar proveito da debilidade do filho, ensinando-lhe a encobrir o vazio da própria mediocridade, fingindo preenchê-lo com as benesses sociais e o selo de celebridade que alimenta o *status quo* familiar. E quanto à celebração da maioridade? Se ela, simbolicamente, representa a afirmação da identidade e autonomia do jovem, o fato de se tornar um medalhão, conforme os caracteres listados pelo "pai", não estaria na contramão do processo de independência? Neste contexto desnivelado, seria possível algum diálogo, entendido como uma interlocução de forças que se equiparam? Caberia ao filho afirmar-se pela negação de si próprio? Ou, em acordo à proposta de Maquiavel para a educação principesca, aceitar a alusão bíblica "para os que triunfam" e ingressar na fase de "ornamento indispensável, de figura obrigada, de rótulo" (Assis, 1979:293)? O leitor, de crédulo, nos primeiros parágrafos a desconfiado nos seguintes, acaba identificando a galhofa machadiana nas relações familiares do patriarca com seus dependentes.

Modelo diferente e similar matéria, a alusão bíblica à barca de Noé, no conto de Rosa, ilustra uma suspeita, autoconvencimento, uma retomada do discurso religioso canônico; porque algumas pessoas, na ânsia da decifração, supunham que o pai do menino tivesse sido avisado como Noé. Em "A terceira margem do rio", o leitor se une ao desespero do filho e das tantas pessoas que ali viviam e clamam por uma explicação lógica da atitude do pai. A expectativa de uma explicação racional não encontra respaldo no conto e acaba funcionado pelo oposto: ou seja, alguns leitores entendem a terceira margem como o lugar da transcendência espiritual, da revelação mística — o que, aliás, é sugerido, dentre as hipóteses. Ressaltamos que Guimarães Rosa tem um trabalho em filigrana com a linguagem e não a constrói de forma correlata ao real sensível; ele faz mais que descrever: produz realidades nas margens da palavra. Sobre os nomes do pai e do filho, não são nomeados — as ações e representações dos personagens e as relações de parentesco dispensam nomes. Já no conto de Machado, há um nome do filho — Janjão —, mas repetição silábica, sonoridade infantil.

Procuramos compreender a gênese da escritura, o *phármakon* desses filhos sem nome de pais sem nome, para que a palavra desses sujeitos recupere a carga energética de ser, ao mesmo tempo, remédio e veneno. Não podemos esquecer que a energia, em seus constituintes mais fundamentais, possui a propriedade de identidade, diferenciação individualizadora (Nicolescu, 1996). Do leito à margem, perguntamos: o que faz um homem sem nome próprio ficar durante toda a sua vida na beira de um rio, rios que parecem mar, oceanos de palavras em que não encontramos a demarcação geográfica precisa. Um sujeito que se instala ali, na margem, aparentemente se encontra — e talvez esteja — exilado no seu ambiente doméstico, um estranho no ninho, alguém que não seguiu sua vida conforme os padrões.

Queremos entender, sob outro prisma, esse sujeito que começa o conto menino e fica vida afora esperando o pai que não volta na margem visível do rio. Reação em cadeia, compreender também quando a obediência e a repetição — de um jovem na maioridade diante do patriarca em pleno século XIX — podem produzir diferença, significar resistência, sobrevivência e atuação. Margem esquerda, margem direita, margem terceira. Que espécie de tridimensionalidade seria esta?

3. Dependência e dívida — dos estudos comparativistas

Contos em cena, a figuração filho e pai, tomada como tradição da continuidade, representa um processo conflitado de quebras de expectativas, invenções, convenções. Durante a leitura, confrontado à aparente estagnação desses filhos, tão homogêneos e tão heterogêneos, o leitor não espera que ele mude de atitude. Acostumado a associar esperança à fantasia, silêncio à passividade, margem à exclusão, o leitor autocentrado não consegue enxergar outras possibilidades interpretativas e por isso não lê a espera — e o desespero — daquele personagem como forma de atuação, rebeldia, opção pela clandestinidade, um drible ao que não assimilou. Esse leitor não consegue produzir outros sentidos e não enxerga a reação do filho como possibilidade de resistência, presença de si; sequer considera a margem como um observatório privilegiado e identifica a posição marginal à passividade ou à delinquência. Nossa proposta de leitura da atitude do filho/condição marginal é o avesso, ou seja, a decantada passividade não como fim, mas como *modus operandi*. Com este foco, voltemos à questão da culpa no personagem de Rosa.

É o momento em que o homem recluso, persistente — sujeito obstinado em responder a questões que desconhece, um solitário esperando outro numa cadeia de estares espacejados —, formula um pensamento ontológico, questão crucial para o homem do Ocidente: "Sou homem de tristes palavras. De que era que eu tinha tanta, tanta culpa? Se o meu pai, sempre fazendo ausência" (Rosa, 1994:411).

Nas relações entre sujeitos e culturas com marcas (pós) colonialistas a culpa pressupõe uma dívida e esta, por sua vez, sinaliza alguma modalidade de dependência. Estar endividado aponta para a órbita de satélite, mas a dor e o incômodo da situação dizem respeito a alguém que está prestes a compreender os vínculos — ou grilhões — que o subjugam a outrem tido como centro de poder. A dívida gera pavor ou desconforto e instiga o sujeito ao drible e ao álibi como alternativa para deslizar do modelo e adiar ou desconstruir o xeque-mate. Ocorre que o duelo não é frontal e o enfrentamento vem pelas margens, na obliquidade, captado pela miopia da lente do observador. Assim, analogamente aos estudos comparativistas, o que era entendido como relação de dependência — a dívida — que o personagem/texto adquire com seu pai/antecessor passa a ser entendido como reescrita de textos (Carvalhal, 1986). Trata-se de metodologia que opta pela intertextualidade como diálogo, produto das forças em jogo, e não busca rastrear fontes e influências, o que reforçaria a dependência e bloquearia a fertilidade da permuta. Harold Bloom (1991) desmistifica os procedimentos pelos quais um poeta ajuda a formar outros poetas através da "desleitura" (*misreading*), processo em cadeia de decupagem e apropriação, Édipo às avessas. Nesta perspectiva, reversão da continuidade, o novo refaz a tradição, o filho reconstitui o pai. Borges, por sua vez, fala da articulação entre os textos e defende a leitura como uma reescrita interminável — como pretende em "Pierre Menard, autor del Quijote" (1956). As inovações metodológicas relativas ao comparativismo analisam, portanto, as obras literárias buscando não a originalidade, mas as transformações que cada autor e contexto impõem a seus empréstimos. Livre do postulado da continuidade (Foucault, 1989), o analista não procura rastrear influências; ao estabelecer um diálogo das partes confrontadas, contesta sua hierarquização e o antes entendido como dependência — a dívida — torna-se reescritura (Carvalhal, 1986). Por sua vez, a revisão da dívida implica o questionamento do próprio conceito de superioridade (Santiago, 1978) e, em sua contraface, a submissão ao modelo, convertendo o novo texto em outro ponto de referências que pode, inclusive, iluminar aquele que se declarava matricial. Ao resgatar o que a cultura ortodoxa empurrou para as margens, os estudos culturais operam um trabalho vital. Ao estabelecermos analogias, ao construirmos identidades de forma não hierárquica e valorizarmos mais a diferença do que a dependência, desinstala-se o débito. Este é um procedimento possível.

Urge, portanto, uma permeabilidade por parte do crítico, no sentido de deixar-se atravessar, abrir-se a trocas, negociações e propor mudanças de pontos de vista, ainda que seja para entender a dimensão do jugo e da dependência, percepção de limite necessária à sua transgressão. Outra forma de atuação, ao contrário, não pretende criar um novo texto, mas macaqueia o modelo, exagera o limite, o contexto marginal, dramatiza a dependência e seus efeitos. Voltando a Silviano Santiago, quando cita Borges:

> A originalidade do projeto de Pierre Menard, a sua obra invisível, advém, portanto, do fato de que, recusando nossa concepção tradicional do que seja invenção, faça com que negue a liberdade do criador e instaure a prisão ao modelo, única justificação para o absurdo de seu projeto. (Santiago, 1978:53)

Em *Ficciones* (1956) — livro de Borges em que se encontra o aqui citado "Quixote, autor de Pierre Menard" —, a originalidade é uma tática de transgressão ao modelo. Em outras palavras, reformula-se o que foi tomado de empréstimo e assim agride-se o original. E, neste sentido, o imaginário do escritor trata não da manipulação de uma experiência nem do seu documentário, mas se propõe quase como metalinguagem (Santiago, 1978). Nessa vertente, se a liberdade pretendida não existe, escancara-se a prisão como saída, desmascaramento. O assujeitamento e a repetição passam a ser lidos não como acaso, mas circunstância histórica; e nem a originalidade é pretendida. Ocorre que o citado conjunto de procedimentos experienciados torna-se tática de apropriação e modo de arranhar o que se pretende matriz.

4. Herdeiros de si mesmo

No final do conto de Rosa, o personagem filho tem um encontro visceral para a sua constituição identitária — ele relata, aos leitores surpresos, uma visão do pai. E, conforme ao que imaginara ao longo dos anos de espera: "Eu estava muito no meu sentido. Esperei. Ao por fim, ele apareceu, aí e lá, o vulto. Estava ali, sentado à popa. Estava ali, de grito" (Rosa, 1994:411). A desejada aparição é paradoxalmente um choque para quem se alimentava da espera. Como Hamlet, o filho fala com a imagem do pai, tenta resgatar o que, de acordo com sua história de vida, teria perdido.

Um aporte psicanalítico fala do afã identificatório que nos evoca Narciso ao deparar-se com sua imagem. Ou seja, uma metamorfose na qual tudo passa a ser idêntico e identificável a si mesmo, círculo vicioso que aprisiona esta morfologia. Em vez da *trans-formação* necessária à transmissão, reeditamos Eco, a desolada apaixonada de Narciso, fadada a eternamente reproduzir a fala do amado (Azevedo, 2001). Por breves momentos, a ausência é desfeita e o vazio fica sem razão de ser. Neste momento, ondas de passado sacodem o personagem e ele tenta recuperar o mandato da tradição familiar, o que de súbito, como filho, lhe parecera mais certo — assumir o lugar do pai.

> Ele me escutou. Ficou em pé. Manejou remo n'água, proava para cá, concordado. E eu tremi, profundo, de repente. (...) A reação é imediata: Por pavor, arrepiados os cabelos, corri, fugi, me tirei de lá, num procedimento desatinado. Porquanto que ele me pareceu vir: da parte de além. (Rosa, 1994:412)

O terror do filho ao finalmente encontrar a figura esperada durante toda a vida tem uma justificativa: a possibilidade de este pai, cuja concretude é, ao mesmo tempo, desejada e elidida, "vir do além", ou seja, representar uma temida e ao mesmo tempo confortável fantasmagoria. Exemplo: Se não é "real", pode ser delírio e eu estou louco, logo aquele incômodo não existe de fato. Esta cena dirige mais uma vez o olhar do narrador e personagem para si, fazendo eclodir no texto a culpa reincidente: "Sou o culpado do que nem sei, de dor em aberto, no meu foro (...) E estou pedindo, pedindo, pedindo um perdão" (Rosa, 1994:411). É o retorno da culpa, da dívida mesclada a pecado e assim sugerindo, na ordem do pensamento, um amálgama indivíduo/sociedade/religião. Mas, se há um renascimento, é da identidade do filho que, para sobreviver ao dilúvio interno, precisa recolher os destroços e reescrever sua história, longe do olhar paterno e de sua voz (Derrida, 1971).

Além disso, o mundo verdadeiro, que para ambos — pai e filho — se tornou uma fábula, aponta para o dado de que não há um detentor do critério de verdade, nem do primado da aparência, falsidade. Desse ponto de vista, o negativo e o trágico transformam-se em signos de um percurso, alavancam o renascimento, independentemente do fim da história — que não precisa, portanto, ser entendido somente como aniquilamento. A fuga do filho, numa primeira leitura, pode pressupor retorno à prisão familiar, queremos dizer que a dependência se reorganiza no cenário final. Mas, como vimos dizendo ao longo deste estudo, a evasão pode ser também lida como resistência, vontade de autonomia; e como a culminância de toda uma vida de fixação e permanência na margem, à espera de quem não voltava, mas que se mantinha inexplicavelmente "naqueles espaços do rio, de meio a meio, sempre dentro da canoa, para dela não saltar, nunca mais" (Rosa, 1994:409).

E o que dizer de quem sempre esteve ali, de corpo presente, voz das convenções sociais? Em "Teoria do medalhão", o pretenso diálogo pai-filho durou cerca de incontáveis 60 minutos. Enfim, o conto e a "conversa" acabam exatamente à meia-noite, indicando mais um dia velho que se foi e se repetirá na manhã seguinte. Meia-noite, maioridade, um rito de passagem que não se cumpre, provável desencanto de mais um jovem que continua criança e tenderá à decrepitude antes de amadurecer. Segundo a "Teoria", o ofício de medalhão representa a manutenção da sociedade, do *status* patriarcal, e uma das suas principais qualidades é o conformismo, "(...) aceitar as coisas integralmente, com seus ônus e percalços, glórias e desdouros e assim por diante" (Assis, 1979:289). Não há novo dia, o que nasce já morreu ontem. Não há reflexão: "Uma vez entrado na carreira, deves pôr todo o cuidado nas ideias que houveres de nutrir para uso alheio e próprio. O melhor será não as ter absolutamente..." (Assis, 1979:290).

É este pai quem decide a maioridade do filho. A celebração da pseudo-autonomia representa o oposto da "liberdade para disseminar-se e inseminar-se, longe do olhar paterno e de sua voz" (Derrida apud Santiago, 1971).

O ponto final da história corresponde ao término da conversa, encerrada pelo mesmo pai que também a havia iniciado e desenvolvido. A sua interrupção é clara: manda ruminar sobre o que foi dito e ordena ao filho que durma.

Ora, ruminar pensamentos exige estado de alerta e não combina com dormir. A não ser que o pedido do pai para que o jovem *ruminasse* a teoria que acabara de ensinar fosse, na verdade, mais um ardil retórico para este filho achar que ele mesmo tivesse optado por ser um medalhão, como se ele também terminasse a cena acreditando nesta "livre opção".

Produzir novos sentidos implica ser minimamente livre, além do que representa diferença, presença do outro. E alteridade significando autonomia — no conto, marcada pela maioridade ambivalente de Janjão — não tinha lugar no imaginário senhorial. Qualquer resquício de alteridade era entendido pelos senhores como ofensa ou rebeldia, a menos que fosse concedida por eles. A liberdade era concessão senhorial, e o que deslizava deste enquadramento era tido como insubordinação ou ingratidão ao "bom tratamento paternal".

Constituído este cenário hierárquico e aparentemente homogêneo, controlador, os territórios mais ambíguos seriam justamente aqueles nas quais as práticas políticas, por um lado, não estariam moldadas por reações extremas e previsíveis dos dependentes (submissão aparente, ou antagonismo explícito, chegando às raias da polêmica); nem, por outro, constantemente acionadas por uma das partes envolvidas. Seriam, aí sim, o lugar da permeabilidade — possível pelo afeto —, em que haveria trocas diretas entre senhores e subordinados, entre patriarcas e dependentes, pai e filho, ou seja, o diálogo.

E, sabemos, a interlocução é o espaço em que vazam o deslize, a palavra dita em má hora, o impulso, a reação que vai pouco a pouco desestabilizando até minar a confortável posição dos "detentores das prerrogativas senhoriais" (Chalhoub, 2003:62). Por isto, a importância da desconfiança a que nos referimos antes. Desconfiar, não crer cegamente na voz da autoridade nem no silêncio do servilismo, instaurar a dúvida até compreender o jogo das certezas retóricas, das evidências criadas por interesse pessoal e que, por parecerem óbvias, carecem de provas e desprezam o ponto de vista alheio.

5. A RELAÇÃO DE DEPENDÊNCIA: PAI, FILHO, TERCEIRA MARGEM, TERCEIRO MUNDO

> Impossibilitados de lutar abertamente por seus objetivos, os dependentes tentam alcançá-los fazendo com que os seus senhores imaginem que é vontade deles, senhores, fazer aquilo que eles, dependentes, querem que seja feito.
>
> Sidney Chalhoub (2003:63)

Quando seus personagens não falam, significam pela impossibilidade de dizer. Cabe ao leitor produzir sentido a partir do silêncio, das negativas, das repetições, omissões. É o que acontece com Capitu, cujo grande silêncio é um *phármakon* (Derrida, 1991): riquíssimo de não dizeres que podem significar ao mesmo tempo a sua culpa e a sua inocência, que trazem à tona a obsessão e o ódio de Bento por si mesmo, o seu complexo de dominação e vítima, enquanto revelam, nesta agonia, a formação discursiva da sociedade brasileira e seu culto ao improviso, à auditividade, ao púlpito e à tribuna.

Machado foi um intérprete incansável do discurso político possível aos dominados, discurso este constituído historicamente não no particípio passado — feito, rebelado, sufocado, apagado, ludibriado —, mas na temporalidade do gerúndio, interminável presente: fazendo, rebelando, apagando, ludibriando, e obliquamente (se) constituindo... a história. Com essas reflexões, compreendemos a submissão pelo avesso. Assim, o (não) lugar de Janjão e sua modalidade apática, eco do discurso paterno, sem jamais afrontar a autoridade nem optar explicitamente por uma só alternativa, pode ser algo mais. Em outras palavras, a fala de Janjão, repetindo os finais das falas paternas, pode representar uma estratégia. Este é seu modo de dizer: um eco do pai. Explica Derrida: "A pura repetição, ainda que não mudasse nem uma coisa nem um signo, traz consigo um poder ilimitado de perversão e de subversão" (Derrida, 1971:76).

Ao se manter protegido pelo eco e pela aparente atopia, a *persona* inconsistente do filho o torna presente e vivo e lhe devolve justamente a consistência. Janjão, contraface silenciosa do diálogo, ao se tornar invisível, garante a visibilidade. Por não ter lugar definido, por estar lá sem estar — referimo-nos à sua estratégica insignificância —, não pode ser identificado com algo que ameace o *status quo* de quem se diz seu senhor; assim, não será preso, nem restará impedido de transitar na sociedade que o condena à submissão e à obscuridade. Ficar nas margens, por mais estranho que possa parecer, lhe permite sobreviver sem integrar, no leito dos rios, a torrente de pensamentos que o afoga. Neste sentido, interessa a Janjão não ter ideias. E o que em princípio pode parecer uma propalada debilidade, talvez possa representar uma recusa visceral em integrar o jogo político na sociedade escravocrata do século XIX.

Por isto também, o filho, no conto de Rosa, assim como Janjão, em Machado, precisam morrer, fugir ou ficar invisíveis para terem a condição de serem ouvidos. Quem vive sob regime de dominação cria estratégias nem sempre lícitas de sobrevivência, desenvolve mecanismos oblíquos de defesa, formas alegóricas de dizer. Seja na máscara do filho dedicado, incansável perpetuador do modelo paterno; seja sob a *performance* de filho incapaz, incompetente, ambos encontram, na aparente *atopia*, o entrelugar possível, a obliquidade do discurso, o observatório privilegiado que permite ver sem ser visto, estar sem aparecer, viver o desencaixe nas estruturas sociopolíticas sob a aparência de conformidade, enfim, assumir a hipocrisia para quem sabe, um dia, sem grandes dores, desfazê-la.

Em "Teoria do medalhão", pai e filho estão irremediavelmente separados; separação acentuada na situação específica do conto porque, por mais que procuremos um pai, só encontraremos o burocrata, o político, o senhor. E tal pai, qual palavra: "significando a ausência e a separação, a letra vive como aforismo" (Derrida, 1971:64). Talvez a saída para o filho emancipar-se, para significar, mesmo em ausência do pai-senhor, fosse simbolicamente matá-lo, destroná-lo, descentralizar a própria estrutura. Mas Janjão optou pela sobrevivência, pela obliquidade da estratégia num contexto autoritário. Silenciou, obedeceu, repetiu... Macaqueou. E o território que constituiu na atopia, mais a atitude que parecia absenteísmo, ambos lhe valeram a sobrevivência. E se por um lado o pai não conseguiu retirar-se do centro, o filho, ao tornar-se indiferente a tal lugar, ao não se importar de deixar o pai — e o leitor — certos de que acataria os seus ensinamentos, sutilmente abala este centro, não lhe dá efetivamente o alimento de que necessita para se manter onde está. Eis que quem se retira é o filho e, ao fazê-lo, contribui para a sua sobrevivência e a da palavra que *não* foi dita — nem pelo pai nem pelo filho:

Escrever é retirar-se. Não para a sua tenda para escrever, mas da sua própria escritura. Cair longe da sua linguagem, emancipá-la ou desampará-la, deixá-la caminhar sozinha e desmunida. Abandonar a palavra. Ser poeta é saber abandonar a palavra. Deixá-la falar sozinha. O que ela só poderá fazer escrevendo. (...) Abandonar a escritura é só estar lá para lhe dar passagem, para ser o elemento diáfano da sua procissão: tudo e nada. (Derrida, 1971:61)

Machado encontrou em Janjão a manutenção da própria escritura... brasileira, com seu observatório oblíquo e sua invisibilidade visível. No conto, a solução do filho representou a nossa resistência ante a orfandade cultural historicamente constituída. Aqui o filho não poderia cometer parricídio. Simplesmente porque não há pai.

No conto de Rosa, a terceira margem, lugar de difícil leitura, sugere o lugar do silêncio, do desconhecimento, da salutar ignorância mútua quando esta instiga nos povos em confronto não o julgamento e a exclusão, mas o conhecimento e a valorização do outro. Modalizando a afirmação de Silviano Santiago (1978:28), de fins da década de 1970 para os dias de hoje, temos: "a leitura fácil dá razão às forças neocolonialistas que insistem no fato de que o país se encontra na situação de colônia pela preguiça de seus habitantes".

Queremos dizer que, analogamente, a preservação do vazio (latino-americano), também identificado ao "lamentável estágio da questão identitária das Américas do Sul, em contraste ao poder econômico daquela que está ao norte e é hegemônica no planeta globalizado" (Santiago, 2006:164), pode ser relido não apenas como marca de debilidade, impotência, nem como o tão criticado estigma da preguiça; mas pelo reverso: como reduto sempre preenchível e, como tal, lugar de potência, atuação, construção de múltiplas identidades. A terceira margem, rompimento do estigma "sem saída", do impasse insolúvel a que nos referimos na introdução deste trabalho, fértil condição para diálogos, intercâmbios, enfim, equivale ao entrelugar do discurso latino-americano (Santiago, 1979), alternativa discursiva de base identitária. De constituição movediça, se alimenta do desejo e da prática, da autoestima cultivada em detrimento do velho complexo de inferioridade.

Ora, sabemos que hoje até mesmo os centros de poder estão sujeitos a frequentes abalos. Em termos de rio, o leito, sujeito a secas e enchentes, a desvios para construção e abertura de barragens, também não oferece segurança, não configura lugar inabalável. Nesse ponto da leitura, trazemos Boaventura Santos quando nos propõe:

> Pensar o Sul como se não houvesse Norte, pensar a mulher como se não houvesse homem, pensar o escravo como se não houvesse o senhor.(...) esses componentes ou fragmentos têm vagueado fora da totalidade como meteoritos perdidos no espaço da ordem e insusceptíveis de serem percebidos e controlados por ela. (Santos, 2004:786)

A reflexão do sociólogo nos dá subsídios para a consciência do pensamento dicotômico que organiza o (nosso) senso comum em contexto brasileiro. Afirma que, para entender o Brasil, é preciso considerar a situação pós-colonial do país, no esforço de não meramente importar debates de outros contextos sociais. Paralelamente, o sociólogo nos apresenta o conceito de "multiculturalismo emancipatório", que reconhece a diferença entre culturas, superando o formalismo da mera adição de elementos das culturas nas margens da cultura dominante, mas reconhece as diferenças internas de cada cultura.

A insistência de Boaventura em entendermos a situação pós-colonial brasileira nos remete também a questões de ordem discursiva, como: por que continuamos insistindo nos paradigmas que reforçam o velho complexo de colonizado que julgávamos desconstruído? Por que ainda, quando nos sentimos perdidos, ficamos sem a matriz, sem o modelo em que nos obrigamos a espelhar, e traduzimos a sensação como *desnorteio*... isto é, sem norte... E sequer percebemos o quanto a nossa própria linguagem nos trai, o quanto ainda somos dependentes de condicionamentos presentes na nossa formação.

Ainda com Sousa Santos (2004), ele nos explica que uma questão crucial em termos de Brasil é que o colonizador, muitas vezes, foi o colonizado interno, em outras palavras, elites internas, descendentes de portugueses e espanhóis, que funcionaram como agentes de colonização. Entender este processo endógeno exige o levantar de véus, o desmascaramento das hipocrisias sociais, o enfrentamento de desbancar, dentre outros mitos, o da democratização racial. E se há alguma moral da história, dizemos que é preciso incluir em nosso programa de sobrevivência — e isso é literalmente desesperador — a insegurança, o descentramento, a desistência da originalidade, a desilusão da hierarquia e sua imediata substituição. A alternativa é o diálogo, são as trocas criativas, lidar com ininterrupta emergência de outros referenciais, ter olhos para desvendar os jogos da hipocrisia social.

Como o conto de Rosa pode nos remeter a essa reflexão teórica? Focalizando a relação do pai com o filho e vice-versa. Ora, entender a margem e o filho postado nela como satélites na órbita solar do pai/leito (do rio) é manter o par dicotômico centro/periferia, poder/submissão, além do que alude ao representante da tradição — o pai — com o seu necessário seguidor — o filho —, pelo mandado social de substituir o seu lugar, passo vital à constituição de uma identidade masculina. Processo este que, ao final do conto, é tensionado a ponto de desafinar o tom da narrativa e — corda de violino esticada ao máximo —, é rompido pelo filho num gesto de pavor e fuga. Este homem, filho dileto, herdeiro de um pai invisível, chega a se sentir órfão de si mesmo. A que tipo de tradição se filiar? Como repetir o passado e assumir o lugar do pai que se tornou um vazio? Como preencher a vacância, se a figura marca sua presença pela ausência e tenta controlar de longe mesmo o contexto do qual não participa mais, lugar de pai que aparentemente abandonou? Como — e principalmente por que — seguir um modelo, e ao cumprir o mandado familiar, como substituir o centro vazio, como herdar ou comparar-se ao inexistente, dialogar com o nada, lembrar o que poderia ter sido?

Neste sentido trazemos a margem terceira, aquela que não pode sequer ser visualizada, mas que, desenhada no texto literário, ultrapassa a racionalidade dicotômica. Dentre outros sentidos possíveis, a terceira margem — literária — escapa ao nosso controle. Tomemos Barthes (1992:16), quando se refere a "essa trapaça salutar, essa esquiva, esse logro magnífico que permite ouvir a língua fora de seu poder, no esplendor de uma revolução permanente da linguagem, eu a chamo, quanto a mim: literatura".

Por esta linha podemos dizer: a terceira margem, como espaço literário, mantém a potência sígnica, a pulsão poética, porque se esquiva dos discursos que a aprisionam. Como tal, não se presta à significação única, antes, desliza para significante em cadeia; uma dinâmica que permite ao significado ser sempre passível de ressignificação — daí nossa recusa em "decifrar" a terceira margem. Esta complexa configuração desenhada por palavras sinaliza uma oportunidade de olhar longe para ver — ou supor — de perto como o outro (sobre) vive, fala, suporta o tempo, existe.

Nesse ínterim é preciso se libertar do postulado da continuidade e um de seus efeitos, as noções de origem e influência; descentrar-se para ouvir o diferente e desconstruir a hierarquia como forma única de organização. A culpa e a dívida são produto do estigma de dependência e inferioridade, assimiladas pelo sujeito à ordem social que integra, recebe e, ao mesmo tempo, o constitui. Este estigma distancia os sujeitos, elide as produções culturais e artísticas do olhar do outro.

Na cena final do conto, quando o filho foge, a atitude identificada como covardia pode ser ressignificada. O exílio voluntário, a ruptura da tradição é tão intensa que vem pintada como erro, medo de assumir um lugar. Mas ele se fixa em seu lugar de margem, imóvel, onde permaneceu grande parte da vida, espaço que sente como seu. Este filho, previsível herdeiro, vai se tornando, a duras penas, outro pai de si mesmo — paternidade imperfeita que se inaugura em duplo movimento: não querer ser o mesmo e não pretender nascer original. Se neste momento a narrativa promove a visão do pai como retorno e reconhecimento, resta — ao filho e ao povo/leitor — lidar com uma sombra entre a imagem e sua significação como um signo diferenciador do Eu, distinto do Outro ou do Exterior (Bhabba, 1998). Compreendemos, assim, que o entrelugar não é somente o ponto de suspensão do pai, mas também o interstício, no filho, entre a imagem do pai e a própria identidade, em outras palavras, a divisão entre ele e ele próprio. A questão dramatizada, portanto, não é somente a individualidade do filho em relação a outras alteridades, mas a cisão instaurada em seu interior, as suas contradições internas, a ambivalência do seu discurso, do seu desejo, da sua práxis, enfim, a disjunção dos significados.

Ao fugir do papel, que, tradicionalmente, lhe cabia, o filho desconfiava, de alguma forma, que "os objetos e as marcas trazidas pelo passado não traziam em si mesmos seu sentido, o passado não era o documento (...), mas a compreensão da trama histórica em que estavam envolvidos" (Albuquerque Jr., 2007). Neste esforço de compreensão da sua história, há um projeto ambíguo de formação de identidade. Se a atitude pode soar ao leitor convencional como trágico mutismo engendrado pela alienação (Azevedo, 2001), propomos seu entendimento como tática de (auto) preservação, de consciência e de dramatização intencional do limite.

Neste movimento de reversão da leitura, propomos que ambivalência e contradição, modalidades usualmente identificadas com fraqueza, insegurança, ignorância, podem, diversamente, representar estratégia de enfrentamento, pausa para elaborar alguma ação, outra temporalidade que "forneceria a referência do tempo apropriada para representar aqueles significados e práticas residuais e emergentes [localizadas] nas margens da experiência contemporânea da sociedade" (Bhabha, 1998:210). Analogamente a Bhabba quando se refere à figura do povo, dizemos que, no conto de Rosa, a figura do filho "emerge na ambivalência narrativa de tempos e significados disjuntivos" (Bhabha, 1998:216).

Entendemos que o questionamento não é uma retórica repetitiva do fim, mas uma reflexão sobre outra disposição espaçotemporal a partir da qual a identidade — do sujeito e da nação — deve começar.

Arriscamos dizer: pai e filho, ambos desceram aos infernos, mas se detiveram no Estige. Filho e pai, imagens invertidas no espelho, discursos simétricos. Na viagem da circularidade espaçotemporal — *convívio, separação, espera, reencontro, perda* — que o relato do filho constitui, a história se desenvolve na união dos extremos que não se podem tocar, mas que, numa súbita reversão de eventos e expectativas, se entrelaçam. E por isso redesenhamos a circularidade aqui descrita no símbolo do infinito e propomos algumas alterações no nosso próprio traçado: substituímos "convívio" por "solidão partilhada"; "separação" por "distanciamento"; "espera" por "tempo"; "reencontro" por "enfrentamento" e "perda" por "encontro (de si)". Em lugar da aventura circular *convívio, separação, espera, reencontro* e *perda*, encontramos o processo enviesado de *solidão partilhada, distanciamento, tempo, enfrentamento* e *encontro (de si)*.

Acrescentamos ainda à imagem do rio — que já funcionara como berço, lugar de acolhimento —, a função de ataúde, marcada pela forte solicitação do narrador no último parágrafo do conto: "Mas, então, ao menos, que, no artigo da morte, peguem em mim, e me depositem também numa canoinha de nada, nessa água que não para, de longas beiras: e, eu, rio abaixo, rio a fora, rio a dentro — o rio" (Rosa, 1994:413). Barqueiros de si mesmos na trajetória da vida, pai e filho conduziram-se pelo desejo de ir e permanecer:

> (...) a terceira margem é — será? — essa possante maquinaria de produzir sentidos, este (não) lugar atravessado por todos aqueles que realizam o gesto precípuo — e corajoso — de instaurar outras ordens de valores existenciais, desordenando uma ordem estabelecida. Lugar da literatura, da arte. Lugar de João Guimarães Rosa que nos oferta a possibilidade de renovadas travessias.
> (Hoisel, 2011:1)

Eros e Thânatos, sanidade e loucura, real e fantasia, concreto e transcendente, universal e regional, filho e pai, *nosso* pai — aliando irmãos, desconhecidos, leitores, todos filhos —, margem terceira, margens da palavra.

Considerações finais

> O trabalho fronteiriço da cultura exige um encontro com "o novo" que não seja parte do continuum de passado e presente. Ele cria uma ideia do novo como ato insurgente de tradução cultural. Essa arte não apenas retorna o passado como causa social ou precedente estético; ele renova o passado, refigurando-o como um "entrelugar" contingente, que inova e interrompe a atuação do presente. O "passado-presente" torna-se parte da necessidade, e **não da nostalgia de viver**.
> Homi Bhabha (1998:27; grifos do autor)

O conceito de *entrelugares*, proposto por Homi Bhabha (1998), situa-se nestas margens vivas, em que identidades, postos, práticas, conhecimentos e regimes de vida se encontram em debate, em construção. Está ligado, portanto, à noção de territorialidades transitórias — o contato intensivo e permanente entre as culturas. O sociólogo indiano, como um dos autores dedicados à constituição do pensamento pós-colonial, diz que, em sua obra, tal pensamento caracteriza-se pela atenção ao que esteve à margem de um conhecimento hegemônico acerca dos procedimentos civilizatórios colonizadores.

Ao revisitarmos "A terceira margem do rio", de Guimarães Rosa, e "Teoria do medalhão", de Machado de Assis, trouxemos ao proscênio aqueles personagens postados em margens vivas. Herdeiros em potencial de uma tradição paterna, suas (não?) atuações como perpetuadores dessa tradição lhes renderam alguns prejuízos sociais. Filhos de pais sempre ausentes, física ou afetivamente falando, a formação identitária de ambos parecia bastante comprometida em termos de autonomia. Filhos — um, de nome Janjão, família carioca e rica dos oitocentos, debilitado por natureza e, conforme a irônica declaração paterna, "dotado da perfeita inópia mental, conveniente ao uso deste nobre ofício" (Assis, 1979:290); e outro, sem nome, família pobre do meio rural mineiro, fragilizado pela incompreensão do sumiço do pai, postado literalmente à margem, sempre à espera de quem não vem. Filhos, figurações de brasis rurais e urbanos, republicanos e monarquistas, coro dissonante de vozes, harmonia da desarmonia. Sidney Chalhoub argumenta que Machado de Assis, em vários de seus escritos, testemunhou e sistematizou o ponto de vista do dominado e do dependente. Por outro lado, a vigência do enredo de dominação paternalista não significou que os dependentes estavam plenamente submissos, incapazes de perseguir metas, impossibilitados de afirmar a diferença, arte arriscada, que ratificava a ideologia paternalista na aparência, mesmo quando lhe roía os alicerces.

Queremos dizer com isso que as personagens citadas utilizavam, de forma criativa, os próprios mecanismos de subordinação, embora aparentemente parecessem reforçá-los. Esta estratégia da obliquidade, atitude aparentemente cordata dos "dominados", envolve a capacidade de atingir objetivos importantes. Trata-se da produção de um texto, contratexto, que se revelava — não a qualquer observador — nos silêncios, nas omissões, na ironia, nas referências, nas ambiguidades, nas piadas, nas enunciações — segundo Chalhoub (2003), a arte do diálogo em Machado de Assis.

Como poderíamos ler de outra forma, então, a passividade de Janjão, sua eterna conformidade, sua postura debilitada, as falas em eco, a estigmatizada inópia mental? "O jabuti que só possuía uma casca branca e mole deixou-se morder pela onça que o atacava. Morder tão fundo que a onça ficou pregada no jabuti e acabou por morrer. Do crânio da onça o jabuti fez seu escudo" (Callado apud Santiago, 1978:11).

Por um lado, Janjão, analogamente à proclamação de uma lei, representa esta escravidão consensual sujeita à liberdade por concessão, a partir de data marcada pela tradição ou pelos governantes. Por outro, a aparente submissão sugere uma estratégia de defesa. E, por mais paradoxal que possa parecer, numa sociedade paternalista, conforme à do conto, há uma estranha aproximação entre o aparentemente inconciliável, no caso, entre escravidão e liberdade. Não é à toa que ambos os personagens — filhos — apreciam nos pais o que têm de mais hipócrita: a capacidade de escapar ao cinismo acreditando nas próprias imposturas e estas, por sua vez, lhes sendo transmitidas, ou até impingidas, como projeto de vida.

Ora, uma reflexão sobre a impotência do sujeito é etapa necessária ao desmascaramento e à superação. O aparente assujeitamento e estagnação — das águas e do homem —; a grandiosidade da natureza — não se vê a outra margem do rio — e a pequenez social; a alocação invisível da dupla figuração do pai neste grande rio — de águas e da cidade —, em contraste à presença visível do filho do outro lado do leito, tudo é composição que desenha um cenário singular, um *chiaro-oscuro* na impossível materialização do traçado, a margem terceira. Margem esta que dizemos impossível, invisível, inexistente, por conta de apontar para um espaço intersticial, moldado pela obliquidade, imprecisão, ambivalência e, por que não dizer, clandestinidade. E mais, justamente por sua imprecisão espaçotemporal, constitui um posto privilegiado de observação que desliza dos mecanismos de poder e cuja visibilidade demanda a reversão do cânone, do centro. Importante ressaltar que a fuga do filho, quando encontra a possibilidade de preencher a vacância do lugar de paternidade, aponta, ao contrário do que parece, para uma salutar recusa a continuar sem identidade e continuar reproduzindo, por gerações, o modelo dos antepassados.

De surpresa em surpresa, ao atravessar o rio até o final dos dois contos, o leitor se vê pressionado: tenta criar um fim, uma solução para o impasse, ou se deprime como o próprio personagem do filho. Isso porque não encontrará um desfecho clássico consonante às suas expectativas. Conforme dissemos, Machado termina no imperativo, como convém a um típico patriarca: "Vamos dormir, que é tarde. Rumina bem o que te disse, meu filho. Guardadas as proporções, a conversa dessa noite vale *O Príncipe*, de Machiavelli. Vamos dormir" (Assis, 1979:295). Já o conto de Rosa finaliza em gerúndio, termina continuando, "o rio pondo perpétuo" (Rosa, 1994:411). Em ambos os desfechos, cada um a seu modo, os contos se abrem e o que ouvimos é o silêncio dos filhos. Nosso esforço esteve voltado para olhar de outro ângulo para estas experiências vividas literal e metaforicamente à margem.

O foco deste trabalho, portanto, coincide com as palavras de Eagleton (2005) acerca da tarefa honrosa para estudantes da cultura e da literatura, que é entender o espaço no qual marginalizados submergem, soçobram, sobrevivem, navegam e — completamos — ainda assim ocupam, em seu silêncio, uma condição paradoxal: um posto de observação privilegiado, através da língua e da fala. É isso que buscamos entender: como lugares preconizadamente dolorosos de se estar podem ser entendidos por outros vieses, sem que isso represente o elogio do que é preciso reverter e transformar: a exclusão.

REFERÊNCIAS

AGAMBEN, Giorgio. *O que é o contemporâneo?* e outros ensaios. Chapecó, SC: Argos, 2010.

ALBUQUERQUE JR., Durval Muniz de. *História*: a arte de inventar o passado. Ensaios de teoria da história. Bauru, SP: Edusc, 2007.

ASSIS, Machado de. Teoria do medalhão (diálogo). In: ____. *Obra completa*. Rio de Janeiro: Nova Aguilar, 1979. v. II. p. 288-295.

AZEVEDO, Ana Vicentini de. A partir de 'A terceira margem do rio': algumas considerações sobre transmissão em psicanálise. *Ágora: Estudos em Teoria Psicanalítica*, Rio de Janeiro, v. IV, n. 2, p. 61-72, jul./dez. 2001.

BARTHES, Roland. *Aula*. 6. ed. São Paulo: Cultrix, 1992.

BHABHA, Homi K. *O local da cultura*. Belo Horizonte: UFMG, 1998.

BONAFFE, Gisele. *As margens na literatura*: uma análise discursiva de versos marginais. Dissertação (mestrado) — Instituto de Estudos da Linguagem, Universidade de Campinas, Campinas, 2009.

BORGES, Jorge Luis. *Ficciones*. Buenos Aires: Emecê, 1956.

BLOOM, Harold. *A angústia da influência*. Lisboa: Cotovia, 1991.

CARVALHAL, Tânia Franco. *Literatura comparada*. São Paulo: Ática, 1986.

CHALHOUB, Sidney. *Machado historiador*. São Paulo: Companhia das Letras, 2003.

DERRIDA, Jacques. *A farmácia de Platão*. São Paulo: Iluminuras, 1991.

____. *A escritura e a diferença*. São Paulo: Perspectiva, 1971.

EAGLETON, Terry. *Depois da teoria*: um olhar sobre os estudos culturais e o pós-modernismo. Rio de Janeiro: Civilização Brasileira, 2005.

FOUCAULT, Michel. *A verdade e as formas jurídicas*. Rio de Janeiro: Graal, 1989.

GLEDSON, John. Uma lição de história: Conto de escola, de Machado de Assis. In: JOBIM, José Luiz (Org.). *A biblioteca de Machado de Assis*. Rio de Janeiro: Topbooks, 2003.

HOISEL, Evelina. A terceira margem do rio. Na canoa com Rosa. Disponível em: <www.academiadeletrasdabahia.org.br/Artigos/aterceiramargem.html>. Acesso em: 2011.

MARTINS, Daniela M. B. A tessitura intersubjetiva dos entrelugares: o que pode um grupo? *Realis, Revista de Estudos Antiutilitaristas e Poscoloniais*, v. 1, n. 1, p. 76-90, 2011.

NICOLESCU, Basarab. Stéphane Lupasco ou Lunité ternaire de la realité. In: RANDOM, Michel (Org.). *La pensée transdiciplinaire et le réel*. Paris: Dervy, 1996.

PECORARO, Rossano. *Niilismo e (pós) modernidade*. Rio de Janeiro: PUC-Rio, 2005.

RIBAS, Maria Cristina Cardoso. *Onze anos de correspondência*: os machados de Assis. Rio de Janeiro: PUC-Rio; 7Letras, 2008.

ROSA, João Guimarães. A terceira margem do rio. In: ___. *Primeiras estórias. Ficção completa*. Rio de Janeiro: Nova Aguilar, 1994. v. II, p. 409-413.

SANTIAGO, Silviano. *Uma literatura nos trópicos*: ensaios sobre dependência cultural. São Paulo: Perspectiva, 1978.

___. *As raízes e o labirinto da América Latina*. Rio de Janeiro: Rocco, 2006.

SANTOS, Boaventura de Sousa (Org.). *Conhecimento prudente para uma vida decente*. São Paulo: Cortez, 2004.

10.

MITOLOGIA NA METRÓPOLE

*Nonato Gurgel**

INTRODUÇÃO: NOSSA ANTIGA "INFÂNCIA SOCIAL"

Intitulada "Com sede dessa água", a primeira versão deste texto foi apresentada na Universidade do Estado do Rio de Janeiro (Uerj), no I Simpósio de Estudos Helênicos: do Clássico ao Contemporâneo, realizado no Rio de Janeiro em 2004. Para construir algumas conexões entre o texto clássico e a poética contemporânea, elegi como objeto de leitura alguns textos de Ítalo Calvino e Paulo Leminski, dentre outros autores, e embora nesta segunda versão o recorte teórico e intercultural tenha sido ampliado, continuo tendo como referencial a poética de Antonio Cicero.

A produção artística e cultural do poeta, filósofo e compositor Antonio Cicero traduz muito da vitalidade da língua e da produção artística dos autores gregos e latinos. Seja através das canções, dos poemas ou ensaios, o poeta de *A cidade e os livros* (2002a) demonstra ser um exímio leitor de Homero, Virgílio, Anacreonte, Ovídio e Heráclito, dentre outros autores representativos da antiguidade clássica. Ao acionar a releitura desses autores canônicos, Cicero dialoga com as formas imaginárias e os roteiros reflexivos que nos legaram os clássicos.

Nessa relação do poeta carioca com a arte clássica, destaca-se a leitura das formas poéticas, das narrativas da mitologia e dos discursos da filosofia. O poeta relê e atualiza fragmentos capitais das formas artísticas, e dos dis-

---

* Professor de teoria da literatura e de literatura portuguesa na UFRRJ e doutor em ciência da literatura pela UFRJ. É autor de *Luvas na marginália* (2014) e edita o blog Língua do Pé.

cursos míticos construídos por aqueles povos. Sobre eles é marcante, por exemplo, a leitura feita no século XIX por Karl Marx, um filósofo que — assim como Antonio Cicero é — foi também um exímio leitor dos autores clássicos.

Segundo o escritor e ensaísta Haroldo de Campos (1999:123), o autor de *O capital* sugere que, ao erigir essa arte clássica e ao engendrar a tessitura de seus poemas e narrativas, os autores gregos e latinos vivenciaram — e inscreveram — um estágio da humanidade correspondente à "infância social" da raça humana. A inscrição desse estágio atravessa séculos, e ainda se encontra em vigor em um mundo que continua sendo lido e configurado por meio de formas míticas e que aparecem, por exemplo, nos vários palcos e telas (de cinema, vídeo, TV, PC etc.) nos quais os mitos de Prometeu, Narciso ou Ulisses continuam em cartaz.

"O mito é o nada que é tudo", diz Fernando Pessoa em *Mensagem*, abrindo o poema que tem "Ulisses" como título. O poeta moderno sabe que o mito formata o mundo. A modernidade começa, para Leminski, com um "pensar sobre" os mitos. Por isso, a mitologia pode ser lida como um conjunto de formas narrativas, signos culturais e símbolos filosóficos construídos pelos mais diferentes povos no decorrer dos tempos e em múltiplos espaços, na busca da compreensão e do sentido para a existência.

Essa busca existencial visa entender o que não é da ordem do visível ou da razão, resultando numa adição de saberes e ações compostas por elementos físicos, espirituais e intelectuais que dialogam com dados referenciais e históricos repassados de geração a geração. Esse repasse geracional sugere que as mutações e os deslocamentos operados pelos mitos são determinados pela história. Sugere principalmente que o mito surge do processo cultural e coletivo, não sendo, portanto, nenhum produto natural (embora, segundo Roland Barthes, o mito postule "a imobilidade" da natureza).

A configuração do mundo contemporâneo através dos escritos míticos e clássicos pode também ser aferida por meio de um texto belo como "Latim com gosto de vinho tinto", do poeta Paulo Leminski (1987:188). Neste texto, que serve de posfácio para a sua tradução do *Satyricon* — narrativa escrita pelo romano Petrônio, e que é considerada o primeiro romance ocidental —, o poeta paranaense diz:

Até as vanguardas do início do século XX, pouca coisa inventamos de novo em relação à civilização greco-latina: recursos de estilo, figuras de linguagem, a distinção entre poesia e prosa, gêneros literários, formas de dizer, moldes do sentir e do pensar, esquemas mentais, tudo devemos a esses gigantes em cujos ombros estamos trepados.

Para um país jovem como o Brasil, a leitura desse legado estético e daquela "infância social" é imperativa. Ela auxilia na compreensão de nossa história, que se constrói levando em conta, dentre outros, o imaginário bélico e autoritário que herdamos, desde a colonização europeia, passando por golpes e ditaduras dos quais temos dificuldades de rever, compreender, falar.

A leitura dos textos clássicos amplia o diálogo com essa memória social e antiga do país e com este estágio inicial da humanidade. Essa leitura aciona um deslocamento temporal, possibilitando a construção de um intertexto que põe em circulação um *corpus* interdisciplinar, com textos da arte e da cultura, da mitologia, da filosofia. Na viagem que empreende em torno do imaginário grego, esse *corpus* é lido como uma "máquina", por Paulo Leminski (1998:62), da seguinte forma:

> Literariamente, essa imensa máquina imaginária atravessou viva a Idade Média, reacendeu no Renascimento italiano e sobreviveu, impávida, até o romantismo europeu do século XIX, quando começa seu processo de esquecimento. De Homero a Goethe, passando por Dante e Shakespeare, numa linha ininterrupta, durante mais de dois mil anos, o imaginário grego foi o primeiro alimento do poeta ocidental culto, seu "software" de fantástico, referencial de imagens (...).

Nesta releitura intertextual operada pelo poeta contemporâneo, esse legado milenar das artes e culturas clássicas é relido enquanto "máquina imaginária" e reflexiva que aciona formas e forças de quem lê e escreve na contemporaneidade. Essa "máquina" impulsiona a produção subjetiva do leitor, elaborando figurações no corpo e na mente, fabricando discursos e formas no espaço. Trata-se de uma releitura potente, cuja força constrói o poema, cuja subjetividade pode erigir um país — "O país das maravilhas" (Cicero, 2002a:13), espaço aberto à inscrição e à celebração das coisas no mundo exterior.

Na poética contemporânea criada por Antonio Cicero não ecoa o discurso de nenhum herói grego ou latino. Quando o poeta outorga voz para um herói ou uma divindade, eles parecem encenar, através da oralidade cotidiana do presente, sua porção terrestre no aqui e agora. O poeta dota de linguagem cotidiana, abastece de tonalidade humana aqueles deuses e mitos eternamente estetizados com base em uma linguagem olímpica, celebratória.

O discurso exaltatório ou a narrativa grandiloquente que durante séculos perdurou no universo das letras e da cultura é rasurado, convertido. Essa conversão linguística parece sintonizada com o discurso reflexivo do próprio poeta carioca, ao cognominar de esquisito (do vocábulo latino *exquisitus*), de requintado, o sujeito que faz arte. Diz Cicero (1995:175): "(...) o artista é perverso em relação às versões canônicas, às formas e às ordens, quer dizer, aos mundos positivos do seu tempo".

Essa "perversão" em relação às formas estéticas pode ser lida na inscrição de alguns procedimentos poéticos e de algumas estratégias subjetivas relacionadas às divindades "devoradas" pelo poeta. "Perversão" essa que é também sugerida na leitura da mitologia como "o poder que a linguagem exerce sobre o pensamento, e isto em todas as esferas possíveis da atividade espiritual" (Cassirer, 1972:19).

1. Prometeu e Palomar

> Os filhos de Prometeu se rebelam.
> Paulo Leminski (1998)

Dentre os procedimentos estéticos utilizados por Cicero nessa "devoração" da tradição, destaca-se a releitura da narrativa mítica em sintonia com as formas contemporâneas e o "espírito urbano" (Cassirer, 1972:16). Nesse intertexto com as formas clássicas, alguns dos poemas e ensaios do autor sugerem outros modos de leitura e reflexão. Ao deslocar-se para a antiguidade clássica, o poeta contemporâneo dota de visibilidade humana algumas divindades geralmente estetizadas através de um olhar olímpico. Por meio dessa dotação visível, ele propõe ao leitor a visibilidade do seu tempo.

Através dessa perversão óptica, dessa troca de olhares entre seres humanos e divinos, Antonio Cicero constrói uma linguagem leve, sem peso e que atualiza, neste início de milênio, a dicção milenar das narrativas clássicas. Essa permuta óptica e a atualização dessa dicção poética são visíveis e audíveis no poema "O grito" (Cicero, 2002a:33), em que é estetizada a voz de Prometeu.

Reza a mitologia que, por ter roubado de Zeus as "sementes do fogo" para trazê-las à terra, Prometeu é acorrentado a um rochedo. Sobre ele é lançada uma águia que devora o seu fígado. Mito que simboliza a revolta do espírito, o titã Prometeu é uma divindade que marca o advento da nossa consciência aqui na terra, e que ilustra a fome do saber humano. Segundo Bachelard (1990:91), a imagem de Prometeu contribui "para uma poética do humano". Atentando para o fogo ("a fricção ou o choque") e as figurações criadas em torno deste titã e seus símbolos, o autor francês assegura que "o Prometeu poético nos convida a uma estética do humano".

Desde *Prometeu acorrentado*, de Ésquilo, passando por Goethe e outros românticos como Castro Alves, o mito de Prometeu é um dos mais estetizados pelos poetas ocidentais. Em nossa moderna historiografia literária isso pode ser ratificado por um poema da década de 1930, como "Novíssimo Prometeu", de Murilo Mendes (1959:108), que começa assim: "Eu quis acender o espírito da vida,/ Quis refundir meu próprio molde...". Mais de meio século depois, o "Prometeu", da poeta Orides Fontela (1996:162), é bem diferente. Publicado em *Alba*, o poema inicia, sem nenhum desejo, mas urdindo — num verso curto — o código jurídico da vida urbana ao ser natural: "A Lei/ cinzenta — ave de/ rapina...".

Observemos, a seguir, as "imagens prometeicas" criadas por Cicero para atualizar esse mito. Ouçamos o eco do seu grito nas "paisagens urbanas". Ele silva por entre os ruídos e rumores das "urbes formigantes", por entre seres que se deslocam num espaço repleto de "cruzamentos" e contaminações culturais que se chocam, se condicionam e acabam por produzir o texto:

> Estou acorrentado a este penhasco
> logo eu que roubei o fogo dos céus.
> Há muito tempo sei que este penhasco
> não existe, como tampouco há um deus

> a me punir, mas sigo acorrentado.
> Aguardam-me amplos caminhos no mar
> e urbes formigantes a engendrar
> cruzamentos febris e inopinados.
> Artur diz "claro" e recomenda um amigo
> que parcela pacotes de excursões.
> Abutres devoram-me as decisões
> e uma ponta do fígado mas digo:
> E daí? Dias desses com um só grito
> eu estraçalho todos os grilhões.

Como demonstra o *Dicionário de símbolos* (Chevalier e Gheerbrant, 1993:746), o mito de Prometeu representa, em sua narrativa original, o espírito que busca se igualar à inteligência divina, ou pelo menos retirar dela um pouco de luz e fogo. Alguns leitores sugerem, através de uma mirada de viés sociológico, ver nessa tentativa de retirada de luz e fogo das divindades um espírito marxista, já que seria a raça humana beneficiada, de forma comum, com tais elementos divinos — a luz, o fogo (segundo o tradutor Trajano Vieira [1999:139] e o poeta Paulo Leminski [1998:66], é o titã Prometeu — gigante que ousou desafiar a ira divina — o mito predileto, o herói filosófico do pensador Karl Marx).

Voltemos a ouvir "O grito". Na releitura elaborada pela ótica poética, a ironia e o humor servem de procedimentos para a narrativa recriada pelo autor contemporâneo. Sem drama, ele atualiza essa poética clássica através de uma linguagem cuja oralidade permite a um deus escutar — do interlocutor humano — uma interjeição presente nos nossos discursos cotidianos como "claro". Além disso, esse deus usa expressões interrogativas que retrucam e desafiam, como: "E daí?".

Mais inusitado ainda é perceber a sintonia entre seres eternos e elementos corriqueiros, propondo uma sincronia entre o alto e o baixo, o divino e o humano. Inusitado também é ouvir uma divindade preocupada com "pacotes de excursões". Ou seja: trata-se de um deus atualíssimo, um ser que lida com roteiros de viagens e prestações a pagar. Figurinha fácil com a qual deparamos nos finais de semana da Lapa, da Ribeira ou da Augusta.

Ao ouvirmos "O grito", é quase impossível não escutar o discurso narrativo de Palomar — a personagem de um livro homônimo de Ítalo Calvino. Ouvinte sensível às ondas e assobios, além de ser um leitor contemplativo das formas exteriores, Palomar transita entre a praia, o jardim e a cidade. Como todo mortal, ele sonha, reflete, imagina; vai às compras; descreve, narra e argumenta. Buscando o seu equilíbrio nos "cenários em ruínas" por que transitamos através do humor e da ironia, ele assegura que "até a linguagem dos deuses muda com os séculos".

Essa transmutação linguística acionada por Calvino nos remete à maneira como Cicero (2002b) assume ler os clássicos. Diz ele, em entrevista para o *Jornal do Brasil*: "A literatura clássica constitui grande parte das ideias e do vocabulário com os quais pensamos e imaginamos o mundo em que vivemos (...). Por direito, o mundo clássico pertence aos brasileiros, assim como nos pertence a língua portuguesa".

2. COM SEDE DESSA ÁGUA

Utilizando-se desse direito de pensar e imaginar a partir da literatura clássica, Cicero relê o vasto arquivo de formas do imaginário e da reflexão produzida pelos gregos e latinos. Exemplo disso é a releitura do mito da Medusa, cujo poema de título homônimo também faz parte do livro *A cidade e os livros* (Cicero, 2002:65). Relida pela lente da poesia e da história da cultura, a Esfinge — esse "monstro-pergunta" — metaforiza, segundo Paulo Leminski em sua *Metaformose*, a imagem do "primeiro filósofo, o ser questionário".

Na leitura que empreende em torno do imaginário grego, o poeta paranaense diz que toda estátua existente em nosso planeta pode ser vista como alguém que cruzou com a Medusa em algum espaço. Nesse olhar leminskiano, ela — a Medusa — simboliza a paralisação da história, enquanto Perseu anseia por muito mais: ele quer o voo, o movimento, a mutação. Ele tem sede e se desloca. Sua ação conjuga verbos. Por isso Perseu deseja narrar outra história. É o que Cicero aciona no poema "Medusa": dá voz a Perseu, esse mito que descende diretamente de Zeus, ilustrando a complexidade da relação pai-filho.

Em "Medusa", a oralidade clássica encontra-se refletida no ritmo das imagens e no recorte dos temas. Eles produzem uma linguagem carregada de tons mutantes, às vezes rápidos, fragmentados, que refletem muito da subjetividade contemporânea. Por meio desse diálogo entre a forma e a oralidade herdadas da poética clássica, Cicero atualiza, através das estratégias subjetivas do nosso tempo, a relação entre Perseu e a "Medusa". Mas é bom relembrar que, apesar desse título, quem ganha voz no poema é o sedento filho de Zeus — o próprio Perseu:

> Cortei a cabeça da Medusa
> por inveja. Quis eu mesmo o olhar
> sem olhos que vê e se recusa
> a ser visto e desse modo faz
> das demais pessoas pedras: pedras
> sim, preciosas, da mais pura água,
> onde o olhar mergulha até a medula,
> diáfanas, translúcidas, cegas.
> Refleti muito, antes. Na verdade
> estes meus olhos provêm de carne
> de mulher, não do nada imortal
> da divindade. Como encarar
> com eles a Górgona? Mas mal
> pensando assim, lembrei ser mortal
> ela também: e seu pai é um deus
> do mar mas eu sou filho de Zeus.
> Mesmo assim não quis enfrentá-la olhos
> nos olhos. Peguei emprestado o espelho
> da minha irmã e adentrei o cômodo
> da Medusa de soslaio, vendo
> tudo por reflexos:
> (...)
> Do pescoço
> cortado nasceu um cavalo de asas
> (é que o deus do mar a engravidara)
> e mergulhou no horizonte em fogo

crepuscular. Contam que, no monte
Hélicon, seu coice abriu uma fonte.
A ser não sendo, de madrugada
levanto com sede dessa água.

Segundo Calvino, Perseu é signo da leveza. Para decepar a cabeça da Medusa, que nos fita com seus olhos de chumbo, ele precisa calçar sandálias aladas. No início do poema é estetizado o desejo de um olhar que, apesar de ver, vê apenas "por reflexos". Para cortar a cabeça da deusa, Perseu assume a necessidade de não olhá-la nos olhos, mas através do espelho por meio do qual obtém esses reflexos. Nisso reside a força deste mito: na "recusa da visão direta".

O desejo refletido nesse olhar — que só consegue ver através de reflexos — parece apontar também para outra visão mitológica de Perseu: o seu olhar feminino. Essa visão é sugerida, no poema mencionado ao admitir o nosso herói serem os seus olhos provenientes do corpo humano — "de carne/ de mulher", não do corpo de nenhuma divindade.

Lida por um viés psicanalítico, a medusa aponta para a representação da imagem excessiva da culpa: "Cortei a cabeça da Medusa". Leia-se: aboli a culpa. Segundo a narrativa clássica, quando a cabeça da Górgona é cortada, nasce um "cavalo de asas". Esse "cavalo" alado sugere um rico significante que aponta para as ideias de potência, locomoção e deslocamento materializadas na imagem mítica e na forma do próprio poema.

No final do poema, o coice desse cavalo de asas abre "uma fonte" da qual Perseu admite brotar a sua sede. "Com sede dessa água" também vivemos nós, leitores de mitos, poemas, narrativas. Automatizados pelas forças e formas dos sistemas de dominação social que regem os mais diferentes povos e culturas, almejamos frequentemente as águas míticas e poéticas que batizam a leitura e a compreensão do mundo. Águas clássicas desse imaginário milenar que saciam desde sempre a nossa sede. Nossa infinita sede de formas e linguagens, em meio ao perene caos que diariamente nos solicita.

Referências

BACHELARD, Gaston. Prometeu. In: ____. *Fragmentos de uma poética do fogo*. São Paulo: Brasiliense, 1990. p. 89-112.
BARTHES, Roland. *Mitologias*. 4. ed. São Paulo; Rio de Janeiro: Difel, 1980.
CALVINO, Ítalo. *Palomar*. São Paulo: Companhia das Letras, 1994.
____. *Por que ler os clássicos*. São Paulo: Companhia das Letras, 1993.
CAMPOS, Haroldo de; MENDES, Odorico. *Os nomes e os navios*: Homero, *Ilíada*, II. Rio de Janeiro: Sette Letras, 1999.
CASSIRER, Ernst. A linguagem e o mito: sua posição na cultura humana. In: ____. *Linguagem e mito*. São Paulo: Perspectiva, 1972. p. 15-31.
CHEVALIER, Jean; GHEERBRANT, Alain. *Dicionário de símbolos*. 7. ed. Rio de Janeiro: José Olympio, 1993.
CICERO, Antonio. *A cidade e os livros*. Rio de Janeiro: Record, 2002a.
____. *O mundo desde o fim*. Rio de Janeiro: Francisco Alves, 1995.
____. Sem título. *Jornal do Brasil*, Rio de Janeiro, 2002b.
FONTELA, Orides. *Poesia reunida* (1969-1996). São Paulo: Cosac Naify; Rio de Janeiro: Sette Letras, 2006.
LEMINSKI, Paulo. *Metaformose*. São Paulo: Iluminuras, 1998.
____. *Matsuó Bashô*: a lágrima do peixe. São Paulo: Brasiliense, 1983.
____. Latim com gosto de vinho tinto. Posfácio. In: PETRÔNIO. *Satyricon*. São Paulo: Brasiliense, 1987. p. 179-191.
MENDES, Murilo. *Poesias* (1925-1955). Rio de Janeiro: José Olympio, 1959.
PETRÔNIO. *Satyricon*. São Paulo: Brasiliense, 1987.
VIEIRA, Trajano. Notas & contranotas. In: CAMPOS, Haroldo de; MENDES, Odorico. *Os nomes e os navios*. Homero, *Ilíada*, II. Org., Introd. e notas de Trajano Vieira. Rio de Janeiro: 7 Letras, 1999.

11.

MOBILIDADE E CLAUSURA:
POLÍTICAS TEXTUAIS NA NARRATIVA CONTEMPORÂNEA

*Paulo César S. Oliveira**

> *As anyone who owns a house knows, it is often cheaper to move than to stay.*
>
> Bruce Chatwin (1996:84)

No paradoxal e multifacetado cenário da ficção contemporânea, um conjunto de narrativas cujos ritos remetem a determinados (não) lugares norteia o campo crítico-teórico desta reflexão, em que o termo "ficções migrantes" requererá algumas explicações preliminares. Neste sentido, o jogo reflexivo que se estabelecerá propõe a vinda à cena discursiva de alguns teóricos essenciais ao debate contemporâneo acerca de um determinado viés da produção ficcional, sendo aqui enfatizado o caso brasileiro. Nossa proposta de leitura é integradora, embora alguns aspectos divergentes sugiram o contrário. Na verdade, esse movimento se deve à condição paradoxal que certas ficções

---

* Doutor em letras pela Universidade Federal do Rio de Janeiro. Professor adjunto de teoria literária da Universidade Estadual do Rio de Janeiro e professor titular em letras da Uniabeu. Publicou o livro *Poética da distensão* (Edições Muiraquitã, 2010) e organizou, em conjunto com Shirley de Souza Gomes Carreira, a coletânea de ensaios *Memória e identidade* (Edições Galo Branco, 2011). Lidera o Grupo de Pesquisa CNPq "Poéticas do contemporâneo", com o professor doutor Cláudio do Carmo Gonçalves (Uesc). Também é vice-líder do Grupo de Pesquisa CNPq "Nação e narração", criado há 15 anos e até hoje liderado pela professora doutora Lucia Helena (UFF/RJ). É bolsista do Programa de Apoio à Pesquisa (Proape) da Uniabeu/Funadesp, pesquisador da Fundação de Amparo à Pesquisa do Estado do Rio de Janeiro (Faperj) e do Programa Institucional de Bolsas de Iniciação Científica da Uerj (Pibic/Uerj).

assumem e que, ao demandar um pensamento que as contemple, provoca a teoria no sentido de responder ao que, contraditoriamente, não pode ser devidamente resolvido. Passemos, de imediato, ao debate.

Nossa hipótese de trabalho é a de que um conjunto de ficcionistas brasileiros contemporâneos vem produzindo uma obra que se constitui por uma espécie de "prosa migrante", na qual a relação entre mobilidade e clausura estabelece uma série de reflexões a demandar uma resposta da teoria literária.

Em primeiro lugar, queremos estabelecer um diálogo com o conceito de tribo estipulado por Dominique Maingueneau, essencial para compreendermos o fenômeno das ficções migrantes na literatura contemporânea. Deste modo, esta reflexão quer trazer ao discurso certos posicionamentos críticos que permeiam as relações entre ficção e história na compreensão do mundo de hoje. Com isso, nosso trabalho resgatará certas vertentes político-textuais na narrativa contemporânea visando compreender o alcance político do texto ficcional no cenário crítico nacional, sem perder de vista seu alcance em meio a uma literatura global ou, como pretendem alguns críticos, da globalização.

Para Dominique Maingueneau, a noção de tribo está ligada a questões mais abrangentes e que dizem respeito ao cruzamento de fronteiras entre fato e ficção, em que se vislumbra um campo artístico habitado por alguns escritores aqui convocados e que formam uma espécie de confraria, ainda que rejeitem filiações, como é o caso de Bernardo Carvalho. A esse respeito, a teoria da "comunidade discursiva", de Maingueneau, é palco de importantes reflexões. Por meio dela, se "tenta articular as formações discursivas a partir do funcionamento dos grupos de produtores e gerentes que as fazem viver e vivem delas" (Maingueneau, 2001:30). Essas formações não se referem apenas a alianças do presente:

> Ademais, qualquer escritor se situa numa tribo escolhida, a dos escritores passados ou contemporâneos, conhecidos pessoalmente ou não, que coloca em seu panteão pessoal e cujo modo de vida e obras lhe permitem legitimar sua própria enunciação. Essa comunidade espiritual que usa o espaço e o tempo associa nomes numa configuração cuja singularidade se confunde com a reivindicação estética do autor. (Maingueneau, 2001:31)

Do mesmo modo, Pierre Bourdieu (1968:114) dirá que:

O que quer que faça ou queira, o artista tem que enfrentar a definição social de sua obra, isto é, concretamente, os sucessos e os revezes conhecidos por ela, as interpretações que lhe foram dadas, a representação social, quase sempre estereotipada e simplificadora, que o público de amadores possui a seu respeito. Em suma, possuído pela angústia de salvação, o autor está condenado a esperar na incerteza os sinais sempre ambíguos de uma eleição sempre em suspenso: ele pode viver o revés como um sinal de eleição, ou o sucesso muito rápido e estrondoso como uma ameaça de maldição (em referência a uma definição, historicamente datada, do artista consagrado ou maldito), ele deve, necessariamente reconhecer em seu projeto criador a verdade de seu projeto criador dada pela recepção social de sua obra, porque o reconhecimento dessa verdade está contido num projeto que é sempre projeto de ser reconhecido.

Constata-se, a partir dessas duas visões, não haver deserto para onde o escritor possa se retirar. A ilusão romântica da singularidade absoluta se desfaz nos próprios vínculos da obra quando essa cria seus antecessores. Não são exatamente, ou somente, as filiações que determinam as relações do escritor com autores do passado. A escrita traça critérios de anterioridade pelos quais as tribos também se irmanam. Ao gerir seu lugar no campo literário, os escritores formam comunidades discursivas, afetivas, estéticas, éticas. Uma comunidade mundo-textual implica, no âmbito da enunciação, a inscrição daquele que cria o discurso nessa tribo. Assim, o escritor acaba por se tornar ele próprio parte da enunciação que enuncia e com isso retira-se da sempre resistente dicotomia platônica: as escritas da tribo, quer as chamemos de pós-modernas, pós-estruturalistas, pós-coloniais, implicam sempre uma aderência que não é amálgama. Esse lugar instável que Maingueneau (2001:29-43) analisou, ao pensar a "paratopia do escritor", indica um pertencimento impossível, isto é: não se pode fugir do lugar, mas esse lugar é, ao mesmo tempo, não lugar, lugar utópico.

As ficções de tribo são produtos dessas interações, desses percalços, dessas injunções e disjunções que tornam escritores distantes, geográfica e temporalmente, contemporâneos a si. A comunidade migrante se estabelece também pelas incursões intertextuais que articulam pontos bastante comuns. Se a enunciação literária representa um mundo, dele também fazendo parte, não podemos pensar a literatura fora de um contexto. Este, no entanto, não é dado simplesmente, como um fora do qual o texto literário seria uma espécie de dentro. Há um processo de trânsito em que o sentido é construído, por um lado, sendo ele próprio, o sentido, autorizado e desautorizado neste percurso. Espécie de viagem, a leitura é uma forma de produção de sentidos, mas os sentidos são enganosos, ou melhor, ou ainda, são da ordem da plurissignificação.

O viajante ficcional, conforme veremos, no exemplo de nossos escritores-migrantes, vive a experiência do presente ao esquadrinhar o corpo das cidades, quer em suas narrativas inventadas ou sob o ponto de vista da história e da cultura. Esse conjunto de escritores, ao contrário do que se possa imaginar, não forma um grupo de diletantes: são sujeitos cujo projeto de escritura é também e, em certos casos, extremamente político. Faz sentido então chamarmos esse movimento de "políticas textuais". Por meio delas, não se promove uma forma contemporânea de engajamento panfletário, mas se evidencia, no processo da enunciação literária, uma atividade em que o discurso passa a construir uma forma de entendimento da história, do mundo, dos processos político-econômicos que moldam o presente e os quais podemos chamar de globalização, multiculturalismo, discurso de minorias, pós-estruturalismo, pós-colonialismo, modernidade líquida, pós-autonomia, dentre tantas outras nomenclaturas.

Feitas as primeiras aproximações com o conceito de tribo em Maingueneau, passemos à discussão das relações entre memória, ficção e história na prosa contemporânea, as quais podem ser descritas como políticas, no sentido em que demandam uma séria reflexão crítica dos processos sociais e ideológicos que inscrevem a contemporaneidade nas intempéries dos movimentos da globalização. Nesse sentido, o campo das ideias no século XX foi marcado por grandes batalhas ideológicas. A noção de modernidade seria uma delas. Seja pela tentativa de superação da modernidade — com o chamado pós-modernismo — ou por meio de classificações que procuram dar conta de uma modernidade residual — modernidade tardia, supermodernidade, modernidade líquida, hipermodernidade, baixa modernidade, antimodernidade etc., para ficarmos com alguma nomenclatura —, é mister constatar que a contemporaneidade se encontra atada a um sistema cuja ordem é ditada pela economia, ou seja, está ligada aos destinos do capitalismo tardio.

Conforme bem definiu Lucia Helena (2010, 2012), ao tratar da prosa contemporânea, os termos capitalismo, modernidade tardia e crise são sinônimos desses tempos de desassossego e de naufrágio da esperança. Em sua obra *Império*, Michael Hardt e Antonio Negri (2006:167) recordam que há uma tradição de denúncia dos dualismos da modernidade por parte da crítica moderna. Desde Kant até Foucault, a filosofia europeia moderna centrou sua atenção na noção de "lugar fronteiriço", o que para Hardt e Negri seria um erro estratégico, pois ao situar a questão da modernidade em uma oposição entre um interior (a subjetividade) e um exterior (a esfera pública), a crítica moderna se alojou no revés, ou ao sabor dessa ideia em uma duvidosa necessidade de se colocar nas fronteiras. Desta forma, Hardt e Negri irão questionar justamente uma noção cara ao culturalismo e ao multiculturalismo, especialmente de base norte-americana: a noção de lugar fronteiriço. Para eles, esta noção é justamente um dos elementos da equação, o dado exterior que passa a não existir ou a ter sua existência questionada pelos que pensam o movimento da modernidade tardia. Vejamos como podemos compreender a genealogia desse pensamento.

Hardt e Negri (2006:167-172) situam o centro de gravidade do conceito de fronteira no republicanismo moderno, que segundo eles se caracteriza por sua capacidade de combinar bases realistas com iniciativas utópicas através de projetos arraigados solidamente no processo histórico dominante, o qual procura transformar o âmbito interno da política de forma a criar, no exterior, um novo espaço de liberação. Daí que Hardt e Negri, como pensadores da teoria política moderna — representada por Maquiavel, Spinoza e Marx como modelos de intelectuais que apontaram as contradições, limites e impasses da modernidade —, procuram abrir espaços para se pensar uma sociedade alternativa construída a partir de um determinado interior.

Em Maquiavel, Hardt e Negri percebem que essa abertura remete à necessidade de se dar ordem às transformações caóticas da modernidade, o que requer de nós a construção de um novo princípio democrático que responda ao processo político real e às demandas específicas de uma época determinada, como a nossa.

No pensamento de Spinoza, Hardt e Negri vão identificar a defesa da democracia como forma perfeita de governo, já que somente por meio dela a sociedade, em seu conjunto, governa, fazendo assim com que o absoluto possa realizar-se.

Finalmente, em Marx, os dois pensadores apontam a independência do valor de uso com relação a um mundo centrado no valor de troca, que só pode se configurar, segundo o filósofo alemão, ao longo dos processos de desenvolvimento do próprio capitalismo.

Hardt e Negri (2006:168; grifos dos autores) concluem que nos três casos a crítica da modernidade se situa "dentro de uma evolução histórica das formas de poder, *um interior em busca de um exterior*".[1]

Na teoria social, essa busca pode ser observada na relação de oposição e complementaridade entre o espaço limitado da ordem civil em contraponto a uma ordem natural. Na psicologia moderna, as paixões seriam uma espécie de exterior dentro da mente humana, havendo aí uma oposição entre a ordem natural dos impulsos e instintos e a ordem civil da razão e da consciência. Finalmente, na antropologia, esse interior em busca de um exterior manifestou-se na relação entre as sociedades primitivas na forma de um exterior a definir os limites do mundo civilizado. Essas três instâncias, representadas por essas três grandes teorizações do mundo moderno — teoria social, psicologia e antropologia —, colocam em cena um tríplice pilar da discussão crítica (sociedade, subjetividade e alteridade), pilar radicalmente alterado a partir das questões pós-modernas no que toca à relação exterior/interior.

Para Hardt e Negri, é chegado o fim da dialética de soberania entre a ordem civil e a ordem natural e essa é a definição mais "precisa" para se dizer que o mundo contemporâneo é pós-moderno (Hardt e Negri, 2006:170). Essa ideia ecoa em Fredric Jameson (1991:IX), quando afirma que "é mais seguro apreender o conceito de pós-moderno como tentativa de pensar o presente historicamente em uma época que esquece como pensar historicamente em primeiro lugar".[2]

---

1. No original: "*dentro de la evolución histórica de las formas de poder,* un interior que busca un exterior". Tradução nossa.
2. No original: "*it is safest to grasp the concept of the postmodern as an attempt to think the present historically in an age that has forgotten how to think historically in the first place*". Tradução nossa.

A pós-modernidade não se apresenta apenas como um processo ambíguo e contraditório, ela depende também do tipo de paradoxo e ambiguidade que escolhemos para pensá-la. Conforme Jameson, seria essa a condição da pós--modernidade: ser um discurso que interroga sua própria condição e possibilidade e que consiste em uma enumeração extensiva de constantes mudanças sob a tutela de proliferações discursivas. Esse argumento tem sido usado para se esvaziar ou denunciar e mesmo desqualificar a natureza e pertinência das questões pós-modernas: de um lado, critica-se sua falta de projeto, realça-se o vazio das ideias pós-modernas, pois nessa linha de pensamento tais ideias trabalhariam por um consenso que não vem e que, se viesse, seria a própria negação do pós-moderno; em contrapartida, rejeitando-se esse estatuto cerrado e inflexível do pós-moderno, denunciado como autoritário porque permite o exercício de maquiavélico poder de verdade, ou melhor: mesmo quando as bases do pensamento pós-moderno são duramente questionadas em seus pressupostos, o projeto pós-moderno seria, concluindo, uma espécie de ditadura camuflada de anárquica liberdade.

Com isso, achamos procedente a crítica de Negri e Hardt, obviamente respeitando os limites estabelecidos nessa reflexão, visto que a concentração de suas ideias na crítica dessa relação dicotômica entre interior/exterior se manifesta, ainda e sempre, por meio da interseção entre o projeto moderno e seu contraponto paradoxal, o pós-moderno.

Nessa linha de investigação crítica dos paradoxos da pós-modernidade, Jameson nos adverte que, à diferença da crença moderna no novo, o pós--moderno propõe rupturas, eventos, em vez da criação de novos mundos. Enquanto os modernos se debruçavam sobre as coisas por vir, de forma essencial ou utópica, os pós-modernos interessam-se pelas variações, pelas ondulações que acabam por criar sempre mais imagens, mais discursos, sem que, necessariamente, se tenha em mente um "novo" a rasgar a tradição. Obviamente, não se trata de estabelecer uma verdade, quer seja das concepções modernas ou das teorias pós-modernas, mas sim de tentar compreender de que forma o projeto moderno dialoga com o arcabouço pós-moderno, como um e outro se apresentam, em luta na arena cultural.

Ressaltemos que Negri e Hardt não descreem no advento e no estabelecimento de uma ordem pós-moderna. E talvez seja essa uma das marcas de nossa época, isto é, ela só é passível de ser analisada por meio de circunvoluções paradoxais que entendem a superação da modernidade pela pós-modernidade no movimento mesmo que traz para o centro nervoso da discussão a ideia moderna de mundo, intrínseca à discussão do projeto pós-moderno. Deste modo, advogar fins e limites, de um e outro projeto, é desconhecer a natureza desse processo, é voltar a fantasias de exterioridade/interioridade, dadas na relação anterioridade/posterioridade, que marcam a clássica dicotomia moderno/pós-moderno.

Aqui chegamos ao ponto crucial de nossas considerações acerca do que chamamos de ficções migrantes, e mais uma vez as análises de Hardt e Negri (2006:170) se mostram valiosas: "(...) em um mundo pós-moderno, todos os fenômenos e forças são artificiais ou, como poderiam dizer alguns, são parte da história. A dialética moderna entre interior e exterior foi substituída por um jogo de graus e intensidades, de hibridação e artificialidade".[3]

No abrigo das ficções migrantes, e por conta de nossa limitação de espaço, identificamos algumas relações precípuas que norteiam as obras dos dois escritores que aqui brevemente traremos ao debate, a saber, Bernardo Carvalho e Bruce Chatwin: ficção e história; ficção e realismo; nação e narrativa ficcional; identidade e projeto nacional *versus* pulverização da nação e das nacionalidades; arte, artifício e real. Passemos imediatamente ao debate.

Na literatura de Bernardo Carvalho, o leitor precisa encontrar o seu modo de entrada na leitura para que o diálogo se estabeleça. Conforme nossas reflexões críticas acerca do pós-modernismo, partiremos de algumas proposições mais gerais e que são hipóteses neste trabalho.

A leitura da prosa de Carvalho nos leva a perceber uma tensão entre dois projetos: o primeiro, de viés romântico; o segundo, de matriz realista. Sua ficção vai gradualmente se encaminhando, desde seu primeiro romance, *Onze: uma história*, na direção de uma crítica à ideia de nação e de nacionalidade, mais recentemente estabelecida na profunda objeção ao conceito de identidade, expresso ficcionalmente, principalmente a partir de *Nove noites* (2002), com cada vez mais força. A ideia de romance brasileiro, de literatura brasileira se pulveriza, substituída por uma "paixão pelos mapas" e pelo "horror ao domicílio", para usarmos duas expressões do romancista inglês Bruce Chatwin.

---

3. No original: *"(...) en un mundo posmoderno, todos los fenómenos y fuerzas son artificiales o, como podrían decir algunos, parte de la historia. La dialéctica moderna de o interior fue reemplazada por um juego de grados e intensidades, de hibridación y artificialidad"*. Nossa tradução.

Em *Nove noites*, a referência aos povos indígenas circunstancia uma outra história, a da busca por uma verdade que não sabemos ao certo qual é. Neste romance, por um lado, o jornalista-narrador quer revelar a verdade acerca do mistério que ronda o violento suicídio do antropólogo americano Buell Quain, no Alto Xingu; por outro viés, ele quer revelar a si próprio a verdade sobre seu pai e sobre os mistérios de seu passado. Mas outra chave de leitura propõe que o romance também pode ser lido como busca da verdade de si e da verdade do outro, ou ainda, que a narrativa pode ser compreendida como uma grande interrogação acerca das impossibilidades de reconstrução do passado e/ou da história como redenção. Outras chaves de leitura podem ser acionadas, pois a narrativa evoca possibilidades múltiplas, mas é dessa proposta que queremos, por ora, nos valer.

Em uma leitura crítico-política, vemos que a história que envolve os índios da tribo dos krahô não pode ser lida somente pelo viés da localização/reflexão do lugar do índio dentro de um projeto de nação. Não há herança romântica nem investigação realista de fatos e documentos; nenhum dos dois caminhos é eficiente para a leitura do romance e nem podem apaziguar as tensões reveladas nessa narrativa. O Brasil que ali se apresenta não é uma exterioridade produzida desde um interior, mas fruto daquilo que Hardt e Negri compreendem como indispensável à desconstrução pós-moderna: "(...) uma ordem que efetivamente suspende a história" (Hardt e Negri, 2006:14).[4]

Paradoxalmente, a história é constantemente reclamada e conclamada no romance por meio de documentos, cartas, bilhetes, pesquisas bibliográficas, visitas a diversas bibliotecas, casas de cultura, além do recolhimento de depoimentos orais, busca por fontes secundárias, visitação aos lugares por que passaram Buell Quain e seus amigos e mestres. Todo esse material é coligido, mas ao final a narrativa permanece aberta a uma série de questões, ou seja, o romance não fecha questão, não fecha as questões, ele as deixa, não ao abandono, mas ao abono do leitor. O discurso que impulsiona a reflexão é também aquele a ser produzido pela leitura. Nem projeto romântico de Brasil, nem viés documental realista.

Conforme apontam Hardt e Negri, nos tempos do Império as fronteiras se dissolvem, pois o Império supostamente não pressupõe limites, nem espa-

---

4. No original: *"un orden que efectivamente suspende la historia"*. Tradução nossa.

ciais nem temporais. Nos romances de Carvalho, esses limites passam a ser cada vez mais distendidos. Em *Mongólia* (2003), o mergulho no coração das trevas daquele país ficcionaliza a busca por um fotógrafo desaparecido que é o mote para um diplomata brasileiro se aventurar na procura do outro e de si, situação pela qual alteridade e subjetividade se reúnem em um mundo de espaços paradoxais, pois sendo cada vez menor, no sentido da globalização que cada vez mais aproxima as instâncias físicas e espirituais, entretanto, neste mundo o que se vê é o aprofundamento das diferenças que não resulta em salto qualitativo: recrudescem ideias de nacionalidade, retomam a cena alguns conceitos redutores como os de soberania e seus delírios, noções petrificadas acerca do Estado e da nação, do papel da família e da defesa irracional da propriedade etc. É em um espaço difuso situado na região da Mongólia, entre povos de línguas desconhecidas — mesmo entre os mongóis, a comunicação pode ser precária, como se vê na trama —, que novamente a ficção migrante de Carvalho se desloca.

A conexão entre os recursos narrativos e as estratégias dos narradores de *Nove noites* e *Mongólia* é clara, já que um narrador, no presente, em ambas as narrativas, tenta restaurar uma verdade do passado — no caso, o desaparecimento de um jovem fotógrafo — por meio da escrita. Os dois narradores de *Mongólia* são trazidos ao discurso por meio das anotações de um diplomata em seus diários e também neste romance um homem precisa encontrar um outro — quer seja aquele sujeito esquecido pela história, conforme vemos em *Nove noites* (Buell Quain) ou, neste caso, o jovem fotógrafo desaparecido de *Mongólia*.

Em *O sol se põe em São Paulo* (2007), romance posterior a *Mongólia*, a narrativa trata novamente de uma busca, desta vez em terras japonesas, na ponte entre São Paulo e o Oriente. *O sol se põe em São Paulo* é um experimento que dá continuidade aos processos criativos do autor, cada vez menos afeito às homologias entre nacionalismo e ficção, identidade e narração, temas-chave do romantismo brasileiro e contra os quais sua prosa propõe uma reflexão mais intensa acerca da alteridade não mais compreendida sob a bandeira do "outro brasileiro", do outro da nação, mas reconhecendo este outro como representado a partir de fragmentos da história, cujos estilhaços não formam uma imagem nítida ou coesa do que pensamos ser o indivíduo, ou mesmo o indivíduo da nação.

A ideia de identidade e de literatura nacional é finalmente solapada em seu último romance publicado até o momento em que escrevemos essa reflexão. Trata-se de *O filho da mãe* (2009), a que voltaremos, adiante, mais detidamente. Apenas ressaltamos, nessa obra, que quase todas as referências ao Brasil são eliminadas e a narrativa se torna radicalmente migrante, sua unidade configurada pelo olhar do narrador — sugestiva e dominantemente heterodiegético. O tema também provoca aquilo que Hardt e Negri criticam e denunciam, na era do Império, globalizante e pós-moderno: a discussão das diferenças.

Para a ficção migrante, o olhar itinerante do narrador estabelece com mais propriedade um conjunto de questões, uma espécie de mapa em que as homologias são de difícil localização. No campo da teoria, o mundo imperial criticado por Hardt e Negri, com suas novas formas de racismo, gradualmente superpõe novas formas de exclusão, como as de caráter cultural. Os problemas de compreensão das questões da diferença apontam para as semelhanças percebidas entre a teoria antirracial moderna e as teorias raciais imperiais. Isto é,

> A teoria racista imperial coincide em afirmar que as raças não constituem unidades biológicas ilhadas e que a natureza não pode dividir-se em raças diferentes. Também aceita que a conduta dos indivíduos e suas capacidades ou aptidões não dependem de seu sangue nem de seus genes, e sim se devem ao fato de pertencer a culturas historicamente determinadas de maneira diferente. De modo que as diferenças não são fixas, nem imutáveis, são efeitos contingentes da história social. A teoria racista imperial e a teoria antirracista moderna, na realidade, dizem coisas muito parecidas e nesta perspectiva é difícil traçar uma clara divisão entre ambas. (Hardt e Negri, 2006:174)[5]

---

5. No original: *"La teoría racista imperial coincide en afirmar que las razas no constituen unidades biológicas aisladas y que la naturaleza no puede dividirse em razas diferentes. También acepta que la conducta de los individuos y sus capacidades o aptitudes no dependen de su sangre ni de sus genes, sino que se deben al hecho de pertenecer a culturas históricamente determinadas de manera diferente. De modo que las diferencias no son fijas ni inmutables sino que son efectos contingentes de la historia social. La teoría racista imperial y la teoría antirracista moderna, en realidad, dicen cosas muy parecidas y en esta perspectiva es difícil hacer uma clara división entre ambas".* Nossa tradução.

Para os autores, as diferenças permitidas ou as diferenças que não provocam nenhum distúrbio no Império são assimiladas e logo mescladas, indiferenciadas. Deste modo, Hardt e Negri criticam o Império por mascarar as lutas individuais e colocá-las sob um falso princípio de democracia e uma suspeita universalidade. É o que chamam de "triplo imperativo do Império": há uma primeira etapa, inclusiva, em que o Império mostra sua face liberal; uma segunda etapa, chamada de "diferencial", na qual o Império não cria diferenças, mas usa as diferenças existentes a seu favor; e uma terceira e última fase, chamada de "administradora", em que a administração e hierarquização das diferenças estabelecem uma "economia geral de domínio" (Hardt e Negri, 2006:179-180). Sobre essa tríplice divisão, gostaríamos de estendê-la à nossa reflexão acerca do romance *O filho da mãe,* de Bernardo Carvalho.

Em nosso entendimento, a literatura tem — não como princípio básico, ou função, sejamos claros, mas como um elemento originário, uma das qualidades de seu *modo de ser* — a capacidade de colocar em cena, pelo discurso, um determinado saber acerca do mundo. Não diz que sabe algo do mundo, mas que *sabe de algo*, ou sabe algo das coisas (Barthes, 1987); não diz que tem função, missão ou objetivo, nem que se propõe a tal e qual coisa, mas seu discurso constituinte acaba por fazer com que suas relações com o mundo se cerquem de um viés problematizante, o real ali se imiscuindo como um processo em que se percebe uma preparação do imaginário (Iser, 1983). Com isso, seus processos ambíguos acabam por nutrir forças questionadoras que demandam da teoria uma resposta a esses reclames.

Em recente artigo, defendemos a ideia de que a prosa de *O filho da mãe* se encaminhava para uma direção que ultrapassava a questão local da guerra — a Segunda Guerra da Tchetchênia — para ser um testemunho maior das condições de possibilidade de existência do sujeito. Dizíamos naquele momento que:

> Compreender certas operações e relações estabelecidas em *Ofm* [*O filho da mãe*] com relação à representação e à história nos conduz a conclusões provisórias de certas ideias aqui expostas. Ao eleger como protagonistas dois jovens homossexuais sob o chicote da barbárie, Carvalho ficcionaliza os meandros dos regimes autoritários sem desconhecer que neles subjaz o preconceito, irmão da intolerância. Por meio de um jogo que somente a literatura tem a capaci-

dade e possibilidade de estabelecer, a questão da guerra é homóloga à própria condição humana frente às diferenças massacradas. *Ofm* deixa de ser apenas uma aventura de guerra para ser uma composição humana, na qual a barbárie representada pela guerra é, alegórica ou metaforicamente, estendida à própria condição de exercício da subjetividade. (Oliveira, 2011a:110)

Se vimos, com Hardt e Negri, que a globalização do Império pressupõe, na primeira fase — a inclusiva —, incorporação de diferenças que ela não cria, mas as absorve, percebemos, por meio da observação de outras forças — aqui, no caso, a força da literatura —, que essa "administração" e hierarquização das diferenças produzem híbridos monstruosos os quais o discurso literário representa de forma crítica, amplificando suas contradições ao desmascará-las: no caso de *O filho da mãe* o romance é estruturado como uma história de guerra, sob um princípio de um relato ficcional que metaforiza a questão da intolerância pós-imperialista de uma Rússia saída da derrocada do comunismo. Por outro lado, podemos ler *O filho da mãe* como uma história de amor *gay* ou, enfim, como uma reflexão ficcional sobre as mães, vítimas indiretas e por muitas vezes silenciosas das guerras.

Como história de guerra, interessava-nos, em nosso artigo supracitado, compreender as relações entre literatura, representações da guerra e história; como relato ficcional da intolerância, pensamos, agora, o quanto a ideologia da incorporação das diferenças em uma massa uniforme pretendida pelo Império será desmentida veementemente pela literatura. Finalmente, neste momento, queremos avançar um pouco mais, investigando a série literária como projeto utópico, aliando-a ao que Marc Augé entende como possibilidade de uma utopia redentora (baseada na educação), muito embora neste percurso o discurso literário se defronte com questões paradoxais:

> Se a humanidade fosse heroica, ela se acomodaria na ideia de que o conhecimento é seu fim derradeiro. Se a humanidade fosse generosa, compreenderia que a divisão dos bens é para ela a solução mais econômica. (...) Se a humanidade fosse consciente de si mesma, não deixaria as questões de poder obscurecer o ideal do conhecimento. Mas a humanidade como tal não existe, não há senão homens, ou seja, sociedades, grupos, potências... e indivíduos. O paradoxo atual diz que é no auge desse estado de diversidade desigualitária

> que a mundialização do mundo se realiza. Os mais oprimidos dos oprimidos têm consciência de pertencer ao mesmo mundo que os mais abastados e os mais poderosos — e inversamente. Nunca, no fundo, os homens estiveram em melhor situação para se pensarem como humanidade. Nunca, sem dúvida, a ideia de homem genérico esteve mais presente nas consciências individuais. Mas nunca, tampouco, as tensões imputáveis à desigualdade das posições de poder e de riqueza ou à preponderância dos esquemas culturais totalitários estiveram tão fortes. (Augé, 2012:117)

As contradições do Império, apontadas por Hardt e Negri e aqui confirmadas pelo antropólogo Marc Augé, podem ser lidas na prosa migrante de Bernardo Carvalho, em nosso caso, quando identificamos nessa construção romanesca a determinação de ficcionalizar o paradoxal mundo contemporâneo. Em *O filho da mãe*, a promessa de assimilação das diferenças que parecia encaminhar essa prosa no rumo de certo desenlace positivo para o destino das vidas ali representadas acaba confirmando as condições ideológicas que permeiam a questão e que ora funcionam como propaganda auxiliar nos meios midiáticos, ora como antídoto para as revoltas individuais e coletivas, ou mesmo como atenuação da reação necessária, e o resultado é o não cumprimento do prometido na promessa: avançar em direção a um mundo mais humano.

A prosa de *O filho da mãe*, portanto, pode ser lida como acusação ou denúncia dessas formas aparentemente progressistas de elogio das diferenças, mas que na prática acabam por se revelar danosas ou pouco eficazes, visto que são cooptadas pelo sistema hegemônico a que procuram se contrapor.

A reflexão de Paik Nak-chung (2004:225) sobre nações e literaturas na era da globalização é importante para que compreendamos o porquê deste ceticismo a rondar a literatura contemporânea, conforme podemos observar na leitura das ficções que cunhamos como migrantes. Dissemos que a obra de Bernardo Carvalho constrói um mundo ficcional em que se apagam, cada vez mais, tanto o projeto romântico de nação quanto a pragmática realista, tudo em nome de uma literatura migrante, feita por um escritor-migrante, por meio de narradores-migrantes e de personagens-migrantes em um mundo cujo espaço crítico se mostra cada vez mais necessário, embora a percepção seja a de que está paulatinamente e cada vez mais reduzido. Essa redução não é de todo acrítica, nem a reflexão do discurso literário de Carvalho deixa de perceber na mobilidade contemporânea um difícil processo de resistência no qual cremos seja essencial trilhar. No entanto, essa possibilidade apontada por Augé, de todos se perceberem como parte desse mundo, é também condição para se pensar tanto uma utopia da educação quanto para se estabelecer uma "utopia literária".

Essa ideia move um escritor brasileiro, carioca, Bernardo Carvalho, e o faz migrar para diversas partes do globo e que, assim procedendo, acaba por ficcionalizar as contradições embutidas na tentativa de se estabelecer uma ética planetária, sempre compreendendo que há uma ética do humano a qual os processos ideológicos, sociais, econômicos e políticos do Império tentam cooptar, o que só faz mascarar sua vontade de controle, seu desejo de promover a "administração" eficiente das subjetividades.

Nessa direção, um teórico como Paik Nak-chung, que participa em sua Coreia do Sul natal de um sugestivo "movimento da literatura nacional" (Nak-chung, 2004:218), pode ser lido, dialogicamente e por vias transversais, como contraponto à reflexão ficcional de um brasileiro e escritor que rejeita e desconfia dos conceitos de nação e identidade. Pois as culturas da globalização se encontram justamente nesse liminar em que divisamos uma ideia genérica de mundo homogêneo que incorpora as diferenças, por um lado, e a realidade de certas regiões, de outro — conforme o exemplo das representações de mundo e dos sujeitos em *O filho da mãe*, *Mongólia* e *Nove noites*, obras nas quais a subjetividade se encontra em meio a um tiroteio cerrado entre uma modernidade tardia que não chegou a certas áreas do planeta e uma outra modernidade, que desmente a propaganda da incorporação do novo e da diversidade.

Pensemos, a partir dessas reflexões, em outro exemplo, de outras terras e de outros tempos, mas que dialoga com nossa época líquida, no caso, o romance *O vice-rei de Uidá*, de Bruce Chatwin. Seguindo nossa linha de raciocínio, podemos nos perguntar o que levou aquele escritor inglês a produzir uma obra ficcional devotada a um personagem histórico, um brasileiro do século XIX, figura ambígua e controversa de nossa história e que, ao instalar-se no reino do Daomé, em 1812, depois de fugir do Brasil, acaba restaurando o tráfico negreiro naquela região, tornando-se uma espécie de eminência parda do rei.

Em Chatwin encontramos novamente o caráter essencial da ficção migrante. Ela permite ou faz com que os escritores-migrantes, ao caminharem pelo mundo, se deparem com a história e o passado e se revelem verdadeiros antropólogos ou sociólogos bissextos, ou ainda historiadores de certa forma amadores, cuja matéria é o discurso literário que, em sua força de representação e incorporação da *mathesis*, conduz o discurso a formas de interrogação do mundo por meio dos diversos saberes refletidos nas disciplinas provocadoras da reflexão. E se há um "algo a mais" no discurso literário, talvez esse suplemento resida na potencialidade de esse saber provocador poder se contradizer e se desnudar, se desmentir, sendo essa não sua fraqueza, mas a condição própria de seu destino, o de promover reflexões que não se fecham, nem fecham questão.

No "Prefácio" à edição brasileira de *The viceroy of Ouidah*, a gênese desse romance é problematizada por Chatwin quando o inglês analisa os percalços de sua pesquisa de fontes acerca do brasileiro Francisco Félix de Souza (ficcionalmente, no romance, cognominado Francisco Manoel da Silva). Originalmente pensado como um ensaio histórico, a confiar no que Chatwin nos diz, por conta da impossibilidade de dar unidade ao material recolhido, o inglês supostamente optou por escrever um romance: "O material que levantei se revelou, porém, tão fragmentado que decidi modificar os nomes dos personagens e escrever um trabalho de pura ficção" (Chatwin, 1987:12). Daí que a narrativa parte de um tempo presente para empreender uma viagem ficcional rumo ao passado e sob o signo do desafio à historiografia, muito embora, mesmo advogando para seu romance o estatuto de "pura ficção", a sombra da história e da representação do real ali se insinuem.

A ficção migrante é também aquela que permite trânsitos textuais, históricos, temporais. *O vice-rei de Ouidah* é uma espécie das ficções do mundo, assim como os romances de Bernardo Carvalho são ficções globais, migrantes, portanto, partícipes dessa ordem em que os textos literários dialogam criticamente com um sistema que visam desconstruir, sendo este trabalho desejavelmente ou necessariamente o contrário da redução romântica incidindo no abrigo da ideia de nação, de identidade, de literatura brasileira.

Essas ficções podem promover a ideia de uma ética planetária que pode se aliar a uma espécie de "ética literária", e é conforme esse espírito que os escritores migram, assim como migraram os colonizadores para as Américas, mas ao contrário daquele projeto, a utopia literária, caso faça valer a força de seu conceito, tem por missão promover, de forma suplementar, um campo de reflexões críticas cujo projeto é também educacional, conforme pretende Marc Augé (2012:118):

> Se o ideal de pesquisa e de descoberta, o ideal da aventura, tivesse que ser reforçado, tornar-se o único ideal do planeta, as consequências não seriam pequenas. (...) Uma sociedade governada unicamente pelo ideal da pesquisa não pode tolerar nem a desigualdade nem a pobreza.

Para Augé, essa utopia deve ser construída e realizada de forma a orientar cientistas, observadores do social, gestores da economia e artistas: uma utopia da educação que se estenda para todos e que a todos beneficie. Como contribuição do pensamento a esse mundo que precisa ser construído, a literatura dos escritores migrantes oferece a descoberta, a aventura, o sentido da busca do passado, da pesquisa, e esses elementos são homólogos ao que Augé entende como o verdadeiro projeto de educação, que não tolera desigualdades e pobreza, pois busca na compreensão desses problemas sua matéria crítica, formas de aprendizado que constituem o discurso, formado ainda por todos os demais discursos que confluem para o esforço de se pensar em um mundo cujo paradigma da não reflexão parece ser um imperativo de nossos tempos.

As ficções migrantes guardam essa memória e esse destino: nômades, atravessam o mundo com seu olhar ambíguo e enviesado; aventureiras, não demitem do espírito humano o gosto pelo risco e pela descoberta; humanas, têm como base o sujeito que as cria, não mais o gênio romântico, nem somente o sujeito da consciência, ou tampouco o sujeito isolado em si preso na sua torre de marfim, mas uma espécie-modelo, porém não idealizada, de sujeito pedestre, migrante, caminhante, em eterno movimento, cuja metáfora de vida é a estrada, personificação do espaço-tempo, da história, do destino, da reflexão crítica e da transformação.

REFERÊNCIAS

AGAMBEN, Giorgio. *O que é o contemporâneo?* e outros ensaios. Chapecó, SC: Argos, 2009.

AUGÉ, Marc. *Para onde foi o futuro?* Campinas, SP: Papirus, 2012.

BARTHES, Roland. *Aula*. São Paulo: Cultrix, 1987.

BOURDIEU, Pierre. Campo intelectual e projeto criador. In: POUILLON, Jean (Org.). *Problemas do estruturalismo*. Rio de Janeiro: Zahar Editores, 1968. p. 105-145.

CARVALHO, Bernardo. *Mongólia*. São Paulo: Companhia das Letras, 2003.

____. *Nove noites*. São Paulo: Companhia das Letras, 2002.

____. *O filho da mãe*. São Paulo: Companhia das Letras, 2009.

____. *O sol se põe em São Paulo*. São Paulo: Companhia das Letras, 2007.

CHATWIN, Bruce. *Anatomy of restlessness*: selected writings 1969-1989. Londres: Penguin, 1996.

____. *The viceroy of Ouidah*. Londres: Vintage, 1998.

____. *O vice-rei de Ouidah*. São Paulo: Companhia das Letras, 1987.

HARDT, Michael; NEGRI, Toni. *Imperio*. Buenos Aires: Paidós, 2006.

HELENA, Lucia. *Náufragos da esperança*: a literatura na época da incerteza. Rio de Janeiro: Oficina Raquel, 2012.

____. *Ficções do desassossego*: fragmentos da solidão contemporânea. Rio de Janeiro: Contra Capa, 2010.

ISER, Wolfgang. Os atos de fingir ou o que é fictício no texto ficcional. In: LIMA, Luiz Costa. *Teoria da literatura em suas fontes*. 2. ed. Rio de Janeiro: Francisco Alves, 1983. v. 2, p. 384-416.

JAMESON, Fredric. *Postmodernism or, the cultural logic of late capitalism*. Durham: Duke University Press, 1991.

____; MIYOSHI, Masao (Ed.). *The cultures of globalization*. 6. ed. Durham; Londres: Duke University Press, 2004.

____. Preface. In: ____; MIYOSHI, Masao (Ed.). *The cultures of globalization*. 6. ed. Durham; Londres: Duke University Press, 2004. p. xi-xvii.

LIMA, Luiz Costa. *História. Ficção. Literatura*. São Paulo: Companhia das Letras, 2006.

LUDMER, Josefina. Los territórios que vendrán. *Biblioteca de México*, n. 21, maio/jun. 1994. p. 1-5.

____. Literaturas pós-autônomas. *Ciberletras*: Revista de crítica literaria y de cultura, n. 17, jul. 2007. Disponível em: <www.lehman.cuny.edu/ciberletras/v17/ludmer.htm>.

MAINGUENEAU, Dominique. *O contexto da obra literária*: enunciação, escritor, sociedade. 2. ed. São Paulo: Martins Fontes, 2001.

NAK-CHUNG, Paik. Nations and literatures in the age of globalization. In: JAMESON, Fredric; MIYOSHI, Masao (Ed.). *The cultures of globalization*. 6. ed. Durham; Londres: Duke University Press, 2004. p. 218-229.

OLIVEIRA, Paulo César S. de. Ficção brasileira contemporânea: memória e identidade. In: ____; CARREIRA, Shirley de Souza Gomes (Org.). *Memória e identidade*: ensaios. Rio de Janeiro: Edições Galo Branco, 2011c. p. 137-154.

____. Representações da guerra da Tchetchênia, em *O filho da mãe*, de Bernardo Carvalho. *Terra roxa e outras terras*: Revista de Estudos Literários, Londrina, v. 21, p. 101-112, set. 2011a. Disponível em: <www.uel.br/pos/letras/terraroxa>.

____. Viagens reais e imaginárias: história, ficção e literatura hoje. *Lócus*: revista de história, Juiz de Fora, v. 17, n. 1, p. 29-61, 2011b.

SCHOLLHAMMER, Karl Erik. *Ficção brasileira contemporânea*. Rio de Janeiro: Civilização Brasileira, 2009.

Impresso nas oficinas da
SERMOGRAF - ARTES GRÁFICAS E EDITORA LTDA.
Rua São Sebastião, 199 - Petrópolis - RJ
Tel.: (24)2237-3769